# 윤리와 사상 2

사상가들의

텍스트와 함께 읽기

# 윤리와 사상2

사상가들의 텍스트와 함께 읽기

**초 판 1쇄 발행일** 2016년 12월 12일
**초 판 2쇄 발행일** 2021년 11월 17일

**지은이** 문종길 김상범
**펴낸이** 양옥매
**디자인** 표지혜 황순하
**교 정** 조준경

**펴낸곳** 도서출판 책과나무
**출판등록** 제2012-000376
**주소** 서울특별시 마포구 방울내로 79 이노빌딩 302호
**대표전화** 02.372.1537 **팩스** 02.372.1538
**이메일** booknamu2007@naver.com
**홈페이지** www.booknamu.com
ISBN 979-11-5776-325-2 (93100)

개정판

# 윤리와
# 사상
# 2

**문종길·김상범** 지음

사상가들의
텍스트와 함께 읽기

책과나무

　이 책을 꾸준히 사랑해주신 분들 덕분에 개정판이 나올 수 있게 되었다. 이 책을 처음 기획했던 목적은 학창 시절 이미 공부를 했거나 가르치는 사람들, 그리고 이제 공부를 시작하는 사람들에게 동·서양 사상가들의 내용을 원전에 비추어 비교적 충실하게 이해할 수 있도록 도움을 주려는 것이었다. 그렇기 때문에 이 책의 목적은 동·서양을 대표하는 사상가들의 주장을 단순히 전달하려는 데에 있는 것이 아니라 그들이 사고한 내용과 지향한 가치를 좇아 인간의 삶과 세계를 바라보는 다양한 관점을 파악하게 해주고, 이를 통해 현재의 문제 상황을 한층 성찰적으로 읽어낼 수 있는 사고의 깊이와 확장에 도움을 주려는데 있다. 이를 위해 이 책은『윤리와 사상 : 텍스트와 함께 읽기』를 잇는 두 번째 책으로 첫 번째 책에서 미처 다루지 못했던 동양의 공자·불교·노자·장자·동학·위정척사·개화사상을 추가했고, 서양에서는 종교·베이컨·로크·스미스·스피노자·칸트·마르크스·프래그머티즘·사르트르·롤스·노직을 책의 무대에 올렸다. 우리 시대를 지배하는 시장과 경쟁의 가치에 '아니오'라고 말하면서도 현실적으로는 '다르게 살지 못하는' 자신의 삶과 가치 지향을 비판적으로 되돌아보게 하는 이 책을 통해 스스로를 검열하고, 시대정신에 반하는 '불온'한 생각을 끊임없이 던져봄으로써 자기 기만의 정당화를 넘어 한층 성숙하고 건강한 정체성을 확립하는 데에 도움을 받았으면 한다.

이 책은『윤리와 사상 : 텍스트와 함께 읽기』중 두 번째 책에 해당한다. 지은이는 이미 첫 번째 책의 동양편에서 맹자, 순자, 묵자, 한비자, 주희, 왕수인, 이황, 이이, 정약용을 다루었고, 서양편에서는 플라톤, 아리스토텔레스, 스토아학파, 에피쿠로스, 홉스, 흄, 헤겔, 쇼펜하우어, 키에르케고르, 벤담, 밀을 다루었다.

이제 이 두 번째 책을 통해 지은이는 동양편에서 공자(孔子, 기원전 551-기원전 479), 석가모니(기원전 563- 기원전 483)와 불교, 노자(老子, 기원전 579-기원전 499), 장자(莊子, 기원전 355-275), 위정척사 · 동학 · 개화사상에 대해 다룰 것이고, 서양편에서는 아우구스티누스(A. Augustinus, 354-430), 토마스 아퀴나스(T. Aquinas, 1225-1274), 베이컨(F. Bacon, 1561-1626), 로크(J. Locke, 1632-1704), 스미스(A. Smith, 1723-1790), 스피노자(B. Spinoza, 1632-1677), 칸트(I. Kant, 1724-1804), 마르크스(K. Marx, 1818-1883), 프래그머티즘(실용주의, Pragmatism), 사르트르(J. P. Sartre, 1905-1980), 롤스(J. Rawls, 1921-2002), 노직(R. Nizikc, 1938-2002)을 다룰 것이다.

이 두 권의 책을 가지고 동 · 서양의 사고와 사상을 모두 말할 수 있으리라는 기대는 처음부터 하지 않았다. 단지 이 두 권의 책은 지은이가 학생들을 가르치면서 늘 품어왔던 작은 꿈의 일부였을 뿐이다. 다시 말해 그것은 더 많은 학생들이, 더 많은 사람들이 '윤리와 사상'에 따뜻한 관심을 가져주고, 나아가 이러한 관심과 애정이 한 사람 한 사람의 성장만이 아니라 성숙까지 함께 견인하는 작은 동력이 되었으면 하는 꿈이었다. 아무쪼록 동·서양의 사상에 대해 기본적인 지적 교양이 필요한 일반인, 교육 현장의 교사들과 대학생들, 그리고 대학수학능력시험에서 윤리와 사상을 준비하는 학생들에게 이 책이 지적 교양과 사고의 깊이를 확장하는 데 도움을 주는 좋은 길잡이가 되기를 바란다.

매번 작업을 할 때마다 '책과 나무'는 지은이에게 기쁨과 감사의 마음을 잊지 않게 해줍니다. 이번 개정판 작업 또한 '책과 나무'의 배려가 있었기 때문에 가능했던 일입니다. '책과 나무'에 고마운 마음을 전합니다.

2016년 11월 한정(閑庭)

# CONTENTS

# 01

# 공자
# 孔子

기원전 551-기원전 479

· 시대 상황
· 인(仁)과 예(禮) : 군자
· 인정(仁政), 덕치(德治), 예치(禮治)

## | 핵심 주제 |

· 시대 상황
· 인(仁)과 예(禮) : 군자
· 인정(仁政), 덕치(德治)

## | 핵심 용어 |

⇒ 봉건제, 인(仁, 자비, 사랑, 선함, 인간다움, 배려, 동정, 공감), 예(禮), 충(忠)과 서(恕), 추기급인, 군자, 예악(禮樂), 도(道), 극기복례(克己復禮), 중용(中庸), 천자-제후-대부-사-서인, 인정(仁政), 덕치(德治), 수기(修己)안인(安人), 정명(正名), 대동(大同)

## ‖ 공자 ‖

- 아름다운 재능을 갖고 있더라도 교만하고 인색하면 나머지는 더 볼 것이 없다.

- 천하에 도(道)가 있었다면, 내가 바꾸려고 하지도 않았을 것이다.

- 자공 : 정치란 무엇입니까?
  정치란 백성을 잘 먹이고, 국방을 튼튼히 하고, 백성이 정부를 믿도록 하는 것이다. 만약에 하나를 버려야 한다면, 잘 먹이는 것이다. 사람은 모두 죽게 마련이기 때문이다. 그렇지만 백성의 믿음을 잃으면 정치는 제대로 설 수 없다.

# 시대 상황

▶ 공자는 주나라에 의해 멸망한 상나라(商, 기원전 약 17세기 초-기원전 11세기)의 유민의 후손으로 우리나라와도 가까운 노나라(오늘날 산동성)에서 태어났다. 하급 무사인 그의 아버지는 상나라의 몰락한 세습 귀족의 후손으로 당시 70세였던 숙량흘이고, 어머니는 10-20대 초반의 안징재라는 여인으로 알려져 있다. 이렇게 보면 공자의 출생은 우리가 주위에서 흔히 볼 수 있는 일반적인 모습은 아닌 것 같다. 공자의 이름은 태어난 곳(니구산)의 이름을 따서 '언덕(丘)'라고 지어졌다. 후에 사람들은 그를 중니(仲尼)라고 불렀는데, 이 또한 공자가 태어난 산 이름과 둘째라는 의미를 합하여 이루어진 것이다. 이 모든 것을 미루어 볼 때 공자의 어린 시절이 풍족하지는 않았을 것이라는 추측이 가능해진다. 실제로 공자는 『논어』에서 어린 시절 '가난하고 보잘 것 없었기 때문에 이것저것 궂은일을 할 수밖에 없었다'[1]고 말한 바 있다.

그렇다고 공자의 출생과 어려웠던 성장 과정이 공자 사상의 깊이나 가치에 어떤 영향을 미치는 것은 전혀 아니다. 오히려 그가 겪었던 어려운 상황들 때문에 그의 사상은 더욱 위대함을 드러낼 수 있는지도 모

---

1) 공자의 문도들 역음, 『논어』, 서울 : 책세상, 2004, 72쪽; 공자의 아버지는 공자가 세 살 때 세상을 떠났기 때문에 홀어머니와 함께 자랐다. 어떤 일본 학자는 어머니가 무당이었거나 아니면 잔치 자리에서 춤을 추는 무녀였거나 맹인이었을 것이라고 추측한다. 그리고 집이 가난하여 먹고 살기 위해 행사가 있는 집들을 찾아다녔는데, 이때 공자가 맹인인 어머니의 손을 잡고 다녀야 했기 때문에 공자는 자연스럽게 어려서부터 예에 밝게 되었다고 말하기도 한다: 김교빈, 이현구 지음, 『동양철학 에세이』, 서울 : 동녘, 1993, 29쪽. * 여기서 인용한 『논어』는 위의 책과 함께 다음 책을 참고하였다: 유교문화연구소, 『논어』, 서울 : 성균관대출판부, 2008.

른다. 공자의 사적인 삶에 관한 이러한 간략한 언급은 단지 한 인물을 살펴보기 위해 우리가 갖고 있는 일반적인 정서를 좇은 것일 뿐이다. 우리가 공자의 사상을 이해하기 위해 이보다 더 관심을 가져야 할 것은 오히려 당시의 시대적 상황이라 하겠다. 그가 활동했던 춘추시대(기원전 770년-기원전 403년, 당시 맹주를 춘추 오패라 하는데, 제나라의 환공, 진나라의 문공, 초나라의 장왕, 오나라의 합려, 월나라의 구천) 말기는 주왕조의 봉건질서가 무너지면서 사회 전반이 격렬한 소용돌이 속으로 치닫던 혼란의 시기였다. 무엇보다 신분과 세습에 기초하고 있었던 주나라 봉건제[천자(天子)→제후(公)→대부(卿)→사(士, 家臣)→서인(庶人)의 위계질서]의 몰락은 한편으로는 지금까지의 예법을 무시하는 하극상을 초래하였고, 다른 한편으로는 신분세습이라는 불합리와 불평등이 극복될 수 있는 계기가 되기도 하였다. 2) 공자는 특히 춘추시대가 낳은 긍정적인 측면인 후자가 더욱 가치를 지닐 수 있도록 이끈 탁월한 인물이었다. 즉 그는 오늘날로 말하면 사립학교를 열어 신분의 차별을 두지 않고 자신의 철학과 정치적 이상을 가르쳤다. 그리고 그가 가르쳤던 내용들은 주로 강한 윤리 의식과 사회적 책임감, 그리고 당면한 인간과 사회에 대한 건설적이고 합리적인 접근들이었다. 3)

---

2) 신동준, 『제자백가, 사상을 논하다(2)』, 서울 : 한길사, 2007, 57쪽, 62쪽: "속수(통상 상견례를 할 때 예로써 바치는 육포 10개를 뜻하는 한 묶음) 이상의 예를 갖추어 배움을 청한 자에게 내가 이를 거부한 적이 없다"; "가르칠 때는 신분의 귀천을 나누지 않는다" "성품은 본래 비슷하지만 습관(習慣)으로 인해 서로 나뉘게 된다": 81-82쪽, 사마천에 의하면, 공자의 제자는 3천 명에 이르지만, 이들 중 뛰어난 재능을 보인 제자들은 70여명이라고 한다. 그리고 공자의 제자들은 두 명을 제외하면, 절대 다수가 하급 사족 출신이거나 평민이었던 것으로 알려져 있다.

3) F. W. 모트 지음, 김용헌 옮김, 『중국의 철학적 기초』, 서울 : 서광사, 1994, 52쪽.

한편, 당시 사회는 혼란스럽기는 했지만, 사회 경제적 측면에서 급격한 발전이 병행하고 있던 시기이기도 했다. 즉 철은 이미 보편화되어 농기구와 무기를 만드는데 사용되고 있었으며, 농업 생산량의 증대는 토지를 소유한 농민 계층(즉 자유 농민)을 만들어내고 있었다. 또 제후국들 사이의 경쟁은 더 많은 인재들을 필요로 했고, 효과적인 국가 팽창은 다른 나라를 희생시킴으로써 가능했다. 공자는 자신이 명확하게 인식하고 있었든지 아니면 인식하지 못했든지, 이 혼란과 급격한 변화의 시기에 새롭게 등장할 사회와 국가에 이념적 기초를 제공하고 있었다. 4) 공자는 자신을 '단순히 고대 학문을 전승하는 사람'5)이라고 했지만, 공자만큼 중국의 문화와 문명에 지속적으로 영향을 미치고 지배한 인물은 없었다.

약 30여 년 동안 72명의 통치자들을 만나 공자가 펼치고자 했던 이상은 무엇이었을까? 공자의 사상은 서양의 철학처럼 형식이나 원리 구조에 충실한 것은 아니기 때문에 사상 자체를 이해하는 데에는 큰 어려움이 없다. 그렇지만 이것이 공자 사상은 단순하기 때문에 깊이가 없다는 말은 결코 아니다. 오히려 공자의 사상은 서양 사상의 기준에 맞는 논리 형식과 논증 구조를 하지 않고 있을 뿐, 그 내용의 깊이와 이로부터 지속되는 그의 사상이 지닌 생명성과 영향력은 어떤 사상보다 넓고 깊다고 하겠다. 그것은 동서양이 갖고 있는 사유양식의 차이에서 비롯되는 것일 뿐이다. 그의 사상은 서양의 사상처럼 이론적이고 형이상학적이라기보다는 윤리적이고 현실적이었다. 따라서 추상적 원리보다는

---

4) 위의 책, 53쪽.
5) "나는 기술할 뿐이지 지어내지 않는다": 위의 책, 55쪽.

현실적이고 구체적인 문제들을 다루었기 때문에 용어의 명확한 정의보다는 '맥락'과 '상황', 그리고 일화를 통해 자신의 입장을 밝히고 있다. 쉬운 예로 공자 사상에서 가장 핵심 개념인 인(仁)은 구체적이고 제한적인 의미로 규정되기보다는 언제나 이야기와 상황 속에서 함께 이해되었다.

## 인(仁)과 예(禮) : 군자

▶ 이제 공자의 사상을 중심 개념인 인(仁)으로부터 시작하여 예(禮)를 검토한 다음, 그의 사회 · 정치적 이상을 살펴보기로 하자. 『논어』에서 공자는 '인(仁)'에 대해 무례 100여 차례나 언급하고 있으며, 전체 482장 중에서 '인(仁)'에 관한 장은 대략 58장에 이른다. 이것은 그만큼 공자의 사상에서 인(仁)이 핵심을 이룬다는 뜻이기도 하다. 공자의 인(仁)은 예(禮), 즉 형식을 갖추어 표현됨으로써 완성된다. 그리고 윤리 용어로서 인(仁)은 영어로 자비(benevolence), 사랑(love), 선함(goodness), 인간다운 마음씨(human-heartedness) 6), 배려(consideration, care), 동정(sympathy)과 같이 다양하고 폭넓은 개념으로 옮겨지고 있다.

자하 : "보조개가 있는 얼굴에 다소곳한 웃음은 얼마나 아름다운가? 흰 비단에 꽃으로 채색을 하네."는 무슨 뜻인지요?

---

6) F. W. 모트, 위의 책, 66쪽.

공자 : 그림을 그리는 일은 바탕이 있은 다음이라는 뜻이다.

자하 : 예란 그 다음이란 뜻이군요.

공자 : 네가 나를 일깨워주는구나. 7)

공자가 말하고 있는 '바탕'이란 다름 아닌 바로 인(仁), '인간다움'이
다. 인이란 "윗자리에 있으면서 너그러운 것이고, 예(禮)를 행하면서
공경하는 마음이며, 상을 당해서는 슬퍼하는"8) 마음이다. 이 경우 인
(仁)은 겸손과 존경, 공감(empathy)의 미덕과 같은 의미를 지닌다. 한마
디로 '인간다운 마음씨'인 것이다.

공자 : 나의 도(道)는 하나로 통한다. 이것이 무엇이냐?

증자 : 그것은 충(忠)과 서(恕)입니다.

또 공자에게 인(仁)은 충(忠)과 서(恕)이다. 충이란 자신이 서고자 할
때 다른 사람을 함께 세워주는 것이고, 서란 자신이 하기 싫은 일을 남
에게 강요하지 않는 것이다. 9) 충(忠)이란 다른 사람에게 자기의 마음을
다하는 것(盡心)이다. 이것을 송대의 주희는 『논어집주』에서 "충(忠)이
란 자기를 다하는 것, 서(恕)란 자기를 미루어 남에게 미치는 것"10)이
라고 이해했다. 이를 공자는 '다른 사람과 함께 일을 하면서 충실하지

---

7) 공자의 문도들, 위의 책, 28쪽.

8) 위의 책, 31쪽.

9) 위의 책, 128쪽.

10) 카이즈카 시게키 지음, 박연호 옮김, 『공자, 생애와 사상』, 서울 : 서광사, 1991. 92쪽.

않았는가?'를 날마다 반성한다는 말로 충(忠)을 설명하고 있다. 따라서 충(忠)과 서(恕)란 인간다움을 깨닫고, 이를 다하며, 나아가 다른 사람에까지 인간다움의 감정을 이입하는 것이라고 할 수 있다. 공자는 충(忠)의 이런 뜻을 사회 정치적으로 확장하여 다음처럼 말한다.

> 자공 : 만약에 백성들에게 널리 베풀고 백성들의 생활이 나아지도록 도와 주었다면 어떻습니까? 인(仁)이라고 할 수 있습니까?
> 공자 : 어찌 인(仁)이라고만 하겠는가? 그것은 반드시 성(聖)이라고 해야겠지. 그것은 요순임금도 어려워했던 것이지. 무릇 인이란 자기가 서고 싶으면 다른 사람도 서게 해주고, 자기가 통달하고자 한다면 다른 사람도 통달하게 해주어야 하는 것이지. 눈앞에서 일어나는 것들을 하나씩 해나갈 수 있다면, 이미 인(仁)의 길에 들어선 것 이다.11)

위에서 말하는 '통달'하는 사람이란 "사람이 정직하며, 일이 생기면 그 이치를 잘 파악하는 사람이며, 다른 사람을 잘 헤아리고, 자신을 낮추는 사람"12)이다. 공자가 백 여 번이나 인(仁)에 대해서 언급하면서도 이처럼 인(仁)에 대해 제한적 정의를 내리지 않고 있는 것은 인(仁)이 보편적이고 포괄적인 의미에서 '인간다움'13)을 의미하기 때문이다.

---

11) 공자의 문도들, 위의 책, 53-54쪽.
12) 위의 책, 99쪽.
13) 송대의 주희는 공자의 '인간다움'을 선한 본성으로 이해했다. 그는 『논어』의 「양화」편에 나오는 "사람의 본성은 서로 비슷하지만, 습관에 따라 서로 멀어지게 되었다"는 문장을 "사람의 본성은 선하다. 선악의 다름은 기질과 습관에 오염되었기 때문이다. 군자의 교육으로

즉 인이란 인간의 사회적 삶과 실천이라는 삶의 맥락 속에서 이해되어야 한다는 뜻이다. 충과 서로서 인은 결론적으로 추기급인(推己及人), 즉 자기 마음에 근거하여 다른 사람의 마음에 이르는 것이라 할 수 있다. 따라서 공자의 인(仁)은 추상적이거나 관념적인 것이 아니라 사회적 관계 속에서 다른 사람에게 하는 구체적인 행위와 관련된 것이다.

중궁 : 인(仁)이란 무엇입니까?

공자 : 문을 나서서 일을 할 때는 마치 큰 손님을 대하듯 하고, 백성을 대할 때는 큰 제사를 모시듯 하는 것이다. 자기가 하고 싶지 않은 일을 남에게 시키지 마라. 그렇게 하면 나라에도 원망이 없어지고, 집안에도 원망이 없어질 것이다. [14]

말을 번지르르하게 하고, 얼굴 표정을 잘 꾸미는 사람 중에 사람다운 사람은 드물다. [15]

사마우 : 인(仁)이란 무엇입니까?

공자 : 어눌한 것이다.

사마우 : 어눌하기만 하면 인입니까?

공자 : 그러기도 어렵다. 너를 보려무나. [16]

---

선한 본성을 회복할 수 있다"고 해석하였다: 김영호 외 지음, 『논어의 종합적 고찰』, 서울 : 심산, 183쪽.

14) 공자의 문도들, 위의 책, 95쪽.

15) 위의 책, 15쪽.

16) 위의 책, 95쪽.

강직하고 의롭고 소박하고 어눌한 것은 인(仁)에 가깝다. 17)


인(仁)이란 사람을 사랑하는 것이다. 18)


이처럼 공자는 추기급인19)에서 시작하는 충과 서에 근거하여 '사람을 사랑하는 것(愛人)'을 인(仁)이라고 보았다. 이렇게 볼 때 공자의 인(仁)은 '다른 사람이 아니라 자신으로부터 나오는 것'20)이라고 할 수 있다.

공자에게 예(禮)란 인(仁)을 담아내는 그릇이라 할 수 있다. 각 개인이 갖고 있는 내면의 도덕성(仁)을 사회적 기준에 맞게 외적인 행위로 드러냄으로써 둘 사이의 균형과 조화(禮)를 모색하는 일은 공자가 강조했던 중용의 덕과도 부합한다. 또 무질서와 혼란의 사회로부터 질서와 조화의 사회라는 자신의 이상을 실현하기 위한 방법론으로서 예(禮)는 반드시 강조되어야 할 것이었다.

공자는 예의 본질과 중요성에 대해 이렇게 설명한다.


임방 : 예의 본질은 무엇입니까?

공자 : 예는 사치스럽기보다는 차라리 검소해야 하고, 상(喪)에는 (호화롭게) 잘 치르기보다는 차라리 슬퍼해야 한다. 21)


---

17) 위의 책, 109쪽.
18) 위의 책, 100쪽.
19) 풍우란 지음, 박성규 옮김, 『중국철학사(상)』, 서울 : 까치, 2002, 121쪽.
20) 공자의 문도들, 위의 책, 95쪽.
21) 위의 책, 27쪽.

예를 행하면서 공경하는 마음이 없으면, 그런 사람을 더 볼 필요가 있겠는가?22)

예와 겸양으로 나라를 다스릴 수만 있다면, 무슨 어려움이 있겠는가?23)

공손하지만 예로써 조절하지 못하면 수고롭게 되고, 신중하지만 예로 조절하지 못하면 두려움을 갖게 되고, 용감하지만 예로 조절하지 못하면 위태롭게 된다. 또 강직하지만 예가 없으면 고집만 더 강해진다.24)

이렇게 볼 때, 예(禮)란 추기급인의 진실된 마음을 정도에 맞게 자신을 낮추어 다른 사람이나 사회적 기준에 맞도록 표현하는 것을 말한다. 따라서 참된 예절은 내면의 마음과 드러나는 형식이 지나치거나 부족함이 없도록 조화를 이루어야 한다. 이 때문에 공자는 안연이 인(仁)에 대해 물었을 때, "자기를 이기고 예(禮)로 돌아가는 것"25)이라 했고, "예가 아니면 보지도, 말하지도, 듣지도, 행하지도 말라"26)고 했던 것이다. 공자에게 예(禮)란 인간이 인간에 대해서 행하는 일종의

22) 위의 책, 31쪽.
23) 위의 책, 36쪽.
24) 위의 책, 65쪽.
25) 위의 책, 95쪽
26) 같은 쪽.

'신성한 의식 행위'인 것이다.

따라서 군자가 사람을 대할 때 공손하게 예로서 대한다면 온 세상이
다 형제라고 할 수 있다.27)

뿐만 아니라 공자는 "사치스러우면 교만해 보이고, 검약하면 초라해
보인다. 나는 교만해 보이느니 차라리 초라해 보이겠다."고 함으로써
예(禮)에서 근본 마음과 바탕이 형식과 꾸밈보다 우선해야 한다는 점을
명확히 하였다.28) 또 예를 정치에까지 확장하여 "윗사람이 예(禮)를 좋
아하면 백성을 쉽게 다스릴 수 있다"29)고도 하였다.

(그러므로) 천하에 도(道)가 있으면 예악(禮樂)과 정벌(征伐)은 천자(天
子)에게서 나오고, 천하에 도가 없으면 예악과 정벌이 제후에게서 나
온다. 만약에 예악과 정벌이 제후와 대부, 가신들에게서 나오게 되면
나라를 잃지 않는 경우가 없다. 천하에 도가 있으면 정치에 대해 백성
들이 이러 쿵저러쿵 더 말할 필요가 없다.30)

공자에게 도(道)가 확립된 사회는 곧 인(仁)과 예(禮)가 실현된 사회이
다. 따라서 모든 기준은 천자로부터 나와야 하지만, 이것이 무너지게
되면 질서와 기준의 근거가 무너지는 것이기 때문에 혼란과 무질서가

---

27) 위의 책, 96쪽.
28) 위의 책, 52쪽.
29) 위의 책, 120쪽.
30) 위의 책, 134쪽.

세상을 지배하게 된다. 예와 악은 오직 천자만이 행할 수 있는 것이며, 이것이 이치이고 도(道)라는 것이 공자의 생각이었다. 어떤 악기를 제작하여 연주하고, 종을 몇 번 치게 할 것인지는 천자가 결정하는 것이다. 그렇지 않고 각자가 각자의 기준에 따라 제멋대로 행한다면 음악에서 조화가 깨지듯이 사회의 질서와 조화 또한 깨지게 된다는 것이 공자의 생각이었다.

예는 인간의 삶과 외적인 행위 전반을 규정하고 조절하는 것이기 때문에 상(喪)이라고 해서 예외일 수는 없다. 공자는 효(孝)와 예(禮)의 관계에 대해서 "부모님께서 살아 계실 때는 예(禮)로써 섬기고, 돌아가시면 예(禮)에 맞게 장례와 제사를 어기지 않는 것"31)이라고 말한다. 공자는 재아와의 대화를 통해 자녀가 삼년상을 치러야 하는 이유를 다음처럼 명확하게 밝히고 있다.

> 재아 : 삼년상은 너무나 깁니다. 일년상도 길다고 생각합니다. 군자가 삼년이나 예(禮)와 악(樂)을 익히지 않으면 예가 무너질 것입니다. 일 년이면 묵은 곡식은 다 먹어 없어지고 새로운 곡식이 나옵니다. 그러므로 일년상이면 충분하다고 생각합니다.
>
> 공자 : 너는 부모가 돌아가셨는데 쌀밥 먹고, 비단 옷을 걸치더라도 편하겠느냐?
>
> 재아 : 네. 편안합니다.

---

31) 위의 책, 21쪽.

공자 : 그렇다면, 네가 하고 싶은 대로 해라. 네가 편하다면 어쩔
　　　수 없지.

(재아가 나가자 공자가 말했다.)

공자 : 재아는 사람답지 못하구나. 자식은 태어난 지 삼 년이 되
　　　어야 부모의 품에서 벗어날 수 있는데, 그래서 삼년상은
　　　사람의 근본인 것이다. 재아도 부모로부터 삼 년 동안 부
　　　모의 사랑을 아낌없이 받았을 텐데.

　이처럼 공자에게 예(禮)란 인(仁)과 함께 인간의 본질을 이루는 것이
면서, 또한 인간과 동물을 가늠하는 기준이기도 했다. 따라서 공자가
'자기를 극복하여 예(禮)로 돌아간다(克己復禮)'고 했을 때, 이는 동물적
욕구나 이기적 욕망에 예속되지 않으면서 인간다움 또는 인간의 존엄
성을 실현하는 일에 참여한다는 뜻이다. 효(孝)를 예로 든다면, '부모를
그저 잘 먹이는 것'이 아니라 적절한 때에 부모님께 적절한 감사의 마
음을 가지고, 적절한 방식으로 적절한 음식을 적절하게 올리는 인간만
의 고유한 의식 행위가 예(藝)인 것이다. 공자가 "도(道)에 뜻을 두고,
덕(德)에 근거하며, 인(仁)에 의지하고, 예(藝)에서 노닐고 싶다"[32]고
한 것도 이것과 같은 맥락이다. 그러므로 공자가 가르치고자 했던 예
는 중용(中庸)의 예(藝)였던 것이다.

　　무늬와 바탕이 적절히 어우러져야 비로소 군자이다.[33]

---

32) 위의 책, 57쪽.
33) 위의 책, 52쪽.

공자가 항상 우선하여 염두에 두었던 것은 인(仁), 즉 인간에 대한 인간다움(man-to-man-ness)이었고, 이것은 예(禮)의 어원적 의미가 그렇듯이 '신성한 의식(holy ritual)'[34] 행위로서 예(禮)를 통해 외적으로 표현되어야 했다.

한편, 공자는 인(仁)과 예(禮)를 몸으로 실천하여 체득하거나 체득하려고 노력하는 이상적인 인간을 군자라고 불렀다. 『논어』에서 군자라는 용어는 70여 차례나 나오고 있는데, 인(仁)이나 예(禮)처럼 공자가 그만큼 강조한 개념이라 할 수 있다. 그에게 군자란 다음과 같다.

부유하고 귀하게 되는 것, 이것은 사람이면 누구나 바라는 것이다. 하지만 정당한 방법으로 얻은 것이 아니라면 누리지 말아야 한다. 가난하고 비천한 것, 이것은 사람이라면 누구나 싫어하는 것이다. 그렇지만 정당한 방법으로 벗어날 수 없는 경우라면, 이것을 해서는 안 된다. 군자가 인 (仁)을 버리면 어떻게 이름을 얻겠는가?[35]

중용(中庸)의 덕은 지극하다. 그렇지만 사람들 사이에서 멀어진 지 오래되었다.[36]
바탕이 꾸밈(형식)을 이기면 거칠고, 꾸밈이 바탕을 이기면 호화로우니 꾸밈과 바탕이 어우러진 다음에야 군자이다.[37]

---

34) 허버트 핑가레트 지음, 송영배 옮김, 『공자의 철학』, 서울 : 서광사, 1993, 28-29쪽.
35) 공자의 문도들, 위의 책, 35쪽.
36) 위의 책, 53쪽.
37) 위의 책, 52쪽.

군자는 의(義)에 밝고, 소인은 이해관계(利)에 밝다. 38) 군자는 도(道)를 걱정하지 가난을 걱정하지 않는다. 39) 군자는 얻을 것을 보면 의로움을 생각한다[견득사의(見得思義), 견리사의(見利思義)]. 40)

즉, 군자의 덕(德)이란 본질적으로 인(仁)에 근거한 중용(中庸)의 덕인데, 이것은 바탕과 형식이 조화를 이루어 부족하거나 지나침이 없게 하거나 그렇게 하려고 노력하는 것이며, 의(義)로써 인(仁)을 실현하는 것(殺身成仁)을 말한다.

## 인정(仁政), 덕치(德治), 예치(禮治)

▶ 공자의 사회 정치 사상은 그의 사상 원리가 되는 윤리적 차원의 인(仁)을 사회 정치적 차원으로 확장한 것이라 할 수 있다. 또 그의 이상적인 인간상이 도덕성을 갖춘 인간으로서 군자이듯이 정치 또한 도덕성에 근거하여 군자에 의해 펼쳐져야 한다. 따라서 정치를 한다는 것은 도덕적 군주가 백성을 도덕적으로 감화시켜 자신과 같은 도(道)의 길로 이끈다는 의미를 담고 있다. 공자의 비유를 빌리면, 군주의 덕(德)은 바람이기 때문에 일반 백성들은 이 바람이 부는 방향에 순응하

---

38) 위의 책, 37쪽.
39) 위의 책, 129쪽.
40) 위의 책, 136쪽.

여 눕는다(영향을 받는다)41)는 것이다. 정치에 대한 공자의 이와 같은
생각은 「위정」편의 '북극성과 뭇별'에 대한 비유에서도 잘 드러난다.

> 정치는 덕(德)으로 하는 것이다. 이것은 마치 북극성이 제자리에
> 가만히 있기만 해도 뭇별들이 그 주위로 모이는 것과 같은 이치
> 이다. 42)

정치에 관한 공자의 이러한 관점을 덕치주의(德治主義)라 하며, 이
는 법가(法家)에서 주장하는 법치주의(法治主義)와 반대되는 개념이다.
공자는 정(鄭)나라의 자산(子産)이 조세 징수를 원활히 하기 위해 새로
운 법률을 제정하고 이를 강제한다는 말을 듣고 크게 분노했다고 한
다. 43) 공자는 법에 기초한 정치의 가장 큰 문제를 사람들에게 수치심
을 갖지 않도록 정당화하고 조장하는데 있다고 보았다. 이 때문에 그
는 도덕적 감화로 이끌고, 예(禮)로써 사회 질서를 바로잡는 정치를 이
상으로 추구하였다.

> (정치하는 사람이) 법제와 금령으로 이끌려 하고, 형벌로 다스리려

---

41) 위의 책, 99쪽.

42) 위의 책, 21쪽.

43) 카이즈카 시게키, 위의 책, 116-117쪽: 당시 정나라는 강대국의 사이에 끼어 있는
약소국으로 양쪽에 공물을 바치는 것으로 나라를 유지하고 있었다. 이런 상황에서 조세
징수를 원활히 하기 위해 새로운 조세 법률을 만들고, 청동기에 새겨 공포했다. 기원전
536년에 일어났던 이 최초의 사건이 중국 성문법의 시작이다. 또 정나라 자공이 실시했던
이러한 법치를 법가의 시작으로 보고 있다.

고 한다면, 백성은 벗어나려고만 하지 부끄러워하지(恥) 않는다. 그렇지만 덕으로 이끌고 예(禮)로써 다스리면 부끄러워할 뿐만 아니라 스스로 바로잡아 선하게 된다.44)

나라는 예(禮)로써 다스려야 한다.45) 예와 겸양(謙讓)으로 나라를 다스린다면 무슨 어려움이 있겠는가?46)

자기 자신에 대한 인간다움, 그리고 인간에 대한 인간다움으로서 도덕을 중시하는 공자에게 치(恥)는 법치를 통해서는 결코 기대할 수 없는 것이었다. 왜냐하면 법치는 행위에 대한 처벌(그것이 벌금이든 신체적 구속이든 상관없이)로써 모든 공적인 책임이 소멸하게 되고, 이로 인해 더 이상 내면의 자기 성찰과 부끄러움은 불필요해지기 때문이다. 이 때문에 공자는 법과 형벌이 아니라 스스로 자각하는(양심) 수치심[恥]을 통해 도덕성과 인간다움을 회복하고, 이를 통해 이상적인 사회를 기대할 수 있다고 보았다. 그리고 이를 위해서 정치하는 사람에게 높은 도덕성과 모범을 우선 요구했다. 공자에게 정치란 "반듯한 사람을 굽은 사람 위에 놓음으로써 사람들이 자연스럽게 따르도록"47) 하는 것

---

44) 공자의 문도들, 위의 책, 21쪽.
45) 위의 책, 92쪽.
46) 위의 책, 36쪽; 공자는 예치만을 강조한 것이 아니다. 예(禮)만을 강조하면 차등과 위계만이 강조되어 유대가 약해지기 때문이다. 그래서 공자는 반드시 겸손과 양보(사양)의 덕을 함께 강조했던 것이다.
47) 위의 책, 23쪽; "반듯한 사람을 뽑아 굽은 사람 위에 놓으면 굽은 사람도 반듯하게 할 수 있다": 같은 책, 100쪽.

이었다. 이 때문에 공자는 정치를 할 때 다섯 가지 덕(德)으로 하되, 반드시 네 가지는 경계하고 버려야 한다고 했던 것이다.

> 자장 : 정치는 어떻게 하는 것입니까?
> 공자 : 다섯 가지 미덕으로 하고, 네 가지 악덕을 버리면 된다. 다섯가지는 베풀되 낭비하지 말며, 일을 시키되 원망을 살 정도로 가혹하지 않아야 하며, 하고자 하는 마음을 갖되 욕심내거나 탐하지 않는 것이며, 태연하되 교만하지 않는 것이며, 위엄은 있지만 사납지 않는 것이다. 네 가지 악덕이란 가르치지 않고 죽이는 잔혹한 학정(虐政), 훈계하지 않으면서 빨리 되도록 촉구하는 포악한 폭정(暴政), 처음에는 태만하게 하다가 나중에는 재촉하는 해로운 도적 같은 정치, 결국은 똑같이 주어야 할 것을 인색하고 옹졸하게 일을 처리하는 것이다. 48)

같은 맥락에서 제자 자로가 군자에 대해 묻자 공자는 다음과 같이 말하는데, 우리는 이를 통해서도 그의 정치가 인(仁)과 군자의 도덕성에 기초하고 있음을 발견할 수 있다.

> 군자(君子)는 경(敬)으로 몸을 닦아 사람을 편안하게 하는 것이다. 나아가 군자는 백성을 편안하게 해주는 것이다[수기안인(修

---

48) 위의 책, 166쪽.

己以安人)]. 49)

한편, 공자에게 정치란 바로잡는 것(正), 이름(名)을 바로 세우는 것이기도 했다.

> 정치란 반듯함(正)50)이고, 이름을 바로잡는(正) 것이다. 51) 임금은 임금다워야 임금이라 할 수 있고, 신하는 신하다워야 신하라고 할 수 있으며, 부모는 부모다워야 부모라 할 수 있고, 자식은 자식다워야 자식이라고 할 수 있다. 이렇게 각자가 자신의 지위와 역할에 충실한 것이 정치의 근본이다. 52) 옛날 배우는 사람들은 '자기를 위한' 학문을 했지만, 지금 배우는 사람들은 '남을 위한' 학문을 한다. 53)

공자에게 정치는 이처럼 정명(正名)의 행위였다. 이것은 위의 내용처럼 각자가 자신이 맡고 있는 사회적 지위와 역할, 즉 자신의 이름(名)을 올바르고 충실하게 다하는 것이다. 공자의 시대는 패권 경쟁의 혼란한 상황이고, 대부가 천자의 의식인 팔일무54)를 추는 예(禮), 즉 위

---

49) 위의 책, 120쪽.
50) 위의 책, 98쪽
51) 위의 책, 103쪽; 97쪽.
52) 위의 책, 97-98쪽.
53) 유교문화연구소『논어』, 「헌문」, 제25장.
54) 팔일무(八佾舞)란 악생(樂生) 64명이 여덟 줄로 정렬하여 아악에 맞추어 추는 문무(文舞)나 무무(武舞)를 말한다.

계질서(차등)가 무너진 시대였다. 공자는 각자가 자신의 지위와 신분에 맞는 역할을 충실하게 수행하도록 함으로써 무너진 예(禮)를 바로 세우려 했으며, 그 방법을 강압이 아니라 위로부터의 솔선수범이라는 높은 도덕성에서 찾았다. 송대의 주희는 이것을 『대학장구』에서 "정치하는 자는 인(仁)에 머물러야 하고, 신하는 경(敬)에 머물러야 하며, 자식은 효(孝)에 머물러야 하고, 부모는 자(慈)에 머물고, 사람들과는 신(信)에 머물러야 한다."55)고 해석하고 있다. 공자는 이처럼 정명을 회복함으로써 궁극적으로 "재화가 부족한 것을 걱정하는 것이 아니라 재화를 모두에게 골고루 분배"56)할 수 있는 대동(大同)의 이상 사회를 꿈꾸었다. 즉 "큰 도(道)가 실현되면 천하는 모두의 것이 되고, 어질고 유능한 자가 선출되며, 자기 부모나 자기 자식만을 사랑하지 않고 두루 사랑한다. 나이든 사람은 여생을 편히 마칠 수 있고, 젊은이에게는 일자리가 주어지고, 어린아이는 마음껏 자랄 수 있게 해주며, 과부나 홀아비, 고아나 병든 사람도 모두 편히 부양 받는다."

---

55) 김영호 외, 위의 책, 163쪽.
56) 공자의 문도들, 위의 책, 133쪽: "고르다면 가난이란 없고, 화합한다면 부족함도 없고, 편안하면 어느 한 쪽으로 기울어짐도 없는 것이다."

# 02

# 석가모니와 불교

Gautama Siddhārtha,
기원전 563? – 기원전 483?

· 행복 : 금생의 행복, 천상의 행복,
  궁극적 행복
· 깨달음 : 연기, 중도, 사성제, 팔정도
· 대승불교 : 공(空), 보살, 육바라밀

## | 핵심 주제 |

· 행복 : 금생의 행복, 천상의 행복, 궁극적 행복
· 깨달음 : 연기, 중도, 사성제, 팔정도
· 대승불교 : 공(空), 보살, 육바라밀

## | 핵심 용어 |

⇒ 궁극적 행복, 깨달음, 연기, 인연생기, 중도, 사성제, 팔정도, 초전
법륜, 인드라신, 열반, 해탈, 공(空), 무아(無我), 고집멸도(苦集滅
道), 오온(五蘊), 탐진치(3독), 선정과 지혜, 대승불교, 소승불교,
자리이타, 집착과 번뇌, 육바라밀, 여래장, 불성, 중관, 공관, 유
식,『금강경』, 색즉시공 공즉시색, 나가르주나, 『반야경』, 『대승기신
론』, 심진여문, 심생멸문, 파라미타, 생명과 평화, 평등과 조화

# 행복 :
## 금생의 행복, 천상의 행복, 궁극적 행복

▶ 초기 불교에서는 '행복'을 불교의 목적으로 제시하면서 이것의 실현을 위해 우리(인간)에게 '법(法)을 잘 닦을 것'을 안내한다.57) 이에 따르면 불교는 보시와 지계를 통해 괴로움을 소멸함으로써 열반을 실현하는 것을 궁극적인 목적, 즉 행복으로 제시하는데, 그것은 다름 아닌 해탈과 열반을 의미한다. 또 초기 불교에서는 행복을 '인간의 행복(금생의 행복)', '천상의 행복(내생의 행복)', 그리고 궁극적으로 '열반의 행복(궁극적 행복)'으로 분류하면서 '보시'와 '지계'가 인간의 행복과 천상의 행복에 이르는 방법이며, 팔정도로 귀결되는 도(道)를 닦는 수행이 궁극적 행복에 이르는 방법이라고 제시한다. 그리고 이 세 가지, 즉 보시와 지계, 팔정도는 대승불교의 육바라밀의 바탕이 된다. 또한 부처는 이 행복에 대해 "맑고 깨끗한 마음으로 수행함(청정범행)으로써 네 가지 진리를 깨달아 열반을 실현하는 것이 으뜸가는 행복이다"라고 달리 표현하기도 했다.

한편, 인간의 행복인 금생(이승, 지금 살고 있는 세상)의 행복을 위해서는 자신의 소질과 능력에 맞는 학문과 기술을 익혀 세상에 기여하고, 급여를 받고 이윤을 만들어내는 일도 필요하다. 하지만 기술만으로는 부족하기 때문에 도덕적으로 건전하고 이웃에 봉사하는 올바른 인성도 가꾸어야 하는데, 이것이 보시(報施)와 지계(持戒)이다. 한편, 내생의

---

57) 각묵 스님, 『초기 불교의 이해』, 울산 : 초기불전연구원, 2013. 31–42쪽 참고

행복이란 우리가 이 세상에서 지은 행실과 관련이 깊다. 즉 우리가 지금 여기에서 의도적으로 지은 행위[업(業)]가 원인이 되어 해로운 행위를 많이 짓게[불선(不善)] 되면 지옥, 축생, 아귀와 같은 '삼악도'에 태어나게 되고, 선한 행실을 많이 짓게 되면 인간과 천상에 태어나게 된다는 것이다. 물론, 이 경우에도 보시와 지계가 중요하다.

　궁극적 행복인 해탈[(解脫)], 열반(涅槃), 성불(成佛)]은 불교의 고유성을 잘 드러내는 행복 개념이다. 일반적으로 금생의 행복과 내생의 행복이 세상 사람들(재가자)에 적용되고, 궁극적 행복은 출가수행을 하는 스님들에게 적용된다. 또 궁극적 행복을 위한 구체적인 방법으로는 사성제에 대한 통찰, 팔정도의 완성, 무상과 무아에 대한 깨달음이 제시된다. 결론적으로 초기 불교에서는 "삼보(三寶)58)에 대한 믿음과 지계를 실천하여 금생은 물론, 내생에서도 행복하며, 이를 토대로 통찰지를 얻어 해달과 열반이라는 궁극적 행복을 실현해야 한다."고 가르친다.

　이렇게 볼 때, 초기 불교에서 가장 중요한 개념이자 가르침이 '열반'임을 알 수 있다. 초기 경전은 열반을 "모든 형성된 것들[행(行)]이 가라앉음, 모든 재생의 근거를 놓아버림, 갈애의 멸진(소멸하여 없어짐), 탐욕의 빛바램[이욕(離欲)], 소멸"이라고 표현하고 있다. 또 다른 곳에서는 열반을 "'탐욕의 소멸'이며, '성냄의 소멸'이며, '어리석음의 소멸'"로 표현하고 있다. 여기서의 '소멸'은 사성제의 세 번째 진리인 '멸제(滅諦)'이기도 하다. 따라서 열반이라는 궁극적 행복은 모든 괴로움의 소멸에 의한 성스러운 경지이다. 이렇게 하여 '이고득락(離苦得樂)', 즉

---

58) 불교의 바탕을 이루는 불보(佛寶), 법보(法寶), 승보(僧寶)를 말함. 불보는 우주의 진리를 깨달은 부처, 법보는 부처가 가르친 교법(敎法), 승보는 교법을 따라 수행하는 승려를 일컬음.

괴로움을 여의고 열반을 실현하고자 하는 불교의 근본 진리가 드러나게 되고, 이것은 사성제(四聖諦)로 자리 잡는다.


## 깨달음 :
### 연기, 중도, 사성제, 팔정도

▶이제 부처가 칠일 동안 움직이지 않고 깨달은 것, 즉 연기(緣起), 중도(中道), 사성제(四聖諦), 팔정도(八正道)에 대해 살펴보자. 먼저, 연기, 즉 인연생기(因緣生起)에 대해 부처는 이렇게 말한다.

이것이 있으므로 저것이 있고, 이것이 일어나므로 저것이 일어난다. 이것이 없어지므로 저것이 없고, 이것이 사라지므로 저것이 사라진다. 이것을 알지 못하는 무명(無明) 때문에 행(行)이 있게 된다. 그리고 의지를 일으켜 조작하게 하는 행 때문에 식(識)이 생긴다. 또 이 분별적인 인식이 있기 때문에 명색(名色)이 있게 된다. 그리고 물질과 관념 때문에 육입(六入), 즉 촉(觸), 수(受), 애(愛), 취(取)가 있게 된다. 이것이 인간의 삶인데, 이로 인해 괴로움이 일어나는 것이다.59)

연기에 대한 위의 설명에 따르면 우리가 살아가는 이 세상의 모든 것

---

59) 위의 책, 114쪽.

들은 자기 스스로의 힘으로 자족하여 존재할 수 없다. 그것이 인간이든 자연이든 존재하기 위해서는 반드시 어떤 원인이 먼저 있어야 한다. 그리고 원인 때문에 지금 여기에 있는 어떤 무엇은 다시 다음에 일어나게 될 것의 원인이 된다. 여기서 중요한 점은 지금 여기에 '머물러 있는' 모든 것들이 고정되어 영원하지 않는다는 사실이다. 즉 지금 여기의 모든 것들은 자신이 존재하기 위해 앞의 원인을 전제해야 하며, 또 다음에 오게 될 것(또는 현상)들은 지금 여기의 것들을 원인으로 삼아야 한다는 것이다. 이렇게 보면 모든 것, 모든 현상은 영원할 수 없으며 끊임없이 변화하고 소멸해 가는 하나의 과정이자 관계의 연속일 뿐이다. 그것은 마치 『화엄경』의 인드라신(Indra神, 제석천)이 가진 그물처럼 단절 없이 연속되는 하나의 과정과 같다. 따라서 이 모든 과정은 상호의존적인 관계의 연속을 드러낸다. 불교에서는 이것을 무상(無常)이라고 한다. 즉 고정되고 영원불변하는 실체란 존재하지 않는다는 뜻이다. 이것을 가리켜 연기의 법칙이라고 한다.

모든 존재가 독립된 실체로서 영원성을 지닐 수 없는 무상(無常)이라는 말을 대승불교(大乘佛敎)에서는 달리 공(空)이라고 한다. 이는 원인과 조건에 따라 생성되고, 변화하고, 소멸하는 변함없는 과정을 일컫는 말이다. 다시 말해 원인과 조건이 바뀌면 결과로서 모습이나 현상 또한 바뀐다는 뜻이다. 그렇지만 현실에서 인간의 삶이란 이와 같은 과정의 연속을 깨닫지 못하거나 알았더라도 피상적인 인식의 수준에 머물러 늘 집착에 따른 고통과 번민이 연속되는 모습을 띤다. 지금 읽고 있는 책, 그 책을 보고 있는 우리의 눈, 그리고 이 모든 행위를 하고 있는 우리의 몸은 사실 우리가 인식하지 못할 뿐 매 순간 변화하고 있다. 단지 우리가 인식하지 못하여 그대로 머물러 있다고 착각하고 있을 뿐이다. 그런데 바로 이러한 착각이 우리를 아름다움이나 소유에 대한 집착과 탐욕(貪)으로 이끌게 되고, 그것들이 채워지지 않을 때 성(瞋)을 내게 된다. 따라서 우리가 느끼는 고통의 근원에는 이와 같은 집착의 어리석음(癡)이 있는 것이다.

이 모든 것을 깨달은 부처는 진리의 수레바퀴를 처음으로 굴리기 시작(初轉法輪)한 녹야원에서 다섯 수행자들에게 다음처럼 말한다.

> 수행자들이여 세상에는 두 극단이 있다. 수행자는 어느 한 쪽에 기울서는 안 된다. 두 극단 중 하나는 욕망이 이끄는 쾌락으로 빠지는 것이다. 그것은 천박하고 어리석고 무익한 것이다. 다른 하나는 자신을 괴롭히는 데 열중하는 것이다. 그것은 피로와 고통만 남길 뿐 아무런 이익이 없다. 이 두 극단을 넘어서면 중도(中道)가 있다. 그것은 우리의 눈을 밝게 하고, 지혜를 증진하고, 번뇌를 쉬게 하여 고요하게 한다. 그것은 평등한 깨달음을 얻게 하여 우리를 열반(涅槃)에 이르게 한다.60)

부처에게 중도란 '가운데 길이 옳다'라는 의미보다는 '양 극단은 모두 옳지 못하다'라는 의미가 적절한 것 같다. 즉 잘못된 행위를 깨뜨리는 행위 그 자체가 옳다는 뜻이다.61) 이것은 대승불교에서 말하는 논리처럼 모든 존재, 모든 현상의 본질이 공(空)이고, 실체가 없는 것이라

---

60) 위의 책, 130쪽.
61) 이철헌, 『대승불교의 가르침』, 서울 : 문중, 2008, 115쪽.

면, 우리 자신 또한 공(空)이기 때문에 자신의 현재와 자신이 원하는 바에 집착을 해야 할 이유가 없다는 것이다. 따라서 '있음'에 집착할 필요도 없지만, '없음'에 집착할 필요도 없다. 단지 연기의 법칙을 깨닫고, 중도에 머물고 실천하는 삶이면 되는 것이다. 깨달음을 얻기 이전에 부처는 이미 육체적 고행이라는 수행을 통해 '깨달음'에 집착하는 수행을 한 적이 있었다. 이것은 부처가 아직 중도(中道)를 깨우치지 못해 이를 실천하지 못하고 '깨달음'에만 집착했다는 뜻이다. 결론적으로 대승(大乘) 불교의 관점에서 볼 때, 연기(緣起)가 존재들의 상의성(相依性)을 드러내는 불교의 근본 원리라고 한다면, 공(空)은 이 연기가 드러난 현상을 말하며, 중도(中道)란 중생이 공에 따라 어느 한 극단에 이르지 않고 살아가는(즉 행동하는) 것을 의미한다고 할 수 있다.

그렇다면 열반에 이르는 방법으로서 중도의 삶이란 어떤 것인가? 부처는 이것을 팔정도(八正道)의 실천으로 보여준다.

> 중도란 무엇인가? 그것은 지혜롭고 성스러운 팔정도이다. 정견(正見), 정사유(正思惟,), 정어(正語), 정업(正業), 정명(正命), 정정진(正精進), 정념(正念), 정정(正定)이 그 길이다.62)

깨달음의 진리, 즉 열반에 이르는 이 여덟 가지 길을 정리하면 다음과 같다.

---

62) 대한불교조계종교육원, 위의 책, 130쪽.

정견 : 올바른 보라. 즉 내가 살고 있는 세계를 바로 보고, 고통
　　　의 원인을 바로 보아야 하며, 내가 무아(無我)라는 것을
　　　바로 보아야 한다는 것이다.

정사 : 올바로 생각하라. 탐욕을 뛰어넘고, 성냄이 없으며, 나쁜
　　　생각을 하지 않는 생각을 해야 한다는 것이다.

정어 : 올바른 말을 하라. 거짓말하지 말고, 이간질하지 말고,
　　　욕설이나 악담을 하지 말고, 꾸며낸 말을 하지 말라는 것
　　　이다.

정업 : 올바른 행실을 하라. 살생하지 말고, 도둑질 하지 말며,
　　　음탕하지 말라는 것이다.

정명 : 올바른 생활을 하라. 올바른 일을 하고, 올바른 직업을 가
　　　져 귀한 생명(목숨)을 올바로 유지하라는 것이다.

정정진 : 끊임없이 노력하라. 열반을 향해 한결 같이 충실하라는
　　　것이다.

정념 : 올바른 관찰을 하라. 자신의 수행을 방해하는 것들을 돌
　　　아보고 가려내라는 것이다.

정정 : 올바른 명상을 하라. 마음을 고요하게 하는 선정(禪定)과
　　　지혜(知慧)에 이르도록 집중하라는 것이다.63)


　부처는 계속해서 자신이 깨달은 네 가지 성스런 진리(四聖諦), 즉 고
집멸도(苦集滅道)에 대해 수행자들에게 다음처럼 설파한다.

---

63) 김현준, 『불교의 근본 교리』, 서울 : 효림, 2010. 197-311쪽 참고.

네 가지 성스런 진리, 즉 사성제(四聖諦)가 있다. 그것은 괴로움
에 관한 성스런 진리, 괴로움이 일어나는 원인에 관한 성스런 진
리, 괴로움의 소멸에 관한 성스런 진리, 마지막으로 괴로움의 소
멸에 이르는 길에 관한 성스런 진리이다. 64)

　고성제(苦聖諦)란 태어남과 늙음, 병듦과 죽음, 미운 사람과 만나는
것, 사랑하는 사람과 헤어지는 것, 구하는 것을 얻지 못하는 것, 요컨
대 오온(五蘊)65)의 삶 자체가 괴로움인 것이다. 인간이 공(空)이라는
사실을 깨우치지 못하여 중도(中道)를 실천하지 않는 한 인간의 삶은
고(苦)일 수밖에 없다. 집성제(集聖諦)이란 '나'에 대한 고집스런 사랑
때문에 고가 발생하게 된다는 것이다. 나에 대한 목이 탈 것 같은 격렬
한 사랑(渴愛)은 곧바로 탐욕(貪慾)을 일으켜 나를 고통스럽게 한다. 66)
예를 들어 부자가 되려는 욕심은 나를 고행과 힘든 노력으로 몰아세워
나를 물질적으로 부유하게 할 수 있지만, 그렇다고 근심이 사라지지
않는다. 왜냐하면 그것을 지키고 더 키우기 위해 욕심을 부리지 않으

---

64) 대한불교조계종교육원, 위의 책, 130쪽.
65) 불교에서는 인간을 오온(五蘊)으로 이해한다. 이것은 인간을 물질과 정신으로 보는
것이다. 색(色)이란 육체 물질적인 요소이고, 수(受)란 고락을 느끼는 감수(感受) 능력을
말한다. 상(想)이란 마음에 떠오르는 개념이고, 행(行)이란 목적 의식을 가진 의지작용이다.
마지막으로 식(識)이란 감수 능력과 개념 형성을 통해 내린 종합적 판단을 말한다. 부처는
오온에 대해 이렇게 말한다: "물질(色)은 '나(我)'가 아니다. 물질이 영원하다면 변하거나
병들지 않아야 하지만, '나'의 몸은 그렇지 못하다. 물질이 영원하지 않기 때문이다. 그러므로
물질은 무상(無常)이다. 또 느낌, 생각, 의지, 의식 또한 영원불변하지 않는 것이다. '내'가
무상이기 때문이다": 위의 책, 134쪽.
66) 김현준, 위의 책, 183쪽.

면 안 되기 때문이다. 이처럼 갈애와 탐욕이 우리를 고통스럽게 하는 원인이 된다. 갈애와 탐진치(貪瞋痴)가 고통의 원인임을 깨닫고, 이러한 괴로움의 원인에서 벗어날 수 있다는 것을 깨닫는 것이 멸성제(滅聖諦)이다. 즉 열반의 평온하고 고요한 행복을 말한다. 마지막으로 도성제(道聖諦)란 고통을 없애는 길(방법)이 무엇인지를 깨닫고 실천하라는 가르침으로 불교의 가장 중요한 수행 방법을 말한다.


## 대승불교 :
### 공(空), 보살, 육바라밀


▶ 부처는 특정 후계자를 지명하지 않았기 때문에 입적하고 시간이 흐르면서 그의 가르침(法, dharma)과 율(律, vinaya)에 대한 이해와 해석도 조금씩 달라지기 시작했다. 이러한 변화는 전통적인 계율을 지키려는 보수적 경향의 '상좌부'와 시대의 변화에 적응하려는 진보적 성향의 '대중부'로 나타났다. 급기야 약 100년이 지났을 때는 약 20개의 부파(部破)로 분열하게 되는데, 이를 '부파불교'라고 한다. 그런데 이들은 부처의 근본 가르침에 충실하려는 경향이 강하여 출가를 전제로 엄격한 계율의 준수를 중요시했다. 이 때문에 부파불교(小乘佛敎)는 여러 사람(중생)을 구하고 도와주기보다는 엄격한 자기 수행을 통해 자신의 해탈을 우선적인 목표로 삼았다. 그렇지만 이들의 이와 같은 경향은 일반 대중들과 멀어지는 문제점을 초래하게 되었고, 이에 따라 기원전 1세기경에는 부처의 참된 가르침에 대한 성찰의 요구가 일어났다. 중

국과 우리나라의 불교를 특징짓는 대승불교(大乘佛教)67)는 이렇게 출현했다.

이렇게 등장한 대승불교는 다음의 몇 가지 특성을 갖고 있다.68) 첫째, 자신의 깨달음을 위해서 수행하지만, 또한 중생(일반 대중)을 함께 구제하려 한다(自利利他)는 것이다. 둘째, 모든 중생은 똑같이 깨달음을 얻을 수 있다고 주장한다. 모든 중생은 원래부터 부처의 성품을 지니고 있지만, 집착 때문에 일어나는 마음의 갈등인 번뇌(煩惱)로 인해 그 성품을 드러내지 못하고 있는 것이다. 따라서 이 번뇌만 제거한다면, 모든 중생은 깨달음의 진리에 이를 수 있다고 대승불교는 주장한다. 셋째, 보살(菩薩)69) 사상이다. 대승불교는 모든 중생이 깨달음을 향해 가는 보살이라는 믿음을 갖고 있다. 또 이 보살은 대승에서 가장 이상적인 수행자의 모습으로 추구되는데, 위로는 부처의 깨달음을 구하고, 아래로는 중생을 구제하려는 수행자의 모습을 가리킨다. 그리고 이 보살은 깨달음의 열반에 이르기 위해 여섯 가지의 바라밀(六波羅蜜)을 수행한다. 이와 같은 대승불교의 주요 개념은 부처의 근본 깨달음

---

67) 오강남, 『세계종교둘러보기』, 서울 : 현암사, 2003, 93쪽: 대승불교는 부파불교의 사변적 개인적·소수엘리트적 성향에 반대하여 일어난 진보적 승려 중심의 평신도 운동이다. 대승은 여러 사람을 차안(此岸, 나고 죽고 하는 고통이 있는 이 세상)에서 피안(彼岸, 번뇌를 해탈한 깨달음의 열반 세계)으로 실어 나르는 '큰 수레(大乘)'라는 뜻이다. 반면, 소승(小乘)은 개인적 수행을 통해 개인의 구원을 중시함으로써 아라한(소승 수행자들의 이상적인 상)을 추구한다.

68) 이철헌, 위의 책, 25-28쪽.

69) 보살(菩薩)이란 첫째, 부처가 전생에서 수행하던 시절 또는 금생에서 보리수아래에서 깨달음을 얻기 직전의 모습을 가리키는 말이다. 둘째, 위로 진리를 구하고 아래로 중생을 구하고 도와주려는 대승 불교의 이상적 수행자상을 의미한다.

이었던 연기(緣起)와 함께 공(空), 여래장(如來藏), 육바라밀(六波羅蜜)
이며, 주요 학파에는 중관(中觀)과 유식(唯識)이 있다.

앞서 말했지만, 부처의 무아(無我)는 대승에서 곧 공(空)을 의미한
다. 공은 당시 우파니샤드에서 주장했던 영원불멸하는 실체인 아트만
(ātman)을 인정하지 않는다. 모든 존재와 현상은 단지 연기의 원리에 따
라 이루어지는 의존적 성질을 지닌 무자성(無自性), 무아(無我, ātman)
인 것이다. 즉 무상과 무아는 불교의 근본 원리인 연기에 충실하면 자
연스럽게 도출되는 개념이다. 또 이것에 근거할 때 제행무상(諸行無常)
과 제법무아(諸法無我) 또한 당연한 결론이다. 그렇다고 우리가 공(空)
에 집착해서는 안 된다는 것 또한 불교의 가르침이다. 집착은 단지 고
통의 원인일 뿐이기 때문이다. 『금강경』과 『중아함경』은 이에 대해 다
음과 같은 이야기를 소개한다.

> 뗏목을 만들어 저 언덕에 이르렀다. 그리고 생각한다. '나를 여기
> 까지 건너게 해준 이 뗏목은 참 고마운 것이다. 그러니 이 뗏목을
> 머리에 이고 가자'고 한다면, 이는 잘못된 것이다. 왜냐하면 법
> (法)이란 뗏목과 같기 때문에 이른 다음에는 마땅히 버려야 할 것
> 이기 때문이다.70)

우리가 공(空)을 잘못 이해하게 되면 허무주의에 빠질 위험도 있다.
그렇지만 공은 모든 존재하는 것들과 현상의 본질을 깨달아 집착과 번

---

70) 이철헌, 위의 책, 98쪽.

뇌를 끊어 참된 삶의 길을 열어가자(해탈)는 의미이다. 『반야심경』의 '색즉시공(色卽是空)과 공즉시색(空卽是色) 또한 이와 같은 맥락에서 이해할 수 있다.

나가르주나(Nāgārjuna, 용수)는 『반야경』의 공(空)을 철학적으로 확립하여 대승불교의 근본 원리로 삼도록 하는데 크게 기여하였으며, 이는 깨달음의 주체인 마음에 대한 논의로 발전하였다. 이렇게 해서 등장한 것이 여래장(如來藏, 즉 여래를 품음) 사상이다. 이에 따르면 인간의 마음은 본래 깨끗하여 부처(여래)의 마음을 갖고 있다는 것이다. 『여래장경』에서는 다음처럼 말하고 있다.

> 모든 중생은 여래를 항상 간직하고 있어 변하지 않으나 다만 중생
> 은 번뇌로 덮여있을 뿐이다. 71)

따라서 번뇌를 없애고 지혜를 맑게 하는 수행을 하면 누구나 해탈을 얻을 수 있다는 것이다. 『대승기신론』72)은 인간의 이런 마음을 두 가지 측면에서 말하고 있는데, 하나는 '마음이 진리 그대로이다(心眞如門)', 다른 하나는 '마음이 일어나고 사라진다(心生滅門)'이다. 즉 중생의 마음은 생멸변화는 현상계를 드러내기도 하지만, 여래장의 출세간(열반의 세계로 들어감)의 바탕이 되기도 한다는 뜻이다. 73)

---

71) 위의 책, 133쪽.
72) 대승 불교의 근본 뜻을 이론과 실천의 양면에서 다룬 책으로 부처가 열반에 든 후 600년경에 인도의 아슈바고샤가 지었다고 한다.
73) 위의 책, 137쪽.

학자들 사이에는 여래장 사상이 부처의 가르침이 아니라는 주장도 있기는 하지만, 여래장 사상은 부처의 근본 가르침과 연관 지어 생각할 때 몇 가지 중요한 의의를 지닌다.[74] 첫째, 인간이 무한한 가능성을 지닌 존재임을 일깨워주었고, 둘째 인간이 존귀한 존재임을 깨우쳐주었으며, 셋째 모든 중생은 본래 평등하다는 점을 일깨워주었다. 즉 모든 중생은 부처의 성품(佛性)을 지니고 있기 때문에 평등하다는 주장이다.

중관(中觀) 또는 공관(空觀) 사상은 나가르주나가 주장한 것으로 편견과 분별심(分別心)을 버리고 올바른 진리관을 가지라는 것이다. 사실, 공이란 용어는 사물에 본래의 성품(自性)이란 없다는 것을 표현하기 위해 편의상 붙인 이름(假名)에 불과한 것이다. 또한 유(有)에 구속되어 있는 우리의 고정관념을 깨드리기 위한 용어이기도 하다.[75] 따라서 중관 또는 공관이란 가운데를 관찰하라는 것이 아니라 바르게 바라보라(正觀)는 것이다. 이것을 『중론』은 다음처럼 기록하고 있다.

공(空)의 진리는 온갖 견해에서 벗어나라는 것이다. 만약에 공(空)이 있다(有)는 견해를 갖게 된다면, 누구도 그런 사람을 깨우치게 하지 못할 것이다.[76]

우리가 공(空)을 잘못 이해하게 되면, '모든 것은 공(空)'이라는 '인식'을 갖게 되어 삶을 허무하고 가치 없는 것으로 파악할 위험이 있다. 따

---

74) 위의 책, 146-149쪽.
75) 위의 책, 127쪽.
76) 위의 책, 129쪽.

라서 유식(有識)에서는 번뇌로 오염된 그릇된 인식을 수행을 통해 정화하여 참된 지혜에 이르러야 한다고 강조한다.[77] 즉 우리가 인식하고 있는 이 세계는 실재로 그렇게 존재하는 것이 아니라 그것을 인식하는 사람의 주관에 따라 파악된 세계이기 때문에 허상이고 가상일뿐이라는 것이다. 눈에 보이는 세계가 그대로의 참된 세계는 아니라는 말이다.

> 안으로부터 의식이 생겨나면, 밖의 대상도 비슷하게 나타난다.
> 그렇지만 이것은 눈병을 앓고 있는 사람이 세상을 보는 것과 같
> 다. 따라서 여기에는 그 어떤 참됨도 없다.[78]

예를 들어 책상이라는 명색(名色)이 자라는 과정을 살펴보자. 우리에게 책이라는 인식(認識)이 들어오면, 우리는 책을 바닥에 놓고 본다면 불편하겠다는 생각이 안으로부터 일어난다. 그래서 책을 보기 위한 무엇인가가 있어야겠다는 생각을 한다. 그래서 우리는 상(牀)이라는 생각과 물건을 만들어낸다. 그래서 나무를 잘라 상을 만들고, 책을 보기에 이른다. 이렇게 해서 책상이라는 관념과 사물이 생겨난다. 이것이 바로 명색(名色)이다. 그런데 여기서 우리의 생각이 또 자란다. 이젠 단순한 택상이 아니라 부드럽고 보기 좋은 책상을 떠올린다. 이렇게 해서 원목을 잘 다듬고 고급스런 모양을 낸 값비싼 책상이 나오게 되는 것이다. 즉 새로운 모습의 새로운 책상(名色)이 생겨나는 것이다. 이러한 과정, 즉 의식과 대상이 변하고 새롭게 등장하는 과정이 곧 명색이

---

77) 위의 책, 167쪽.
78) 위의 책, 158쪽.

커가는 과정이다. 또한 이 과정은 인간에게 고통의 원인을 키우는 과정이기도 하다. 왜냐하면 생각과 관념(名)을 충족하기 위해 많은 노력과 에너지를 쏟아 부어야 하고, 설령 그렇게 해서 충족되더라도 새로운 명 때문에 이 일을 반복해서 키워가야 하기 때문이다.

결론적으로 유식사상은 잘못된 생각(迷妄)에 빠진 우리의 마음을 먼저 깨닫고, 자신의 본래 성품이 진리 그대로임(眞如性)임을 깨닫게 하려는 것이다.79) 그리하여 마침내 깨달음을 얻도록 하려는 것이다.

흔히 대승불교는 보살불교라고 부른다. 보살은 대승불교의 이상적인 인간상으로 나와 다른 사람(생명)은 본질적으로 둘이 아니라(不二)는 정신에 따라 자리이타(自利利他)의 정신을 실천하는 사람이다. 보살은 '위로는 깨달음을 구하고, 아래로는 중생을 교화하려고 노력하는 사람'이다. 따라서 보살은 먼저 깨달음을 구하고, 그 다음 중생을 구제하는 것이 아니라 중생 구제와 깨달음을 함께 하며, 더 나아가 자신의 깨달음보다 중생 구제에 힘을 다하는 사람이다.80) 그러므로 보살의 마음은 자비(慈悲, 순수한 사랑)의 마음이다. 이러한 보살은 여섯 바라밀(pāramitā)을 닦음으로써 궁극의 깨달음을 추구한다. 파라미타란 pāra(피안에)+i(이른)+tā(상태) 또는 pārami(최상의)+tā(상태)로 도피안(到彼岸)이라고 옮기며, 이를 위해 보살은 여섯 바라밀을 실천한다.81) 여섯 바라밀이란 보시(布施) 바라밀, 지계(持戒) 바라밀, 인욕(忍辱) 바라밀, 정진(精進) 바라밀, 반야(般若) 바라밀이다.

---

79) 위의 책, 174쪽.
80) 위의 책, 65쪽.
81) 위의 책, 71-78쪽.

보시, 즉 베풂이란 물질적으로 베풀고, 진리의 말씀을 전하고, 두려움과 근심에서 벗어나게 도와주는 것을 말한다. 따라서 온화한 눈빛으로 바라보고 웃으며, 존경과 예를 갖춘 착한 마음이 모두 보시이다. 참된 보시란 베풀면서도 자신이 선행을 하고 있다는 것에 집착하지 않으며, 대가도 바라지 않아 '마음에 머무는 바가 없는' 보시(無住相布施)이다.

지계란 계율을 지킨다는 뜻이다. 이것은 생명이 있는 것을 함부로 죽이지 않고(不殺生), 남의 물건을 훔치지 않으며, 거짓과 나쁜 행실을 하지 않는 것이다. 인욕이란 괴로움을 받아들여 견디고 용서하는 것이다. 분노나 좌절 때문에 동요하지 않는 마음이며, 유혹을 자비로써 이겨내려는 노력이다. 정진이란 부지런히 수행하는 것이다. 이것은 공사상을 잘못 이해하여 무사안일에 빠지지 않으려는 수행 정진이다. 선정이란 흐트러진 마음을 가라앉히고 고요히 사색하는 것이다. 정신을 집중하여 혼란스런 마음을 멈추고(止), 삼매(잡념에서 벗어나 정신을 집중함)에 머물러 올바로 관찰(觀)하는 것이다. 마지막으로 반야란 분별지와 미망에서 벗어나 깨달음의 지혜를 얻는 것이다. 춘원 이광수의 시 '애인(愛人)'은 대승의 육바라밀을 예찬하는 내용이다.

임에게 무엇이나 바치고 싶은 이 마음, 나는 보시를 배웠노라.

임에게 보이고자 애써 단장하는 이 마음, 나는 지계를 배웠노라.

임이 주신 것이라면 꾸지람도 기쁘게 받는 이 마음, 나는 인욕을 배웠노라.

자나 깨나 쉴 틈 없이 임을 그리워하는 마음, 나는 정진을 배웠노라.

오직 임만을 사모하는 마음, 나는 선정을 배웠노라.

기쁨도 슬픔도, 임과 나의 존재도 잊을 때, 나는 반야를 배웠노라.
이제 알았노라, 이 몸에 바라밀을 가르치려고 애인의 몸으로 나
타나신 부처라는 것을.82)

　오늘날 부처와 불교의 가르침은 참으로 다양한 영역에서 인류의 문
명이 나아갈 방향을 제시하고 있다. 연기(緣起)와 공(空), 중도와 사성
제, 대승과 보살 여래장, 팔정도와 육바라밀 등 불교의 근본 가르침들
이 지구적인 환경 생태 문제의 해결, 지구 공동체의 화합과 인류애의
고양, 계층 및 지역 간 갈등과 위화감의 극복, 그리고 생명과 평등, 평
화와 조화가 함께하는 공동체를 지향하는데 깊은 영감을 제공하고 있
기 때문이다.

---

82) 위의 책, 78-79쪽. 이해를 돕기 위해 원시를 다소 풀어썼다.

# 03

# 노자
# 老子

기원전 579? - 기원전 499?

· 도(道) : 스스로 그러함으로서의 자연
  (自然)
· 성인의 정치 : 무위(無爲), 무사(無事),
  무욕(無欲)
· 부드러움(柔弱) : 생명존중과 여성주의

## | 핵심 주제 |

· 도(道) : 스스로 그러함으로서의 자연(自然)
· 성인의 정치 : 무위(無爲), 무사(無事), 무욕(無欲)
· 부드러움(柔弱) : 생명존중과 여성주의

## | 핵심 용어 |

⇒ 도:자연:무:혼성:고요함:통나무:물:중(中):허(虛):스스로 그러함,
도법자연, 상선약수(上善若水), 상덕약곡(上德若谷), 『도덕경』, 천
도무친(天道無親), 천지불인(天地不仁), 무위:무사:무욕, 소국과
민(小國寡民), 갓난아이, 부드러움:생명존중, 여성주의

## ‖ 노자 ‖

- 도(道)가 말해질 수 있으면 진정한 도가 아니고, 이름이 개념화할 수 있
  으면 진정한 이름이 아니다. 무(無)는 이 세계의 시작을 가리키고, 유
  (有)는 모든 만물을 통칭하여 가리킨다. 언제나 무(無)를 가지고서는 세
  계의 오묘한 영역을 나타내려 하고, 언제나 유(有)를 가지고서는 구체적
  으로 보이는 영역을 나타내려고 한다. 이 둘은 같이 나와 있지만 이름을
  달리 하는데, 같이 있다는 것을 가리켜 현묘(玄妙)하다고 한다. 이것이
  온갖 것들이 들락거리는 문(門)이다.

- 삼십 개의 바큇살이 하나의 곡에 모이는데, 그 텅 빈 공간(無)이 있어 수
  레의 기능이 가능하다. 찰흙을 빚어 그릇을 만드는데, 그 텅 빈 공간이
  있어 그릇의 기능이 있게 된다. 문과 창문을 내어 방을 만드는데, 그 텅
  빈 공간이 있어 방의 기능이 있게 된다. 그러므로 유(有)는 이로움을 내
  주고, 무(無)는 기능을 하게 한다.

# 도(道) :
## 스스로 그러함으로서의 자연(自然)

▶ 노자 사상의 핵심을 담고 있는 『도덕경』의 제1장과 제28장에는 그의 사상 전체를 관통하는 개념인 도(道)의 본질과 그 성격을 압축하여 표현하는 진술이 나온다.

> 도(道)가 말해질 수 있으면 참된 도가 아니고, 이름이 개념화될 수 있으면 참된 이름이 아니다(道可道 非常道 名可名 非常名). 무(無)는 이 세계의 시작을 가리키고, 유(有)는 모든 만물을 통칭하여 가리킨다. 무(無)를 통해서는 언제나 세계의 오묘한 영역을 나타내려 하고, 유(有)를 통해서는 언제나 구체적으로 보이는 영역을 나타내려 한다. 이 둘은 같이 나와 있지만 이름을 달리하는데, 같이 있다는 것을 가리켜 현묘(玄妙)하다고 한다. 이것이 바로 온갖 것들이 들락거리는 문(門)이다. 제1장83)

> 어떤 것이 혼돈스러운 모습으로 이루어져[혼성(混成, 긴밀한 관계 속에서 이루어짐)] 있으면서 천지보다 앞서 살고 있다. 아무 소리도 없고, 아무 모양도 없다. 미치지 않는 곳이 없으면서 어그러지지 않으니 이 세상의 어미가 될 수 있다. 나는 이것의 이름을 모른다. 억지로 이름 붙여 도(道)라 하고, 억지로 이름을 붙여 크다

---

83) 최진석, 『도덕경』, 서울 : 소나무, 2002, 20쪽.

(大)고 할 뿐이다. 사람은 땅을 본받고 땅은 하늘을 본받으며 하늘은 도를 본받고 도는 스스로 그러함을 본받는다(道法自然). 제 25장. 84)

노자에게 '스스로 그러함'이란 '변함없이 영원한'이라는 뜻이며, 변함없이 영원한 것이기 때문에 참된 것이다. 또 '스스로 그러함'은 원래부터 그러하기 때문에 규정하고 제한 짓는 것을 전제로 할 때만 성립하는 '이름(名)'을 붙일 수가 없다. 그래서 노자는 원래 스스로 그러한 것[즉 억지로 이름붙인 것으로서 도(道)]은 항상적(즉 변함없이 영원한 것)이기 때문에 특정한 이름을 붙여 규정지을 수 없다고 생각했다. 왜냐하면 어떤 대상이나 현상에 대해 이름을 붙인다는 것은 그것이 품고 있는 의미와 대상을 인간이 사용하는 한정적인 언어적 범주에 구속시킴으로써 그것의 자연적 본질을 인간의 의도에 따라 인위적으로 규정짓는 행위이기 때문이다. 그렇지만 인간의 언어란 시간성과 역사성, 그리고 특수성을 반영하는 사회적 규약이기 때문에 항구적인 의미를 담아내지 못한다. 예를 들어 '인간이란 이성적인 동물'이라고 언어적인 기호를 사용하여 정의 또는 규정짓는다고 가정해보자. 이에 따르면 인간은 모든 동물들 중에서 오직 이성적인 능력을 지닌 존재이다. 따라서 이제 막 태어난 아이, 이성능력을 결여하고 있거나 상실한 사람(그가 아이든 성인이든 상관없이) 등은 인간이라는 정의 속에 포함되는가의 문제가 제기된다. 뿐만 아니라 왜 인간을 오직 이성에만 한정하여 규정하

---

84) 위의 책, 214쪽.

지 않으면 안 되는가 하는 근본적인 의문이 일어난다. 다시 말해 다양한 욕망과 감정을 지닌 존재라는 인간의 또 다른 측면은 무시해도 되는가라는 문제가 발생한다.

결론적으로 인간을 '이성적인 동물'이라고 정의하는 그 순간 '이성'은 인간의 본질이자 인간의 모든 것을 함의하게 됨으로써 인간으로서 가장 중요한 다른 한 부분, 즉 욕망과 감정의 영역을 담아내지 못하게 된다. 또한 이 때문에 '이성적인 동물'이라는 인간에 대한 정의는 영원한 것이 될 수 없게 된다. 노자의 위의 말처럼 이름으로 개념화될 수 있다면 그것은 이미 진정한 이름이 될 수 없는 것이기 때문이다. 마찬가지로 스스로 그러한 것으로서 자연, 즉 도(道 또는 道法自然) 또한 뭐라 이름을 지어 규정할 수 없기 때문에 '억지로 이름 붙여' 편의상 도(道)라고 부르는 것뿐이다. 이와 더불어 노자는 이처럼 구체적이고 세분화한 결과에 따른 정교한 정의(定義)가 불가능한 도(道)의 본질을 표현하기 위해 도(道)의 또 다른 표현인 무(無)라는 용어를 사용하고 있다. 노자는 모든 것(有)이 이 무(無)로부터 발생하고 나오기 때문에 이를 두고 현묘(玄妙)하다, 즉 무엇이라고 표현하거나 규정지을 수 없다는 것이다.

노자의 도(道)에 대한 이러한 생각을 정치에 적용하여 설명할 수도 있을 것이다. 예를 들어 공자가 이상적인 사회·정치 모델로 생각했던 주왕조의 문화와 규범은 노자가 볼 때 원래 스스로 그러한 것에 인위적인 것을 채색하여 마치 완전한 것으로 보이도록 꾸며낸 것에 지나지 않는 것이다. 왜냐하면 도에 따른다는 것은 스스로 그러한 바를 따르는 것이기 때문에 영원한 것(常)이어야 하지만 주왕조의 도덕과 문화, 규범은 노자가 활동하고 있던 시기에 이미 붕괴하고 있었기 때문이다.

다시 말해 인위적인 것은 자연적인 것이 아니기 때문에 영원한 것(道)이 될 수 없고, 영원할 수 없다는 것은 또한 붕괴할 수밖에 없다는 것이 노자의 판단이다. 노자에게 항구적일 수 있는 것은 오직 자연일 뿐인 것이다. 그래서 도(道)는 스스로 그러함을 본보기로 삼을 뿐이라고 주장하는 것이다.

노자는 도(道)를 물(水)과 풀무에 비유하여 보다 쉽게 설명하기도 한다.

> 가장 훌륭한 덕은 물과 같다[상선약수(上善若水)]. 물은 만물을 이롭게 하지만 다투지 않고, 사람이 싫어하는 곳에 위치한다. 그러므로 도에 가깝다. 오로지 다투지 않기 때문에 허물이 없다. 제3장85)

> 가장 훌륭한 덕은 계곡과 같다[상덕약곡(上德若谷)] 제41장86)

> 강과 바다가 온갖 계곡 물의 왕이 될 수 있는 이유는 잘 낮추기 때문이다. 그렇기 때문에 온갖 계곡 물의 왕이 될 수 있는 것이다. 마찬가지로 백성들 위에 서고 싶으면 반드시 자신을 낮추고, 자신을 뒤로 해야 한다. 이로써 성인은 백성들 위에 있지만 백성들이 거추장스럽게 생각하지 않으며, 온 천하가 그와 다툴 수 없는 것이다. 제66장87)

---

85) 위의 책, 78쪽.
86) 위의 책, 328쪽.
87) 위의 책, 470쪽.

천지 사이는 풀무와 같다. 비어 있지만 그 작용은 그침이 없다. 중(中)을 지키는 것이 가장 중요하다〈제5장〉.88)

노자가 도(道)를 물(水)에 비유한 이유는 물이 자연성(中)을 그대로 지키면서 운영되기 때문이다. 도(道)가 스스로 그러한 바에 따라 운영되는 것처럼 물 또한 스스로 그러한 바에 따라 아래로 흐르면서 모든 것을 낳게 하는 근원이 되며, 그럼에도 자신의 공(功)은 내세우지 않는 겸손함의 덕을 갖추고 있다. 풀무 또한 그 본질은 비어있으면서(虛=無) 그 작용은 그침이 없어 모든 것이 일어나는 원인이라는 점에서 도(道)의 본질을 닮아있다고 할 수 있다. 이처럼 물은 스스로를 낮추고 비우는 겸허(謙虛)와 모든 것에 대해서 베푸는 자애(慈愛), 그리고 감히 세상을 구하겠다고 앞으로 나서지 않는(不天下先) 덕(德)(제67장)을 지녔기 때문에 모든 것을 거느릴 수 있는 것이다. 이 점에서 가장 훌륭한 덕은 깊은 계곡과 같은 것이다.

이제 노자의 도법자연(道法自然), 즉 자연(自然)을 이해하기로 하자. 먼저 유가의 자연(自然)을 간략하게 검토하는 것으로 시작하자. 유가의 자연(天)에 대한 관점은 『중용』에 잘 표현되어 있다.

하늘이 만물에게 부여한 것을 성(性)이라 하고, 자신이 부여받은 성에 따르는 것을 도(道)라고 한다. 그리고 이 도를 닦는 것을 가르침(敎)이라고 한다(天命之謂性 率性之謂道 修道之謂敎). 제1장 1절.89)

---

88) 위의 책, 64쪽.
89) 주희 엮음, 김미영 옮김, 『대학, 중용』, 서울 : 홍익출판사, 2005, 116쪽.

성실함(誠)은 하늘의 도이고, 성실하려고 하는 것은 사람의 도이다. 성실한 사람이 힘쓰지 않아도 딱 들어맞고 생각하지 않아도 파악할 수 있어 차분하게 도에 맞으면 성인이다. 제20장 18절90)

오직 천하의 지극한 성실함을 통해 각각이 부여받은 본성을 다 드러낼 수 있다. 각각이 부여받은 본성을 다 드러낼 수 있다면 사람의 본성을 드러낼 수 있다. 사람의 본성을 다 드러낼 수 있다면 만물의 본성을 드러낼 수 있다. 만물의 본성을 다 드러낼 수 있다면 천지가 만물을 만들어 자라게 하는 것을 도울 수 있다. 천지가 만물을 만들어 자라게 할 수 있다면 천지와 함께 참여할 수 있다. 제22장 1절91)

위의 진술처럼 유가에서는 하늘(天)을 도덕적인 의미로 이해하는 경향이 강하다. 이에 따르면 하늘이 모든 존재에 대해 본성을 부여했는데, 그 본성을 따르는 것을 도라고 한다. 그런데 하늘의 본성은 성실함(誠)이기 때문에 인간 또한 그와 같은 성실함을 본성으로 한다. 따라서 인간은 그와 같은 도덕적인 성실함을 실천하여 하늘의 뜻과 하나가 되는 삶을 살아가야 한다. 이것을 가리켜 천인합일(天人合一) 또는 천도(天道)와 인도(人道)의 하나됨이라고 말한다. 인간이 자신의 이러한 본성을 온전하게 드러낼 수 있게 된다면 인간은 하늘이 만들어낸 천지만물을 생육하게 할 수 있도록 도울 수 있는 존재가 되며, 이것 또한 천

---

90) 위의 책, 182쪽.
91) 위의 책, 188쪽.

인합일이라고 말할 수 있다. 이처럼 유가에서는 하늘(또는 자연)을 도덕의 출발점으로 삼으면서 인간에 대해서는 이러한 자연에 대해 도덕적 책임성(仁)을 다함으로써 하늘의 뜻을 완성해야 한다고 가르치고 있다.

반면, 도가에서 자연(天)이란 '자연'의 의미이다. 즉 자연이란 우리가 일상생활 속에서 관찰하는 물리적인 자연이라기보다 '자연(自然)'의 문자 그대로의 의미인 '원래 스스로 그러함'이다. 따라서 유가와 달리 도가에서 말하는 자연이란 도덕성의 절대 근원으로서 의미를 갖는 것이 아니라 모든 만물로서 자연이 지니고 있는 '원래 스스로 그러한 본성'을 의미할 뿐이다. 예를 들어 물은 인간의 소망과는 관계없이 원래 스스로 위에서 아래로 흐를 뿐이다. 또 자연은 인간의 바람과는 관계없이 모내기를 해야 할 때 속절없이 가뭄이 오는가 하면, 한참 벼가 익어야 할 때 무심하게도 태풍과 홍수를 일으키기도 한다. 노자는 인간만을 특별히 편애하지 않는 이러한 자연을 가리켜 '천도무친(天道無親)' 또는 '천지불인(天地不仁)'이라고 말한다.

> 천지는 인하지 않다(天地不仁). 만물을 모두 짚으로 만든 강아지 여기듯 한다. 성인은 인하지 않다. 백성을 모두 짚으로 만든 강아지 여기듯 한다. 천지 사이는 풀무와 같다. 비어 있지만 그 작용은 그침이 없다. 중(中)을 지키는 것이 가장 중요하다. 제5장92)

> 자연의 이치는 편애하지 않지만(天道無親), 항상 착한 사람과 함

---

92) 위의 책, 65쪽.

께 한다(常與善人). 제79장93)

　위에서 '짚으로 만든 강아지 여기듯 한다.'는 말의 뜻은 자연이란 인간이라고 해서 특별한 애정을 갖고 운행하지 않는다는 것이다. 자연은 단지 '자연(스스로 그러할)'할 뿐이기 때문에 인간 또한 단지 '자연[즉, 중(中)]'을 지키면 되는 것일 뿐이다. 도는 바로 이런 사람[즉 선인(善人)]과 언제나 함께 할 뿐이다.


## 성인의 정치 :
### 무위(無爲), 무사(無事), 무욕(無欲)

　▶ 공자가 인(仁)으로부터 자신의 정치 이념인 인정(仁政)을 끌어냈던 것처럼, 노자가 자신의 도(道, 또는 無)로부터 무위(無爲)의 정치 이념을 이끌어내는 것은 당연한 것이다. 비록 유가와 노자가 성인(聖人)이라는 단어를 함께 사용하고 있을지라도, 그 의미는 전혀 다른 것이다. 유가의 경우 도덕적 자기완성에 기초하여 성인의 개념을 사용하지만, 노자는 인위적이며 규범적인 지식을 부정하는 무위의 개념에 근거하여 성인이라는 용어를 사용한다. 실제로 『도덕경』에 나오는 30여 차례의 성(聖) 또는 성인(聖人)이란 단어는 단 한번을 제외하고는 모두 노자의 이와 같은 정치 이념을 드러내고 있다.

---

93) 위의 책, 532쪽.

세상 사람들이 아름답다고 하는 것을 아름답다고 알면 그것은 추한 것이다. 세상 사람들이 좋다고 하는 것을 정말로 좋은 것이라고 안다면 그것은 좋지 않은 것이다. 성인은 자연의 무위하는 일을 하며, 불언(不言)의 가르침을 행한다. 성인은 만물을 자신의 것으로 소유하지 않으며, 무엇을 하되 자신의 뜻대로 하려고 하지 않는다. 제2장94)

통치의 최고 단계에서 백성들은 통치자가 있다는 것만 안다. 그 다음의 단계에서 백성들은 친밀함을 느끼고 통치자를 찬미한다. 이보다 아래 단계에서 백성들은 통치자를 두려워한다. 이보다 더 아래 단계에서 백성들은 통치자를 비웃는다. 제17장95)

무사(無事)로써 천하를 차지한다. 세상에 금기가 많을수록 백성들은 마음을 돌리고, 백성들에게 이로운 무기가 많을수록 나라는 점점 혼란해지며, 사람들이 아는 것이 많을수록 기이한 물건이 많아지고, 좋은 것들이 드러날수록 도덕은 더 많아진다. 이 때문에 성인은 내가 무위(無爲)하면 백성은 저절로 교화되고, 내가 고요함(靜)을 좋아하면 백성들은 저절로 바르게 되고, 내가 일을 도모하지 않으면(無事) 백성들은 저절로 부유해지고, 내가 무욕(無欲)하면 백성들은 저절로 질박(樸)해진다. 제57장96)

---

94) 위의 책, 34쪽.
95) 위의 책, 156쪽.
96) 위의 책, 418쪽.

노자에게 성인이란 '그 깊이를 알 수 없을 만큼 두터워[돈후(敦厚)] 마치 통나무와 같고, 텅 비어 있어 마치 계곡과 같은'(제15장) 존재이다. 성인은 이런 이치를 지키기 때문에 스스로를 채우거나 완성하려고 도모하지도 않는다. 성인은 언제나 자신의 마음이나 의도를 갖지 않기 때문에 세상과 백성에 대해서도 마찬가지이다. 자신의 마음을 흐릿하게 한다. 또 성인은 무위자연의 원리에 따라 백성을 대하고 나라를 다스리기 때문에 백성들 또한 '원래부터 품고 있었던 순수한 자연성'인 '어린아이(赤子)' 상태를 회복하게 된다. 성인의 정치는 특정한 사회 규범이나 제도를 가지고 백성을 일정한 방향으로 이끌려고 하지 않는(無事) 무욕(無欲)과 무위(無爲)를 행하기 때문에 통나무처럼 소박하고 순수하며(樸) 고요하다(靜)고 할 수 있다. 이처럼 성인의 정치는 유가나 법가의 정치처럼 이상적인 표준을 지향하는 정치가 아니라 통치를 하지 않는 정치(無爲之治), 통치를 부정하는 정치(不治之治)이다. 성인이 백성을 다스리기 어려운 이유가 백성이 많은 지식(知)과 지혜(智)를 갖추고 있기 때문이라는 사실을 이미 알고 있었던 것이다(제65장).97)

그렇다면 성인이 무위하는 정치, 백성을 어리석게 하는 정치, 그리고 (유가적인 도덕적) 성인에 대한 이상을 끊는 소박함의 정치를 할 수 있는 이상적인 사회는 어떤 모습일까? 노자는 이에 대해 국가의 규모는 작을수록 바람직하고 백성의 숫자 또한 적을수록 이상적이라고 제안한다. 왜냐하면 정교한 제도나 규범을 갖춘 거대한 통일 제국을 운영하기 위해서는 강제적이고 인위적인 통치방식이 가장 효율적이고 현실적이기 때문이다.

---

97) 위의 책, 464쪽.

가장 훌륭한 덕은 무위하는 것이기 때문에 무엇을 위하여 어떤 것을 하지 않는 것이다. 그러므로 도(道)를 잃은 후에 덕(德)이고, 덕을 잃은 후에 인(仁)이며, 인을 잃은 후에 의(義)이고, 의를 잃은 후에 예(禮)이다. 일반적으로 예는 진실된 마음이 얄팍해진 결과이며, 또한 혼란의 원인이다. 제38장98)

나라의 크기를 작게 하고 백성의 수를 적게 하라(小國寡民). 많은 도구가 있더라도 쓸 일이 없게 하고, 백성들로 하여금 죽음을 중히 여겨 멀리 가지 않도록 하라. 배와 수레를 탈 일이 없고 군대가 있어도 펼칠 일이 없다. 백성들로 하여금 결승문자(結繩文字)를 회복하여 쓰게 한다. 옆 나라끼리 서로 바라다 보이고, 개 짖는 소리와 닭 우는 소리가 서로 들려도 백성들은 늙어 죽을 때까지 서로 왕래하지 않는다. 제80장99)

옛날 도를 실천하는 자는 백성들을 명민하게 하는 대신 우직하게 하였다. 백성을 다스리기 어려운 이유는 그들이 지혜(智)를 많이 갖고 있기 때문이다. 그러므로 지로써 나라를 다스리는 것은 해가 되고 지로써 나라를 다스리지 않는 것이 복이 된다. 이러한 기준을 언제나 알고 있는 것을 현덕(玄德)이라고 한다. 제65장100)

---

98) 위의 책, 304쪽.
99) 위의 책, 538쪽.
100) 위의 책, 464쪽.

노자의 관점에서 볼 때 인의(仁義)의 도덕(德)과 강제적 규범인 예(禮)에 기초한 유가의 정치는 백성들을 인위적 규범과 가치를 통해 교화하고, 이에 따라 운영되는 사회 국가의 모습을 전제로 삼는 정치이기 때문에 '스스로 그러함의 이치'를 정면으로 거스르는 정치이다. 반면, 노자가 이상적인 정치 모델로 제시하고 있는 성인의 정치, 그리고 이러한 정치를 펼치기에 가장 좋은 규모로 제시하고 있는 소국과민(小國寡民)은 자연성의 유지와 회복에 기초한 정치이다. 그의 이러한 정치는 모두 그의 사상을 하나로 관통하고 있는 핵심 개념인 도(道)의 이념을 충족하고 있는 정치이기도 하다. 이와 같은 성인의 정치 아래서 구성원들은 자연성이 완전한 조화를 이루는 어린아이의 모습을 회복한다.

> 덕을 두텁게 품고(含) 있는 사람은 갓난아이(赤子)에 비유할 수 있다. 벌이나 전갈이나 독사도 그를 물지 않고 사나운 새나 맹수도 그를 덮치지 않는다. 뼈는 약하고 근육은 부드러워도 쥐기를 잘하며, 남녀 사이의 교합을 알지 못해도 고추가 발기하는 것은 정기가 지극하기 때문이다. 제55장101)

---

101) 위의 책, 460쪽.

# 부드러움(柔弱) :
## 생명존중과 여성주의

▶ 순자는 노자의 주장에 대해 굽힘은 보았지만 펼침을 보지 못했다고 비판했고, 묵자의 주장에 대해서는 평등은 보았지만 등급의 차별을 보지 못했다고 지적하면서 강력한 예에 의한 사회 질서의 확립을 주장하였다. 순자의 이와 같은 지적은 노자 사상의 가장 핵심적인 부분을 잘 지적하고 있다는 점에서 적절하다. 그렇지만 노자가 이와 같은 주장을 하게 된 정치 사회적 배경을 충분히 고려한다면 순자의 이러한 비판이 완전히 타당한 것이라고 할 수는 없을 것이다. 왜냐하면 사회 정치적으로 혼란한 상황 속에서 그러한 상황을 살아가야 하는 피치자들의 일반적인 정서나 경향에 기초하여 노자의 사상을 이해한다면, 순자의 예치보다는 노자의 무위와 자연성에 관한 주장이 더욱 이상적인 주장으로 이해될 수 있기 때문이다.

노자가 활동했던 중국의 춘추시대는 과학기술 문명사적인 측면에서 볼 때 청동기에서 철기로 이행하는 시기이다. 이것은 농업 분야의 농기구의 발달은 물론 전쟁 수행을 위한 무기 분야에서도 획기적인 발전이 진행되고 있었음을 뜻한다. 또 주나라의 봉건질서 붕괴는 새로운 사회 질서로의 재편을 위한 혼란과 갈등의 중심 요인으로 작용하게 된다. 뿐만 아니라 사회 정치 질서의 재편성은 이를 정당화시켜줄 사상을 필요로 하게 되는데 이러한 시대적 요구는 다양한 사상들이 자유롭게 경쟁할 수 있는 토대를 제공하고 있었다. 견고했던 이전 질서의 해체와 보다 강력한 전쟁 무기의 발달, 그리고 다양한 사상들의 등장은 겉으로는 제후들 사이의 권력 갈등과 패권 장악에 대한 야심을 한층 촉발시키기도 했지만, 이면에서는 절대 다수를 차지하는 피지배계급의 고통스런 삶을 더욱 심화시키는 문제를 초래하기도 했다. 노자의 사상은 부국강병에 기초한 강력하고 거대한 제국의 건설이라는 제후들의 야망을 채워주려는 것이 아니라 백성들의 고통스런 삶을 치유하기 위해 제시된 것이라고 할 수 있다. 이 때문에 그의 사상의 중심에는 남성성과 같은 공격적인 힘에 대한 강조보다는 여성성에서 드러나는 부드러움(柔弱)에 대한 강조가 두드러지게 표현되고 있다.

> 부드럽고 약한 것이 강하고 굳센 것을 이긴다. 고기는 물을 떠나서는 안 되고, 날카로운 도구로 사람들을 교화하려고 해서는 안 된다. 제36장102)

> 반대편으로 움직이는 것이 도(道)가 운동하는 모습이고, 유약(弱)한 것은 도가 작용하는 모습이다. 만물은 유(有)에서 살고, 유(有)는 무(無)에서 산다. 제40장103)

> 사람이 살아있으면 부드럽지만 죽으면 뻣뻣해진다. 만물 초목도 마찬가지이다. 이런 이치로 보면 군대도 견강하면 패하고, 나무도 강하면 부러진다. 강한 것은 아래에 처하고 부드러운 것이 위

---

102) 위의 책, 293쪽.
103) 위의 책, 322쪽.

에 처한다. 제76장104)

물고기가 물을 떠난다는 것은 자신이 있어야 할 근본으로부터 벗어
난다는 것을 뜻하며, 날카로운 도구로 사람을 교화한다는 말은 인간의
자연적 덕성과 반대되는 인위를 가지고 특정한 가치 체계로 사람들을
구속한다는 것을 의미한다. 그런데 이 모든 것들은 스스로 그러한 자
연의 질서와 대립되는 일들이기 때문에 반드시 '강하고 굳센' 강제적이
고 조작된 힘을 동원하지 않으면 불가능하다. 그렇지만 아무리 촘촘한
그물일지라도 자연의 모든 물고기를 잡을 수 없는 것처럼, 아무리 촘
촘한 언어로 짜인 그물(즉 제도와 규범)일지라도 인간의 모든 행위를 통
제할 수는 없는 것이다. 살아있는 생물이나 이제 갓 태어난 어린아이
가 유연하고 부드러운 것은 자연 그대로의 덕성을 간직하고 있기 때문
이다. 꺾여 말라버린 나뭇가지나 철골로 만든 콘크리트 건물에 대해
생명을 말할 수 없는 것은 이것들이 이미 자연성을 잃었기 때문이다.
노자에게 '부드러움과 약함(柔弱)'이란 세상의 일반적인 생각과는 반대
로 생명성과 자연적 덕성을 온전하게 품고 있다는 뜻이다.
　한편, 노자는 이와 같은 생명성과 자연성을 여성과 물에 대한 비유를
통해 설명하기도 한다.

　그 남성성을 알고(知) 그 여성성을 지키면(守) 천하의 계곡이 된
　다. 천하의 계곡이 되면 덕이 떠나지 않아 갓난아이(嬰兒)의 단계

---

104) 위의 책, 518쪽

로 되돌아간다. (또) 한계가 없는 곳(無極)으로 되돌아간다. 질박한 통나무(樸)로 되돌아간다. (성인은 이러한 이치를 알기 때문에) 통나무의 이치를 따라 통치한다. 그러므로 큰 통치는 가르지 않는다. 제28장105)

큰 나라는 낮은 곳으로 흘러 천하를 품는 암컷이 되고, 암컷은 항상 고요함(靜)을 가지고 수컷을 이기는데, 그 이유는 이 고요함을 발휘함으로써 언제나 자신을 낮추기 때문이다. 가장 중요한 것은 자신을 낮추는 것이다. 제61장106)

강과 바다가 온갖 계곡 물의 왕이 될 수 있는 이유는 잘 낮추기 때문이다. 그렇기 때문에 온갖 계곡 물의 왕이 될 수 있는 것이다. 마찬가지로 백성들 위에 서고 싶으면 반드시 자신을 낮추고, 자신을 뒤로 해야 한다. 이로써 성인은 백성들 위에 있지만 백성들이 거추장스럽게 생각하지 않으며, 온 천하가 그와 다툴 수 없는 것이다. 제66장107)

원시 신화에서 여성은 달과 함께 자연의 신성성과 생명을 상징한다. 그러므로 여성성을 지킴으로써 천하의 계곡이 된다는 말은 모든 것의 근원이 된다는 의미로 이해할 수 있다. 여성에 대한 이와 같은 이해는

---

105) 위의 책, 238쪽.
106) 위의 책, 442쪽.
107) 위의 책, 470쪽.

'낮은 곳으로 흐르는' 물과 '천하를 품는 암컷', '고요함(靜)', '자신을 낮추고 뒤로 한다'는 진술에서도 드러난다. 사실 이러한 모든 내용들은 노자가 도(道)를 설명하기 위해 끌어들인 개념들이다. 그에게 도란 존재하는 모든 것들의 원리이자 형식이며, 또한 모든 것들을 가능하게 하면서도 자신의 업적이나 능력을 드러내지 않는 고요함과 겸허함의 덕에 대한 언어적 기호이기도 하다. 노자는 바로 이러한 성질을 공격적이며 지배적 성향이 강한 남성성이 아니라 여성성이라는 은유적 상징을 통해서 발견하고 있다. 이것은 또한 노자 사상에서 드러나고 있는 여성주의적 성격이기도 하다.

우리는 도를 이해하는 앞의 내용에서 상선약수(上善若水)에 대해 살펴본 적이 있다. 그리고 그곳에서 물은 모든 존재하는 것들의 근원이면서 부드러움의 속성을 지니고 있을 뿐만 아니라 스스로를 낮추기 때문에 불필요한 시비논쟁에 휘말리지 않는다는 것을 검토하였다. 도와 물의 바로 이와 같은 속성은 지금 여기서 언급하고 있는 여성성이 상징하고 있는 것과 그 맥을 함께 하고 있는 것이다.

극단의 시대는 극단의 사상을 잉태하기도 한다. 전국 시대가 극단의 사상이었던 법가를 낳은 것처럼, 춘추 시대는 도가의 사상을 잉태했다. 사상을 인간의 사고 작용에 의한 정합성의 체계라고 정의할 때 그 토대는 역시 인간의 사고 작용이다. 그런데 이 경우 인간의 사고 작용이란 사회를 대상으로 삼는 관찰자의 주관을 반영하는 특성이 있기 때문에 공통된 합의를 기대하기 어려운 제약이 뒤따른다. 이것은 춘추전국 시대에 유가와 묵가, 법가와 도가처럼 다양한 사상 체계들이 등장할 수 있는 심리적 배경이 되기도 했다. 우리가 여기서 검토한 노자의 사상은 치자의 관점이 아니라 피치자의 관점에서 당시 정치 사회 상황을 관찰하고 진단한 결과이다. 이 때문에 제국의 통일을 꿈꾸었던 제후들에게는 현실적인 측면에서 볼 때 매력이 없는 주장일 수도 있다. 그렇지만 그의 사상은 인위적 체제로서 사회 정치가 작동하는 순간부터 언제나 거대한 주변부를 형성하면서도 소외되어 있었던 사회적 약자와 피치자들에게 주목했고, 궁극적으로 이들이 근본이 되고 중심이 되어야 한다고 주장하는 점에서 급진적인 사상이라고 할 수 있다. 그렇지만 이상적인 통치가 극단의 인위를 통해서 실현되기 어려운 것처럼 노자가 주장하는 극단의 무위를 통해서 실현될 수 있는지를 보다 깊이 숙고해볼 과제를 남겨 놓는다.

# 04

# 장자
# 莊子

기원전 355?-기원전 275?

- 소요(逍遙)와 제물(齊物) : 정신적 해방
  과 평등
- 전생(全生)과 보진(保眞), 허(虛)와
  심재(心齋)
- 덕충(德充) : 진인, 지인, 신인, 성인

· 소요(逍遙)와 제물(齊物) : 정신적 해방과 평등

· 전생(全生)과 보진(保眞), 허(虛)와 심재(心齋)

· 덕충(德忠) : 진인, 지인, 신인, 성인

| 핵심 용어 |

⇒ 소요(逍遙), '큰 지혜', 대지(大知), 지인(至人), 신인(神人), 성인
(聖人), 진인(眞人), 망아(忘我), 상아(喪我), 제물(齊物), 도추(道
樞), 천균(天鈞), 물아일체(物我一體), 도(道), 전생(全生)보진(保
眞), 무대소요(無待逍遙), 양생(養生), 천리(天理), 심재(心齋), 좌
망(坐忘), 허(虛), 허정(虛靜), 소요유, 제물론, 양생주, 인간세, 덕
충부, 대종사, 응제왕

‖ 장자 ‖

- 하늘의 도(道)는 영구히 사계의 운행을 되풀이하여 한 계절에 머물러 있
  는 일이 없다. 그러므로 천도(天道)를 알고, 성인의 도에 통하며, 무위
  의 덕을 체득하고 있는 사람은 그 행위에 어떤 인위도 없이 정(靜)일 뿐
  이다. 성인의 고요함은 고요함이 좋아서 그것을 지키려 애써 고요한 것
  이 아니다. 어떠한 물(物)도 그의 마음을 어지럽히지 못하기 때문에 고요
  한 것이다.

- 나의 스승은 만물을 이루어 놓지만 스스로 의(義)롭다고 하지 않고, 모든
  것에 은혜를 베풀지만 편애(仁)하지 않는다. 하늘의 소인은 인간 세상의
  군자요, 하늘의 군자는 인간 세상의 소인이다.

# 소요(逍遙)와 제물(齊物) :
## 정신적 해방과 평등

▶ 장자의 가르침을 간략하게 말한다면, 본성인 천(天)을 깨달음으로써 자연성('생명을 온전히 보존'할 줄 아는 '정신적 지혜')을 회복108)하라는 것이다. 우리의 일상은 대부분 아침에 일어나는 순간부터 이미 확립된 순서와 절차에 따라 운영되는 것이 보통이다. 예를 들면, 시간에 맞춰 일어나고, 일정한 옷을 입고, 출근하며, 출근하는 동안에는 신호와 교통질서 지키고, 출근한 다음에는 정해진 절차에 따라 업무를 처리하며, 규정을 지킨다. 그리고 일정한 기간이 지난 다음 규정에 따라 평가를 받고, 승진 경쟁을 해야 한다. 어느 한 순간도 이미 확립된 질서와 규칙으로부터 자유로운 경우는 거의 없다. 뿐만 아니라 모든 상황에 맞는 일정한 표준이 이미 있기 때문에 이것으로부터 벗어난 결정을 한다는 것은 곧 지금보다 더 많은 자유의 박탈 감수하겠다는 뜻이다. 심지어 자신의 자연스러움을 가지고서는 오히려 '정상적인' 사회생활을 하기 어려운 것이 현재와 같은 문화와 문명사회의 모습이다. 이 때문

---

108) 천(天)의 의미는 맹자, 순자, 노자, 장자에 따라 차이를 보인다. 맹자에게 천은 의리(義理)적 성격이 강한 도덕(道德)적 의미의 천이며, 이 천(天)은 인간의 내재적 도덕성을 이루는 근거가 된다. 순자에게 천은 인간이 극복하고 부려야 할 대상으로서 자연천이다. 따라서 인간은 자연천에 대해 능동적으로 참여하여 인간을 위해 활용하면 되는 존재다. 노자에게 천은 종교적 도덕적 의미를 완전히 배제한 자연천(自然天)만을 의미한다. 따라서 인간에게 필요한 것은 순수하고 소박한 자연의 본성 회복이다. 그리고 장자에게 천이란 노자와 같은 자연천의 의미를 지니면서도 인간에게는 생명과 정신적인 차원을 의미했다. 따라서 장자는 자연의 운행법칙에 순응하는 지인과 진인처럼 생명을 온전하게 하고, 참된 것을 보존함으로써 정신적 차원에서 소요하는 예술적 인간을 그려낸다:김충렬, 『노장철학강의』, 서울 : 예문서원, 1999. 270-275쪽 참고.

에 성별과 나이를 가리지 않고 자신의 겉모습을 바꾸기 위한 경쟁에 자신을 내몰게 된다. 장자는 이러한 우리의 삶이 자연스럽지도, 자유롭지도 않은 것이라고 연민하고 비판한다. 그런 다음, 이 모든 인위적인 가치와 규범, 질서와 기준을 부정하고 버림으로써 '원래 스스로 그러함'으로 돌아가 그곳에서 정신적으로 해방된 삶, 그리고 생명을 온전하게 하는 삶을 살 것을 가르친다.

『장자』「소요유」편의 '소요유(逍遙遊)'란 선입견이나 고정관념이 초래하는 일체의 제약이나 구속으로부터 완전히 자유로운 인간의 정신을 말한다. 일반적으로 사람들은 자신의 타고난 성향이나 경험, 또는 교육환경의 영향을 받아 형성되는 가치관이나 세계관에 구속되기 마련인데, 이렇게 되면 주관적이며 편협한 가치판단 때문에 오류가 발생하게 된다. 다시 말해 상황에 구속되거나 판단 주체의 주관적 성향 또는 감각 기관에 의존하여 이루어진 상대적이며 관계의존적인 지식을 참된 것이라고 할 수는 없다. 더욱이 이와 같은 지식이나 체계를 통치 이념으로 채택하게 된다면 더욱 심각한 문제를 초래할 수밖에 없다. 왜냐하면 가치 판단에 따른 영향을 받는 대상이 자기 자신만이 아니라 사회 구성원 전체로 확장될 경우, 이는 곧 한 사람의 주관적 신념 체계를 구성원 전체가 당위적인 것으로 받아들여야 하는 전제적 상황이 발생하기 때문이다. 장자는 전국시대가 혼란했던 근본 원인이 이처럼 주관적이고 상대적인 신념 체계가 통치 이념으로 채택됨으로써 모든 백성들을 하나의 획일적인 규준에 따르도록 강요하는 데에 있다고 보았던 같다. 또한 동시에 그는 우리가 이와 같은 유한한 지식의 편견에서 벗어나 자유로운 정신이기를 희망했다. 장자는 이와 같은 자신의 바람을

「소요유」 첫 문장에서부터 우화를 통해 표현하고 있다.

> 북쪽 바다에 몇 천리나 되는 큰 물고기가 있는데, 그 이름은 곤
> 이다. 그것이 변하여 새가 되는데, 그 이름이 붕이다. 붕이 솟구
> 쳐 날 때 그 날개의 크기는 마치 하늘을 덮는 구름과 같다. 이 새
> 는 바닷물이 출렁일 때 그 바람을 타고 남쪽 바다로 날아간다. 이
> 에 쓰르라미(매밋과 곤충)와 텃새가 비웃으며 말했다. "나는 훌쩍
> 뛰어 날아 느릅나무, 박달나무에도 쉽게 오를 수 있는데, 무엇 때
> 문에 구만리 높이 올라 남녘으로 가려는 것인가?" 하루 동안만 소
> 풍을 한다면 적은 양의 밥으로 충분하지만, 백 리를 여행하는 사
> 람은 밤새워 방아 찧어 식량을 준비해야 한다. 또 천리 길을 여행
> 하는 사람은 석 달의 식량을 마련해야 하는 데, 이러한 이치를 이
> 두 가지 것들이 어찌 알겠는가?109)

장자의 또 다른 비유처럼, 우물 안의 개구리와 바다에 대해 대화를
할 수 없는 것은 개구리가 자신이 갖고 있는 경험적 지식에 의존하고
있기 때문이다. 마찬가지로 쓰르라미 텃새가 붕과 대화하기란 어려울
것이다.110) 인간 또한 자신의 감각 기관을 통해 획득한 경험적 지식과
편견의 지배를 받기 때문에 이것들을 버리지 않는 한 '큰 지혜'를 체득
할 수는 없다. 그리고 우리가 갖고 있는 많은 지식들은 하루 백리 천

---

109) 장자, 이강수 외 옮김, 『장자』, 서울 : 길, 2005. 48-53쪽.
110) 물론, 붕이든 텃새이든 교만하지 않고, 스스로의 본성을 따른다면, 소요와 행복의
경지는 같다고 할 수 있다.

리 여행길이 암시하는 것처럼 무엇과의 상대적인 비교를 통해 획득한 관념들이다. 따라서 '많다'와 '적다' 또한 상대적인 것일 뿐이기 때문에 그것을 절대시해서는 안 된다. 그리고 붕의 날아오름은 인간 정신이 해방을 향해 나아가야 할 방향을 묘사한다고 할 수 있다. 그렇지 않으면, 장자의 지적처럼 소지(小知)에 구속되어 대지(大知)에 무지하게 되고, 작은 지식으로 자신을 속박하면서 삶을 살아갈 수밖에 없기 때문이다.

소지(小知)는 대지(大知)를 모르며, 수명이 짧은 것은 수명이 긴 것을 모르는 법이다. 봄에 생겨난 쓰르라미는 가을을 모르고, 겨우 7백세를 산 팽조는 8천세를 사는 대춘이라는 나무를 알지 못한다.111)

한편, 장자는 이러한 상대적 지식에서 벗어나 정신의 비상을 통해 자연의 본성을 따라 자유롭게 노니는 경지에 이른 사람을 지인(至人), 신인(神人), 성인(聖人)이라고 부른다.

지인(至人)은 무기(無己)하고, 신인(神人)은 무공(無功)하며, 성인(聖人)은 무명(無名)하다. 성인은 시비에 얽매이지 않고, 천(天)에 비추어 본다. 이것과 저것의 상대적인 대립 관계를 넘어서고, 그 대립이 사라진 경지를 도추(道樞)라고 한다.112)

---

111) 위의 책, 54-55쪽.
112) 위의 책, 60-61쪽.

무기(無己)란 자신을 버려 자기중심주의에서 벗어났다는 뜻이고, 무공(無功)이란 모든 것을 이롭게 하는 공(功)이 있으면서도 그 공을 자신의 것으로 내세우지 않는다는 뜻이며, 무명(無名)이란 세상의 비난이나 명예·칭송에 개의치 않고 자연에 따르는 삶을 살아간다는 뜻이다. 이처럼 장자는 무아(無我) 또는 망아(忘我)의 정신 경지, 시비를 넘어서고, 경계를 넘어선 '참된 인간(眞人)'을 이상적인 인간으로 추구하였다.

> 남곽에 사는 자기가 탁자에 의지하고 앉아 하늘을 보며 천천히 숨을 내쉬니 마치 죽은 듯하였고, 자신을 잃은 것 같았다. 제자인 안성자유가 "어떻게 하면 몸은 말라버린 나무처럼 할 수 있고, 마음은 식어버린 재처럼 할 수 있습니까?"하고 물었다. 이에 "오늘 나는 나를 잃었으니(忘我, 喪我), 너는 그것을 아는가? 너는 사람의 악기소리는 들었지만 땅의 소리를 아직 듣지 못했고, 너는 땅의 소리는 들었지만 자연(自然)의 소리를 듣지 못했는가?"라고 말했다. 113)

이처럼 경계가 사라지고, 시비를 넘어선 이상적인 경지를 우리는 위의 「제물론」에서 더욱 명확하게 발견할 수 있다. '제물(齊物)'의 '제(齊)'란 '같게 하다, 가지런하다'를 의미하며, 물(物)이란 '사물'을 뜻한다. 따라서 제물이란 모든 존재는 원래부터 질서정연하며, 평등하다는 것을 함의한다고 하겠다. 장자는 "바람이 수만 가지 구멍에 불게 되면 각

---

113) 위의 책, 90-91쪽.

각의 구멍에서 나오는 소리는 각기 다르지만, 또한 동시에 각각의 소리를 서로 멈추어주고, 서로를 취하게 되는데, 이 모든 소리를 내게 하는 것은 무엇이겠는가? 그것은 다름 아닌 천뢰(天籟), 즉 자연의 소리"114)라고 말함으로써 만물이 전체로서 하나인 '제물'을 주장하고 있다. 그리고 이 소리는 자기를 비우고, 나를 잃는 의식(喪我)에서의 근본적인 변화, 즉 시비를 따지는 선입견과 편견으로서 지식[인뢰(人籟) : 사람들이 내는 소리, 즉 시비논쟁을 뜻함]을 버리고 비움으로써 들을 수 있음을 가르친다.115) 장자는 그와 같은 이상적인 인간을 지인, 성인이라 불렀던 것이다.

> 성인은 시비(是非)에 얽매이지 않고, 천(天)에 비추어서 본다. 이
> 것과 저것의 상대적인 대립 관계를 넘어서고, 그 대립이 없어진
> 경지를 도추(道樞)라고 한다.116)

도(道)가 본래 자연으로서 우주 전체라면, 추(樞)는 그 중심을 의미한다.117) 따라서 성인은 위처럼 사물의 상대적인 참과 거짓, 옳고 그름의 대립을 넘어선 절대적인 도(道)의 경지에 머물기 때문에 지도리(樞, 가장 중심과 근본이 되는 지점)처럼 가운데에서 모든 변화에 자유롭게 대응할 수 있다. 달리 표현하면, 도(道) 또는 자연의 관점에서 보면 길고

---

114) 위의 책, 94-95쪽.
115) 장자는 시비와 고정관념으로서 성심(成心)을 스승 삼는 것은 오늘 월나라를 출발했으면서 어제 도착했다고 말하는 것과 같다고 비판하고 있다.
116) 오강남, 『장자』, 서울 : 현암사, 2007, 82쪽.
117) 김충렬, 위의 책, 284쪽.

짧음, 아름다움과 추함, 옳고 그름, 높고 낮음의 차별이 없는 것이다. 장자가 인용하는 조삼모사(朝三暮四)의 경우도 이와 같은 맥락에서 이해할 수 있다. 즉 원숭이의 어리석음을 교훈으로 제시한 것이 아니라 자연의 관점에서 본다면, 사실은 하나(齊物)라는 것이다. 그렇기 때문에 장자는 성인은 천균(天鈞, 하늘의 한결같음)이라는 자연의 균형에 머문다고 하였던 것이다. 따라서 장자의 진정한 의도는 원숭이의 어리석음을 탓하려는 것이 아니라 원숭이를 통해 상대적인 지식에 구속되어 시비를 가리려는 우리 인간의 어리석음을 경계하고, 연민하려 했던 것이다.

지극하고 완전한 경지에 이른 사람은 사물이 생겨나기 이전의 상태를 알았기 때문에 더 이상 덧붙일 것이 없었다. 그렇지만 이것(즉 道)이 무너진 지금, 현실의 우리 인간은 시비에 밝으며, 또한 차별적 사랑과 욕망에 따라 사물을 판단하는 어리석은 '소피스트적' 삶이 참된 삶이라고 생각하는 경향이 있다. 그렇지만 사물의 양쪽 측면을 모두 알고, 이것이 상대적인 것이라는 점을 깨닫는다면, '하늘도 땅과 같이 낮고, 산도 늪지와 같이 평평'하다 할 수 있을 것이다. 또 천하에 가을 짐승의 털끝보다 큰 것이 없다고 한다면, 태산은 더 없이 작은 것이 될 것이고, 이제 막 태어난 아이가 죽은 것을 두고, 이 아이보다 더 오래 산 사람이 없다고 한다면, 팽조는 일찍 요절한 사람이 될 것이다. 118) 이렇게 볼 때, 지인은 이해와 시비의 관념을 버리고, 만물을 자연스런 성향에 따라 '제물'할 줄 아는 지혜를 지닌 사람이다.

---

118) 장자, 위의 책, 132-133쪽.

무엇에 대해 안다고 하는 것이 사실은 모르는 것일 수 있다는 것을 알겠는가? 무엇에 대해 모른다고 하는 것이 사실은 아는 것일 수 있다는 것을 알겠는가? 그대에게 묻겠다. 사람이 습한 곳에서 잠을 자면 허리에 마비가 생겨 죽지만, 미꾸라지도 그러한가? 사람이 나무 위에 산다면 벌벌 떨겠지만, 원숭이도 그러한가? 사람은 들짐승과 날짐승을 먹고, 사슴은 풀을 뜯고, 지네는 뱀을 먹고, 부엉이는 쥐를 먹는데, 이들 중에서 어떤 것이 올바른 맛을 안다고 할 수 있는가? 모장과 여희가 사람에게는 아름답지만, 물고기가 이들을 보면 숨어버리고, 새가 이들을 보면 도망을 가니 이 중에서 누가 아름다움을 안다고 할 수 있겠는가? 마찬가지로 무엇이 인의(仁義)의 실마리인지, 무엇이 시비(是非)를 올바로 가리는 것인지의 문제 또한 이와 같다.119)

장자에게 각 개인, 그리고 각 개인의 집합으로서 인간 사회가 만들어 낸 가치 규범과 인의의 도덕은 시대와 상황의 구속이 만들어낸 임의적이고 집단적인 편견일 뿐이다. 각 시대의 규범과 제도에는 그 시대와 문화를 지배했던 계급의 이념이나 가치가 반영되어 있기 마련이며, 바로 그렇기 때문에 그것은 제한적이고 지극히 상대적일 수밖에 없는 것이다. 이와 같은 관점에서 바라볼 때, 인간을 포함한 사물들의 존재 양식에서도 더 좋고, 더 나쁜 존재 방식이 있는 것은 아니다. 그것이 삶(또는 생명)이든 죽음이든 모두 존재하는 방식의 다른 측면일 뿐이기 때

---

119) 위의 책, 144-145쪽.

문에 '좋고 나쁜'이라는 가치를 개입시켜서는 안 된다는 뜻이다. 장자가 아내의 죽음을 맞이한 가운데 술과 함께 춤을 출 수 있었던 것도 이것과 맥락을 같이 하고 있다. 장자에게 이상적인 인간이란 큰 깨달음을 통해 제물할 줄 아는 지혜를 지닌 사람이기 때문에 그는 자연과 도의 관점에서 모든 것을 바라보고, 거기에서 소요할 뿐이다. 이 때문에 장자는 '호접몽(장자가 나비된 꿈, 나비가 꾸는 꿈)'을 통해 각각이 지닌 주체적 개별성과 독립성을 부정하였으며, 물아이분(物我二分)을 극복한 물아일체(物我一體)를 주장하였던 것이다. 장자에게 모든 존재하는 것들은 단지 도(道)의 물화(物化), 즉 도의 다른 측면일 뿐, 도(道)의 관점에서 보면 모두 하나라는 것이다.


## 전생(全生)과 보진(保眞), 허(虛)와 심재(心齋)

▶ 「양생주」는 양생, 즉 생명(또는 삶) 기르는 일을 가장 근본으로 삼아야 한다는 정도의 의미를 품고 있다. 따라서 이 부분도 장자의 가치관을 그대로 반영하고 있는데, 그것은 자연의 이치를 따르는 삶이 곧 생명을 온전하게 보전하는 가장 큰 지혜라고 가르치기 때문이다.

우리의 생명은 끝이 있지만, 알고자 하는 것에는 끝이 없다. 따라서 끝이 있는 유한한 것으로 끝이 없는 무한한 것을 쫓는 것은 위험할 뿐이다. 그러함에도 계속하여 지식을 추구하는 것은 더욱 위험한 일이다. 오직 중[(中), 원전에는 독(督, '가운데')]을 따르

면 몸을 보전(保身)할 수 있고, 삶을 온전히 할 수 있고(全生), 부
모를 모실 수 있고, 자연적인 수명을 다 누릴 수 있다.120)

장자는 위에서 인간이 임의적 또는 인위적으로 만들어낸 가치 체계
와 기준을 부정하며, 또 그러한 상대적인 지식들에 얽매이거나 의존하
지 않는 해방된 정신(無待逍遙)의 지인(至人)을 그려내고 있다. 위에서
중(中)은 '도(道)의 중심(가운데)'으로 이해할 수 있다. 따라서 이상적인
삶이란 자연(道)의 이치에 따르는 삶이며, 그렇게 하면 전생(全生)과 보
신(保身)을 할 수 있다는 것이 장자의 가르침이다.121)

한편, 양생주편에서는 양의 문혜군(인간이 만들어낸 가장 높은 가치 기준
을 상징)이 푸주한인 포정(인간 사회에서 가장 비천한 계급을 상징)으로부터
양생과 전생의 깨우침을 얻는 이야기가 나온다. 여기서도 포정에게 소
를 잡는 일이란 단순한 기술로서 의미가 아니라 소를 자연의 결에 따라
풀어내는 도(道)로서 의미를 갖는다. 또 장자는 자연의 이치에 따르는
삶을 표현하기 위해 극적으로 상반되는 두 신분을 등장시킨 다음, 인
간이 만들어낸 가장 비천한 신분을 통해 도(道)에 대해 말하도록 하는
방법을 동원하고 있는데, 이것은 장자가 도(道)를 설명할 때 동원하는
전형적인 표현 기법이다.

(포정이 말했다.) 제가 좋아하는 것은 도(道)인데, 그것은 기술의

---

120) 위의 책, 170-171쪽.
121) 이 때문에 장자는 "양생(養生)을 잃지 않도록 한다면, 천지의 본래의 상도(常道)는
보존될 것이다."라고 주장한다.

경지를 넘어선 것입니다. 저는 소를 신(神)으로 대하기 때문에 감각의 지각 작용은 멈추고, 하늘(또는 자연)의 결[천리(天理)]에 따라 칼을 댑니다. 소의 본래 구조를 따르는 것입니다. (문혜군이 말했다.) 훌륭하도다! 나는 오늘 포정의 말을 듣고 '생명을 기르는 (養生)' 전생(全生)의 도(道)를 터득했다.122)

장자는 「인간세」편에서 도(道) 또는 허(虛)에 이르기 위한 방법으로 심재(心齋)를 제시하고 있다. 장자는 이곳에서도 자신의 독특한 표현 기법을 사용하고 있는데, 그것은 공자와 공자의 제자를 등장시키는 것이다. 물론, 이때 등장하는 공자와 그의 제자는 유가의 이념을 전파하기 위한 것이 아니라 장자 자신의 입장을 대변하기 위한 장치일 뿐이다.

공자가 안회에게 말했다. "너는 재(齋)하라. 그것은 의도를 갖고 한다면 쉽게 되지 않는다. 하늘이 쉽게 허용하지 않을 것이다." 안회가 말했다. "저는 가난하여 술과 고기, 마늘을 먹지 못한 지가 몇 달이 되었습니다. 그렇다면 이것을 재(齋)라 할 수 있습니까?" 공자가 말했다. "그것은 제사의 재이지, 마음의 재(心齋)가 아니다." 안회가 말했다. "저에게 심재를 가르쳐 주십시오." 이에 공자가 말했다. "먼저 마음을 한 곳으로 모으고, 귀로 듣지 말고,

---

122) 위의 책, 172-177쪽. 「양생주」에는 삶을 온전하게 하는 양생의 방법으로 1) 피상적인 지식이나 헛된 명예를 쫓지 말고 중을 따르며, 2) 포정처럼 자연의 율동을 따르며, 3) 형식에 얽매이지 말고 자유롭게 살며, 4) 못가의 꿩처럼 물질과 편안함의 유혹을 거부할 것을 제안하고 있다: 오강남, 위의 책, 164쪽.

마음으로 들어라. 그 다음에는 마음으로 듣지 말고 기(氣)로 들어라. 귀는 소리를 듣는 것이고, 마음은 사물을 인식할 뿐이지만, 기(氣)는 비어(虛) 있어 온갖 사물을 받아들일 수 있는 것이다. 도(道)는 빈 곳(虛)에 모이는데, 이렇게 마음을 비우는 것이 마음의 재(心齋)이다."

장자는 도(道), 즉 허(虛)에 이르기 위한 방법으로 좌망(坐忘)과 심재(心齋)를 제시하는데, 여기서는 마음이 돌아가야 할 자리인 심재에 대해 말하고 있다. 심재란 단순히 제사를 지내기 위해 몸과 음식을 삼간다는 의미의 재계(齋戒)가 아니라 마음까지 포괄하는 것이다. 장자는 마음의 재를 통해 감각기관(귀)이나 사물을 인식하는 마음(일상적인 인식)의 수준을 넘어 물아가 일체되는 경지를 말하고자 했던 것이다. 그리고 장자는 이것이 '기(氣)', 즉 심층적인 정신적 기운(힘)을 통해 일체의 현상(도덕, 생사에 관한 관념, 슬픔과 즐거움, 정념, 규범 등)을 잊은 허(虛)의 상태에서 가능하다고 가르친다.

좌망(坐忘)을 통한 심재(心齋)에 관한 이야기는 장자의 「대종사」편에도 나오는데, 장자는 여기서도 공자와 제자인 안회를 등장시켜 말하게 한다.

안회가 말했다. "저는 더 나은 상태로 되었습니다." 이에 공자가 물었다. "무슨 말인가?" 안회가 답했다. "예와 악을 잊었습니다." 이에 공자가 "좋지만 아직 부족하다"고 말했다. 얼마 후 다시 안회가 공자에게 말했다. "저는 인과 의를 잊었습니다." 이에 또 공자는 "좋지만 아직 부족하다"고 말했다. 다시 얼마 후 안회가 말했다. "저는 좌망하였습니다." 그게 무슨 말이냐고 공자가 물었다. 이에 안회는 "손과 발, 제 몸을 잊어 귀와 눈과 같은 감각기관의 작용을 멈추었으며, 지식을 버림으로써 도와 하나가 되었는데(大通), 이것을 가리켜 좌망(坐忘)이라 합니다."라고 말했다. 공자가 말했다. "도와 하나가 되면 좋고 싫음이 없어지고, 일정한 것을 따르지 않아도 되니, 정말 훌륭하구나. 나도 너의 뒤를 따르련다."123)

장자가 진정으로 버리고자 했던 것은 도를 훼손하는 것들, 예를 들면 유가의 예악(禮樂), 인의(仁義)와 같은 문화와 인위적 규범 체계들이다. 장자에게 이와 같은 것들은 인간의 소박한 자연적 덕성인 본성과 어긋나는 것들일 뿐이다. 따라서 이것들은 잊어야 할 것, 즉 버려야 할 것들에 지나지 않는다. 그렇게 함으로써 이르게 되는 궁극적인 절대 자유의 경지를 '자연과 하나가 되었다', 즉 대통(大通)했다고 장자는 말한다.

## 덕충(德忠) :
### 진인, 지인, 신인, 성인

▶ 「덕충부」와 「대종사」편에는 이와 같은 경지에 이른 사람들의 이야기들이 나오는데, 이들의 공통점은 겉으로 드러나는 불구와 장애의 모

---

123) 위의 책, 364-365쪽.

습과는 반대로 내적으로는 자연과 합일하는 자유로운 정신의 '진인(眞人)' '지인(至人)'이라는 점이다. '덕충(德忠)'이란 자연의 덕이 충만하다는 것을 의미하고, '대종사(大宗師)'란 덕이 충만한 위대한 스승을 의미한다.

> 노나라에는 다리가 잘린 왕태라는 사람이 있는데, 그를 따르는 사람의 수가 공자를 따르는 사람만큼이나 많았다. 이 사람에 대해 공자가 말했다. "그는 성인이다. 아직 뵙지는 못했지만, 내가 장차 스승으로 모시려는 분이다. 그는 눈과 귀와 같은 가상에 미혹되지 않고, 사물과 함께 하나가 되고 그 근본을 지키는 사람이다. 그는 덕이 조화를 이루는 경지에서 자유롭게 움직인다. 124)

장자는 가상의 인물인 불구자 왕태를 설정한 다음, 그가 공자의 고향인 노나라와 같은 곳임을 암시하고, 그것도 모자라 공자를 다시 등장시켜, 공자125)로 하여금 불구자인 왕태를 높이 받들도록 하고 있다. 그리고 그 이유로 도와 덕을 한 몸에 갖추고, 자연과 하나가 되어 세속

---

124) 위의 책, 254-265쪽.
125) 장자는 『장자』에서 공자를 자주 등장시켜 자연의 도(道)를 대변하도록 하고 있다. 예를 들어 자연을 벗으로 삼은 맹자반, 자금장, 자상호 중에서 상호가 일찍 죽음을 맞이한 것을 두고, 두 사람은 친구의 죽음을 앞에 두고 "그대는 이제 참된 세계로 돌아갔구려"하고 노래를 한다. 이들에 대해 공자는 "그들은 현실 세계를 초월하여 노니는 사람들이다. 그들은 삶을 몸에 붙은 혹으로 생각하고, 죽음을 악성 종기가 사라지는 것 정도로 생각하는 사람들이다. 어찌 이런 사람들이 삶과 죽음에 우열을 두겠는가? 나도 그들을 향하리라. 하늘의 소인은 인간 세상의 군자요, 하늘의 군자는 인간 세상의 소인인 것이다"라고 말한다: 위의 책, 344-351쪽.

의 가치로부터 자유로운 정신이기 때문이라고 말하게 하고 있다. 「덕충부」에는 이런 왕태 이외에도 발뒤꿈치를 자르는 형벌을 받은 신도가, 다리가 잘린 숙산무지, 용모가 추한 애태타 등이 나온다. 이들 모두는 왕태와 같이 보기 흉한 겉모습을 하고 있지만, 또한 왕태처럼 인의예지나 자의식을 오히려 자신을 구속하는 질곡으로 여겨 이런 것들로부터 완전히 해방된 영혼을 지니고 있다.

「대종사」편에는 장자가 추구하는 이상적인 인간으로서 진인(眞人)·지인(至人)·신인(神人)·성인(聖人)의 모습이 그려져 있다. 이들은 하나같이 자연의 천성에 따라 살아가며, 인위적 도덕성이나 삶과 죽음에 관한 감정 일반을 넘어서 있으며, 기쁨이나 슬픔 같은 인간의 정서도 자연의 이치에 따라 내맡기는 삶을 살아가고 있다.

> 진인(眞人)은 부족하다고 해서 억지를 부리지 않으며, 일이 이루어졌다고 해서 우쭐거리지 않으며, 무엇을 하려고 도모하지도 않는다. 진인은 불속에서 들어가도 뜨거워하지 않으며, 삶은 즐겁고, 죽음은 슬픈 것이라는 것도 모르며, 자연스럽게 갔다가 자연스럽게 올 뿐이다. 인위로 자연을 조장하지 않는 것이 진인이다. 기뻐함과 성냄이 마치 계절의 흐름과 같이 자연스럽고, 모든 사람·사물과 어울리기 때문에 그 끝을 알 수가 없다.126)

삶과 죽음, 우와 열, 아름다움과 추함, 물과 불, 기쁨과 성냄, 부족

---

126) 위의 책, 304-309쪽.

과 만족, 크고 작음 등은 모두 상대적인 것이며, 또한 서로 대비를 이루는 개념들이다. 그리고 이 모든 것들은 인간의 분별적 가치관과 감각 경험이 만들어낸 일종의 선입견이자 고정관념이다. 장자에게 진인이란 우리 인간이 갖고 있는 정념에 지배되어 자연의 이치를 거슬리는 것이 아니라 자연스러움의 이치에 따라 인위와 정념을 걸러 소박하고 순수함을 따르는 사람이다. 즉 자신을 우선적으로 고려하는 '작은 자아(self)'가 아니라 자연과 더불어 하나가 되는 '큰 자아(Self)'인 것이다. 이를 두고 장자는 '자기가 없다(無己)', '공적이 없다(無功)', '명예가 없다(無名)'고 했던 것이다.

> 호불해(요임금의 선양을 거부하고 황하에 몸을 던져 죽음), 무광(탕임금을 선양을 거부하고 투신하여 죽음), 백이 숙제(주의 무왕이 상나라를 멸망시키자 주나라 곡식을 먹지 않겠다고 수양산에 들어가 고사리를 먹다가 죽음), 기자(주왕을 간하다가 감옥에 갇힘), 기타와 신도적(탕임금의 선양을 거부하고 투신하여 죽음) 등은 모두 남의 일에 부려지며, 남의 기분에 맞춘 것이지 자기의 천성에 맞게 한 것이 아니다. 127)

이들은 하나같이 세상의 일반적인 평가에 따르면 충신이며 현자임이 분명하지만, 도(道)의 관점에서 본다면 무대(無待)하여 소요(逍遙)하지 못한 사람들이다. 즉 이들은 모두 인간 사회가 만들어낸 도덕 윤리 규

---

127) 위의 책, 310-311쪽.

범에서 자유롭지 못하고, 오히려 그것들에 자신의 삶을 내맡김으로써 자유로운 정신이 되지 못하였다. 그렇지만 장자에게 진인·지인은 마음을 비우고 자연에 몸을 맡길 뿐이다.

> 공자가 말했다. "나는 하늘의 벌을 받은 사람이다. (그렇지만) 물고기는 물에서 서로 편안하게 살고, 사람은 도(道)의 세계에서 서로 편안하게 산다. 물고기가 물속에서 편안한 것은 진흙과 모래에 자신을 맡기고 살기 때문이고, 사람이 도의 세계에서 편안할 수 있는 것은 일을 도모하지 않아 마음이 허정(虛靜)하기 때문이다. 그러므로 물고기는 강과 호수에서 서로를 잊고, 사람은 도에서 서로를 잊는다. 하늘의 소인은 인간 세상에서 군자요, 하늘의 군자는 인간 세상에서 소인인 것이다."128)

장자는 공자로 하여금 스스로 자신은 인의와 시비(是非)에 속박되어 살아가도록 하늘의 벌을 받아 이마에 지울 수 없는 먹물을 들인 사람이라고 고백하게 한다. 세상의 일반적인 가치 기준에서 '군자'라고 칭송받는 사람들은 공자의 고백처럼 인위와 규범의 그물에 갇힌 판단 결과에 의한 것이기 때문에 자연(즉, 하늘)의 관점에서 보면 '우물안 개구리'에 지나지 않는 소인일 뿐이다. 또 자연의 관점에서 볼 때 허정하여 자유로운 사람은 세상의 일반적인 가치 기준으로는 설명할 수 없기 때문에 '이상한 사람'으로 보일지 모르지만, 이러한 하늘의 군자만이 세상

---

128) 위의 책, 351쪽.

의 행복에서 자유로운 위대한 스승이다. 그리고 이런 사람만이 전생(全生: 생명을 온전하게 함)과 보진(保眞: 참된 것을 보존함)을 할 수 있다. 장자에 의하면, 잘못된 통찰은 반드시 우리를 잘못된 선택과 행동으로 이끌게 되어 있다.

초 임금이 낚시하고 있는 장자에게 신하를 보내 자신의 뜻을 전했다. 이에 장자는 "듣자 하니 초나라에는 죽은 지 삼천 년이나 된 신령한 거북이가 있는데, 왕께서는 그 거북이를 비단으로 싸서 상자에 넣어 잘 모셔두었다고 한다. 그렇다면 거북이는 죽어서 뼈를 남겨 자신이 귀하게 여겨지기를 바랐을까? 아니면 살아서 진흙과 모래에서 노닐고 싶었을까?" 이에 신하가 "후자겠지요." 라고 말했다. 장자가 말하기를 "나도 진흙과 모래에서 노닐고 싶으니 돌아가라."고 했다. 129)

『장자』는 「내편」과 「외편」으로 이루어져 있는데, 「내편」은 장자 자신의 집필 것이지만, 「외편」은 후대에 개작과 편집이 이루어진 것으로 해석하고 있다. 130) 장자의 「내편」이 소요유(逍遙遊), 제물론(齊物論), 양생주(養生主), 인간세(人間世), 덕충부(德忠符), 대종사(大宗師), 응제왕(應帝王)과 같이 서로 호응하는 일관된 제목을 달고 있는 것도 이러한 해석에 설득력을 더 해주고 있다. 위의 인용문은 「외편」의 '추수'에 나오는 이야기이다. 「외편」의 이야기들은 장자의 사상을 우화 형식으로

---

129) 오강남, 위의 책, 365쪽.
130) 김충렬, 위의 책, 232쪽.

표현하고 있기 때문에 더욱 쉽게 이해할 수 있는 장점을 지니고 있다. 우리에게 익숙한 '도란 똥이나 오줌에도 있다', '왕의 양생법으로 바다새를 죽인 이야기', '아내의 죽음과 춤·노래 이야기', '우물 안의 개구리', '짧은 오리 다리, 긴 학의 다리', '혼돈에 일곱 구멍을 뚫는 이야기', '나무 닭 이야기' 등은 모두 「외편」에 나오는 것들이다.

이제 우리는 천지보다 앞서 있었고, 아직 이것과 저것으로 나뉘기 전 131)의 '원래 스스로 그러한' 자연, 즉 도에 대한 장자의 가르침을 통해 자유로운 정신의 참된 의미를 어느 정도 이해할 수 있게 되었다. 장자의 이와 같은 정신 세계로부터 우리는 스스로의 삶을 예술화하고, 심미화 할 줄 아는 지혜를 배우며, 자연과 하나가 되는 생명의 정신을 실천하는 삶을 가꾸어가야 할 것이다.

도(道)는 본래 한계가 없지만, 인간의 언어는 항구적이지 못하다. 그물은 물고기를 잡는 도구이기 때문에 고기를 잡으면 잊어야 하고, 덫은 토끼를 잡는 도구이기 때문에 토끼를 잡으면 잊어야 한다. 마찬가지로 언어는 뜻을 표현하는 도구이므로 뜻만 알면 잊어야 한다.

---

131) "혼돈으로 이루어진 어떤 것이 있는데, 이것은 천지보다 앞서 살고 있다. 아무 소리도 없고, 모양도 없다. 억지로 이름 붙여 '크다'하고 '도'라 할 뿐이다. 도(道)는 스스로 그러함을 본받는다." 최진석, 『도덕경』, 서울 : 현암사, 2001. 214-225쪽 참고.

# 05

# 위정척사,
# 동학, 개화사상

· 위정척사
· 동학 : 시천주(侍天主), 지기(至氣)
· 개화사상 : '동도서기'와 변법개화

## | 핵심 주제 |

· 시대 상황
· 위정척사
· 동학 : 시천주(侍天主), 지기(至氣)
· 개화사상 : '동도서기'와 변법개화

## | 핵심 용어 |

⇒ 위정척사 : 성리학, 유교, 정학(正學), 주자, 소중화
  동학 : 경천, 유불도의 조화, 기(氣), 지기(至氣), 시천주(侍天主),
  사인여천, 오심즉여심(吾心卽汝心), 혼원의 일기(一氣), 한울님, 제
  폭구민, 보국안민, 민족주체성, 동학농민운동
  개화사상 : 실학, 동도서기, 시무개혁, 변법개화, 천부인권, 행복추
  구권, 이용후생, 실용

## ‖ 위정척사, 동학, 개화사상 ‖

- 주자의 말이 아니면 감히 듣지 않으며, 주자의 근본 가르침(宗旨)이
  아니면 따르지도 않는다.

  −이항로−

- 어찌 사람만이 천주(天主)를 모셨겠는가? 천지만물이 시천주(侍天
  主) 아닌 것이 없다. 그러므로 사람이 동식물을 섭취하는 것(以天食
  天)132)은 한울이 한울 자체를 키우기 위한 행동이다. 그렇지만 어떤

---

132) 이천식천이란 천도교에서, 우주 전체를 한울로 보아 사람이 동식물을 음식물로
섭취하는 것을 이르는 말이다. 천도교에서는 한울이 한울 자체를 키우기 위해 전개하는
자율적인 운동으로 본다.

생물이라도 아무런 이유 없이 해치지 말라. 이것은 천주를 상하게 하는 것이다. 사랑하고 불쌍히 여겨(大慈大悲) 조화의 길을 따라야 한다.

-최시형-


- 도(道)와 기(器)는 서로 다른 것이다. 동서고금을 막론하고 바뀔 수 없는 것은 도(道)이고, 수시로 변하기 때문에 고정할 수 없는 것은 기(器)이다.

-신기선-

## 시대 상황

▶ 19세기 조선은 지금까지 자신을 지탱해왔던 이념과 체제를 스스로 부정하도록 대내외적으로 강요받고 있었다. 대내적으로는 세도정치133)로 인한 극심한 사회 정치적 혼란을 겪고 있었으며, 절정에 이른 정치적 부패(삼정문란)134)는 잇달아 발생했던 민란[홍경래의 난(1811), 진주민란(1862), 동학농민전쟁(1894) 등 70여 차례가 발생했기 때문에 19세기 조선을 민란의 시대라 부른다]의 원인이 되었다. 조선 정치 이념의 근본적인 변질과 퇴락에 따른 대내적인 위기는 서세동점이라는 대외적인 요인과 중첩되면서 자신의 정체성을 스스로 부정하는 타율적이며 종속적인 근대화의 길로 나가지 않을 수 없게 되었다. 특히, 잦은 서양 함선의 출몰과 통상 요구는 경제적인 것에만 한정되지 않았다. 여기에는 종교를 포함한 서양의 정신적 가치와 경제 이념인 자본주의의 급속한 침투가 함께 내재해 있었다.

안팎의 이와 같은 어려움에 대응하는 조선의 논리는 대표적으로 위

---

133) 세도정치란 국왕의 위임을 받아 정권을 잡은 특정인과 그 추종세력에 의해 이루어지는 조선의 정치형태를 말한다. 시기로는 순조(1800-1834, 안동 김씨), 헌종(1834-1849, 풍향 조씨), 철종(1849-1863, 안동 김씨)에 해당하는 기간이며, 특히 철종 때 안동 김씨에 의한 약 15년간의 세도정치는 정치에서의 타락이 절정에 이른 '권세정치' 그 자체였다: http://100.naver.com/100.nhn?type=image&media_id=547705&docid=92721&dir_id=030601

134) 삼정문란이란 조선 재정의 주류를 이루던 전정(田政, 1년에 소출되는 양을 검사하여 균등한 전세를 부과하는 제도)·군정(軍政)·환정(還政, 춘궁기에 농민에게 식량과 씨앗을 빌려주었다가 추수한 뒤에 돌려받아 농업의 재생산을 도모하던 제도) 등 세 가지 수취체제가 변질되어 부정부패로 나타난 현상을 가리킨다: http://100.naver.com/100.nhn?docid=86632

정척사, 종교와 민중운동으로서 동학, 그리고 개화 사상 등 세 가지로 나타났다. 위정척사란 성리학을 정학(正學)으로 규정하고 이를 지키기 위해 천주교를 포함한 서양의 가치, 즉 서학(西學)을 사학(邪學)으로 간주하여 이를 물리치려는 일체의 시도를 말한다. 이것은 체제 붕괴라는 극한의 위기 상황에서 도덕적·정신적 가치의 우월성에 기초하여 '야만적인' 서학을 배척하고 극복하려는 시도였다.

반면, 동학은 전통적인 민간 신앙인 경천(敬天) 사상에 기초하여 안으로는 학정(虐政)에 시달리는 농민을 구제하고, 밖으로는 제국주의 열강의 침탈을 물리치며, 궁극적으로 (천도교의) 덕을 천하에 펼쳐(布德天下) 새로운 세상을 열고자 했던 사상·민중 운동이다.[135] 마지막으로 개화사상은 서구 문명을 수용하여 조선 사회를 근대적인 국가로 바꾸려는 것을 목표로 했던 운동이다.


## 위정척사


▶ 위정척사사상은 성리학적 유교문화의 이념과 가치관을 제대로 정립하여 사학(邪學)을 배척하고 극복하는 것을 가장 시급한 목표로 삼았다.[136] 이들은 성리학의 서양문화에 대한 우월성과 자긍심을 확신하고 있었기 때문에 척사(斥邪)란 곧 성리학(유학)적 정체성의 확립과 같은 의미를 지녔다. 『고종실록』에는 나라 사이의 화친을 배척한다는 뜻

135) 한국철학사연구회 엮음, 『한국철학사상사』, 서울 : 심산, 2005, 376쪽.
136) 최영진 외 지음, 『한국철학사』, 서울 : 새문사, 2009, 454쪽.

의 척화(斥和)에 대해 다음과 같이 기록하고 있다.

> 이 오랑캐가 바라는 화의(和議)가 무엇인지 잘 알지 못한다. 수
> 천 년 내려오는 동방예의지국으로서 어찌 견양(犬羊)과 더불어
> 서로 화합할 수 있겠는가? 만약에 화(和)라는 글자를 사용하여
> 말하는 자가 있다면, 그는 반드시 매국(賣國)의 규율로 다스릴
> 것이다. 137)

위정척사를 대표하는 이항로는 "주자의 말이 아니면 감히 듣지 않으
며, 주자의 근본가르침(宗旨)이 아니면 따르지도 않는다"138)는 말로
자신의 성리학적 신념을 확고하게 표현했다. 뿐만 아니라 그는 서양의
문물을 금함으로써 이것들이 조선 사회에 초래할 문제들을 막고자 하
였다.

> 외부에서 들어오는 문물들 중에서 그 해로움이 가장 심한 것이 서
> 양의 것(洋物)이다. 바라옵건대 전하께서는 서양의 의복, 식용,
> 기용(器用) 등 어느 것이 되었든 찾아내어 모조리 태워 없앰으로
> 써 전하의 뜻을 명확히 보여주십시오. 그리하면 전하의 나라가
> 바르게 될 것입니다. 139)

---

137) 한국철학사연구회, 위의 책, 378쪽.
138) 위의 책, 381쪽.
139) 위의 책, 383쪽.

위정척사사상은 유학의 우월성에 기초하여 우리 민족의 자긍심을 말하고 있다는 점에서 나름의 주체의식을 지니고 있는 것처럼 보이지만, 그 배경에는 주자와 성리학이라는 원리적 이념이 자리 잡고 있었다. 이것은 위정척사사상이 강한 '소중화(小中華)' 의식에 기초하고 있음을 보여준다. 위정척사사상을 근대적 민족주의로 평가할 수 없는 이유가 바로 여기에 있다. 그들에게는 중화140)의식과 성리학으로부터 발원한 강한 도덕의식은 있었지만, 근대적 의미의 민족의식은 부재했었다.141)

## 동학 :
### 시천주(侍天主), 지기(至氣)

▶ 1860년 37세가 되던 해 수운 최제우(崔濟愚, 1824-1864)는 신비로운 체험을 했는데, 『동경대전』에서는 이를 다음과 같이 묘사하고 있다.

4월이 되어 뜻밖에도 마음이 산란하여 몸이 떨려 병인가 해도 그 증세를 알 수 없었고, 말로 표현하려 해도 표현할 수 없을 때, 어떤 신선의 말씀이 들려 깜짝 놀랐다. '나를 한울이라 부르는데 너

---

140) 원래는 중국에서 우리 민족의 문화를 평가하여 자신들의 중화(中華)에 버금 간다고 한 말이었으나, 문화민족인 화(華)와 오랑캐인 이(夷)를 엄격히 구분하고 성리학을 국가 이념으로 정립시키는 과정에서 우리 문화가 설 자리를 찾기 위하여 점차 강조되었던 용어이다: http://enc.daum.net/dic100/contents.do?query1=b12s2406a
141) 최영진 외, 위의 책, 460쪽.

는 나를 모르느냐? 너를 세상에 내어 나의 법을 가르치게 하니 결코 의심하지 말라.' '그러면 서도(西道)로써 사람을 가르친다는 것입니까?' '그렇지 않다.' '나에게 영부(靈符)142)가 있으니 그 이름은 선약(仙藥)143)이다. 그 형상은 태극과 같고, 그 형태는 궁궁(弓弓)144)과 같다. 나의 이 부적을 받아서 사람의 질병을 고치고, 사람을 가르쳐서 나를 위하게 하면 너 또한 장생하여 덕을 천하에 펼칠 수 있으리라'고 하셨다. 145)

수운은 도(道)를 깨우친 다음, 우주 자연의 이치를 터득하고, 주문을 만들어 포덕(布德)을 펼쳤으며, 서학(西學)에 대항하는 '동학(東學)'으로써 새로운 세상을 열고자 하였다.

동학을 이해하는데 핵심이 되는 개념은 천(天)과 지기(至氣), 인내천(人乃天), 그리고 시천주(侍天主)이다. 동학을 천도교(天道敎)라 한 것도 그 중심에 천(天)이 있기 때문이다. 그런데 동학에서 천은 두 가지 모습으로 나타난다. 하나는 『용담유사』의 '권학가'에 나오는 천으로 "대체로 인간은 초목과 같은 생명이다. 그러므로 삶과 죽음이란 모두 '하

---

142) 천도교에서, 1860년 4월 5일에 교조 최제우가 영감으로 한울님에게 받은, 천신(天神)을 그림으로 나타낸 표상을 말한다.
143) 동학사상에는 신선, 선약, 불로장생, 무위이화 등 도교와 관련된 용어들이 자주 사용되고 있다.
144) 2대 교주 해월 최시형은 '궁궁'을 마음심(心)으로 해석한다. 또 수운은 '궁궁'이 '일심(一心)'이라 말하기도 했다. 즉 사람이 자기 마음을 곧 바로 깨달으면(마치 선불교의 직지인심, 견성성불처럼) 세상의 악은 스스로 없앨 수 있다는 것이다: 동학학회 편저, 『동학과 전통사상』, 서울 : 모시는 사람들, 2004, 101쪽.
145) 정규훈, 『한국의 신종교』, 서울 : 서광사, 2001, 20쪽.

늘'에 달려있다"146)고 할 때의 천이다. 이 경우 천(天)이란 만물을 주재하는 존재자로서 천이라고 할 수 있다. 다른 하나의 천은『용담유사』의 '교훈가'에 나오는 천으로 "한울님만 믿고 서라. 네 몸 안에 모셨는데 왜 버리고 먼 곳에서 취하려 하는가?"147)라고 할 때의 천이다. 즉 한울님은 신분이나 나이에 관계없이 사람이면 누구나 자기 안에 이미 모시고 있다. 한울님은 모든 사람의 마음속에 내재하고 있는 것이다.

2대 교주 해월 최시형은 천(天), 즉 신(神) 개념을 이보다 확장하여 적용한다.

> 어찌 사람만이 천주(天主)를 모셨겠는가? 천지만물이 시천주(侍天主) 아닌 것이 없다. 그러므로 사람이 동식물을 섭취하는 것(以天食天)148)은 한울이 한울 자체를 키우기 위한 행동이다. 그렇지만 어떤 생물이라도 아무런 이유 없이 해치지 말라. 이것은 천주를 상하게 하는 것이다. 사랑하고 불쌍히 여겨(大慈大悲) 조화의 길을 따라야 한다.149)

해월에 이르러 천(天) 개념이 인간만이 아니라 모든 존재로 확대되고

---

146) 위의 책, 108쪽.

147) 같은 쪽.

148) 이천식천이란 천도교에서, 우주 전체를 한울로 보아 사람이 동식물을 음식물로 섭취하는 것을 이르는 말이다. 천도교에서는 한울이 한울 자체를 키우기 위해 전개하는 자율적인 운동으로 본다.

149) 위의 책, 114쪽.

있음을 알 수 있으며, 이를 통해 동학사상에 나타나는 생명사상150)과 범신론적 성격도 함께 파악할 수 있다. 또 시천주에서 '시(侍)'의 개념이 '~과 함께 있다'라는 의미임을 다시 확인할 수 있다. 물론, '시(侍)'가 언제나 이 뜻으로만 쓰인 것은 아니다. '모시다'의 뜻으로도 쓰이기 때문이다. 정리하면 말하면, 시천주에서 '시(侍)'란 모든 존재들에 내재하는(~과 함께 있는) 천주를 정성을 다해 '모시'라는 뜻으로 이해하면 좋을 것 같다. 이 점에서 천주를 모시는 행위는 곧 내가 나를 모시는 행위이기도 하다. 이것을 3대 교주 의암 손병희는 『천도교경전』에서 다음처럼 말한다.

> '시(侍)'란 한울님을 깨달았다는 뜻이고, 천주(天主)에서 '주(主)'란 내 마음의 님이라는 뜻이다. 따라서 내 마음을 깨달으면 곧 상제가 내 마음인 것이고, 천지도 내 마음인 것이다. 모든 것이 다 내 마음의 일부이다. 내 마음을 내가 모셨다는 뜻이다. 151)

시천주란 모든 사람이 자기 안의 신비한 기운으로서 천주를 체험하고, 또한 밖으로는 천지에 가득한 기운(氣運)과 하나가 됨으로써 이를

---

150) "하나하나의 사물들과 만나고 접촉하는 것은 곧 도(道)에 따른 거룩한 교화이니 모든 사람은 풀 한포기 나무 한그루일지라도 까닭 없이 해쳐서는 안 된다." "생물을 해치는 것은 곧 천주를 해치는 것이다." "뜰에 있는 나무 위의 새소리 또한 시천주의 소리이다." 위의 책, 121쪽; 동학은 세 가지 공경, 즉 삼경(三敬) 대해서 가르치고 있는데, 이것은 경천(敬天), 경인(敬人), 경물(敬物)을 말한다. 김용휘, 『우리 학문으로서 동학』, 책세상, 2007, 106-107쪽.
151) 위의 책, 119쪽.

간직하고 실천하라는 명령으로 이해할 수 있다. 그러므로 시천주란 곧 해월에게 양천주(養天主)이고, 사인여천(事人如天, 사람 섬기기를 하늘같이 함)152)이었던 것이다. 오심즉여심(吾心卽汝心)이란 이것을 말하며, 그렇기 때문에 인내천(人乃天)인 것이다. 이와 관련하여 『동경대전』의 「논학문」은 다음처럼 기록하고 있다.

> 내 마음이 곧 네 마음이다. 사람들이 어찌 이를 알겠는가? 사람들
> 은 천지는 알지만, 귀신은 알지 못한다. 귀신(鬼神)이란 것도 곧
> 나이다.153)

지금까지의 내용들 통해 우리는 수운이 '천=천주=기운(至氣)=신=천지=귀신'을 같은 의미와 맥락으로 이해했음을 알 수 있다. 수운이 당시 민중들에게 친숙한 개념이었던 귀신을 천주 개념과 연관지어 이해한 것으로 보아 동학에 나타난 민중적 요소를 발견할 수 있다.

수운에게 기(氣)란 일기(一氣), 기운(氣運), 지기(至氣) 등의 의미와 함께 사용되었다.

> 기(氣, 至氣)란 허령하고 아득(虛靈蒼蒼)하여 모든 사물에 이르지
> 않는 것이 없고, 기(氣)가 명하지 않는 사물이란 없다. 기는 들리
> 는 듯, 형태가 있는 듯 하면서도 뭐라 표현하기 어렵지만, 이것은

---

152) 최영진 외, 위의 책, 475쪽.
153) 한자경, 『한국철학의 맥』, 서울 : 이화여대출판부, 2008, 309쪽.

혼원(渾元)의 일기(一氣)이다. 154)

　수운에게 기(氣)란 우주의 본체인 동시에 모든 존재하는 것들의 구체
적인 현상이다. 즉 모든 것의 생성·동정·변화가 기(氣)의 활동이다.
기(氣)는 모든 곳에 존재하면서 일체의 모든 변화를 일으키는 근본 원
인인 것이다. 따라서 모든 사람이 '시천주'함으로써 '창조적으로 참여와
활동(造化定)'을 하면 한울님과 조화를 이루게 되고, 또 이를 통해 세상
은 무위이화(無爲而化)되는 것이다. 즉 모든 활동의 근원이 되는 지기
(至氣)는 어떤 힘에 의해 좌우되는 것이 아니다. 이것은 스스로의 힘과
원리에 따라 움직이고 전개된다(氣化). 스스로의 일정한 법칙에 따라
이루어지는 이 모든 조화의 과정을 수운은 무위이화라 하였고, 이 모
든 과정을 포괄하여 '혼원의 일기'라고 했던 것이다. 이 조화의 이치가
곧 '한울'의 이치인 것이다. 155)
　이처럼 동학은 일기(一氣)와 지기(至氣)의 원리에 기초하고 있기 때문
에 수행을 할 때에도 우주 전체에 가득한 기(氣)의 공부를 강조한다.

　　기운이 마음을 부리는가? 아니면 마음이 기운을 부리는가? 또 기
　　운이 마음에서 나왔는가? 아니면 마음이 기운에서 나왔는가? 화
　　생(化生)하는 것은 기운(氣運)이고, 작용하는 것은 마음(心)이기
　　때문에 마음이 화(和)하지 못하면 기운이 일정한 한도를 잃게 되
　　고, 기운이 바르지 못하게 되면 마음이 그 궤도를 잃게 된다. 기

---

154) 위의 책, 364쪽.
155) 정규훈, 위의 책, 110쪽.

운을 바르게 하여 마음을 편안하게 하라. 기운이 바르지 못하면
마음이 편하지 않게 된다.156)

동학이 수행에서 가장 강조하는 수심정기(修心正氣), 즉 한울님의
마음을 언제나 잃지 않으며, 도(道)의 기운을 길러 천인합일에 이르
러야 한다는 가르침 또한 이와 같은 뜻이다. 『동경대전』은 이에 대해
"인의예지는 옛 성인의 가르침이고, 수심정기는 오직 내가 다시 만든
것"157)이라고 하여 마음을 닦고, 지극한 기운으로서 천주를 바르게
하라고 강조한다.

동학(東學)은 서학(西學)에 대한 반대 의미를 지닌다. 수운은 자신의
이런 동학을 『동경대전』에서 이렇게 밝힌다.

> 우리의 도(道, 동학)는 무위이화이다. 그 마음을 지키고, 그 기
> 운을 바르게 하고, 한울님(천주) 성품을 거느리고 한울님의 가르
> 침을 받으면 자연스런 가운데 조화(造化)가 나온다. 그렇지만 서
> 양 사람은 말에 차례가 없고, 글에 분별이 없어 도대체 한울님
> 의 단서가 없다. 다만 제 몸만을 위해 빌 뿐이다. 몸에는 기화지
> 신(氣化之神)이 없고, 학(學)에는 한울님의 가르침이 없으니 형
> 식은 있지만 자취가 없다. 또 이들은 주문(呪文)이 없어 도(道)는
> 허무하기만 하고, 학(學)은 한울님을 위한 것이 아니다. 이것이

---

156) 김용휘, 『우리 학문으로서 동학』, 서울 : 책세상, 2007, 110쪽.
157) 위의 책, 111쪽.

동학과 서학의 다름이다.158)

　수운은 동학이 신앙의 대상으로 삼고 있는 것이 천주(天主)라고 밝힘으로써 스스로 서학과의 혼동을 초래하였고, 이 때문에 탄압을 받기도 하였다. 그렇지만 동학과 서학에서 사용하는 '천주' 개념은 몇 가지 측면에서 분명하게 구별된다.159) 첫째, 서학의 천주는 만물의 유일신으로서 창조주이지만, 동학의 천주는 음양의 이치에 따른 자연적 기화(氣化)이다. 둘째, 서학의 천주는 인간과 창조주 사이에 이질성이 드러나지만, 동학의 천주는 본질적으로 동질성(天人合一)에 기초한다. 셋째, 서학의 천주는 현세의 복을 초월하여 내세의 복을 기원하지만, 동학의 천주는 현세의 복락(福樂)을 추구한다. 이를 주고 수운은 "나의 도(道)는 여기 동쪽에서 받았고, 여기에서 베푼 것이기 때문에 (노나라 공자의 학풍도 아니지만 그렇다고) 어찌 서학으로 이름 지을 수 있겠는가?"160)라고 반문한다.

　일반적으로 동학은 유불선과 민간 신앙인 경천(敬天) 사상을 결합하여 탄생한 것이라고 평가받고 있다. 이와 관련하여 『천도교창건사』에는 다음과 같은 기록이 있다.

---

158) 한국철학사연구회, 『한국철학사상사』, 서울 : 심산, 2005, 450쪽; 동학의 본주문은 "시천주조화정 영세불망만사지(侍天主造化定 永世不忘萬事知)" 13자로 되어 있다. 이 글귀의 뜻은 한울님을 모시면 조화가 이루어지고, 이 진리를 항상 염두에 두고 살면 세상만사를 다 알게 된다는 뜻이다.
159) 위의 책, 451쪽.
160) 위의 책, 453쪽.

송월당이란 스님이 '당신은 불도(佛道)를 연구하시오?'라고 묻자 최수운은 '나는 불도를 좋아합니다'라고 답했다. 이어 '당신은 유도(儒道)를 좋아하나요?'하고 묻자, 수운은 '나는 유도를 좋아하지만, 유생은 아니지요'라고 답한다. 이에 '그러면 선도(仙道)를 좋아하시오?'라고 묻자, 수운은 '선도는 아니지만 좋아합니다'라고 답했다. 이에 노승은 '당신은 정말 알 수 없는 사람이군요'라고 말하자, 수운은 '유도, 불도, 선도 아니지만, 그 전체를 사랑한다'고 말했다.161)

  마치 최치원의 풍류도를 연상시키는162) 이와 같은 언급으로 미루어 볼 때, 동학의 도(道)는 유불선을 하나로 묶는 조화의 사상이라고 할 수 있다. 그리고 우리가 검토해왔던 지금까지의 내용을 종합하면, 동학은 인간의 존엄성에 기초한 평등사상이며, 위기에 처한 신분 사회의 성리학적 조선을 완전히 새로운 사회로 바꾸려는 혁명사상으로서 '후천개벽'163) 사상이라고 할 수 있다. 동학의 이와 같은 정신은 제폭구민(除暴救民)과 보국안민(輔國安民), 그리고 민족 주체성에 기초한 반제국주의 민족 항쟁인 동학 농민 운동으로 전개되었다.

---

161) 동학학회 편저, 위의 책, 13쪽.
162) 한국철학사연구회, 위의 책, 454쪽.
163) 후천(後天)은 선천(先天)의 상대개념으로 신종교의 창시자가 바라본 당시의 시대를 대전환기로 인식한 데서 나온 개념이다. 후천은 바뀐 시대를 가리키는 말로 새로운 이상사회를 말한다. 개벽(開闢)이란 새로운 시대가 열리는 것을 비유적으로 표현한 말이다.

# 개화사상 :
## '동도서기'와 변법개화

▶ 개화사상은 앞의 두 사상과 마찬가지로 당시의 시대적 산물이기는 하지만, 실학파와 깊은 연관성을 갖는 점에서 차별화된다.[164] 첫째, 민족주의 성격이다. 북학파나 개화파 모두 우리 민족 문화의 후진성에 대해서 자각하고 있었으며, 이를 극복하기 위해 외국 문물의 수용을 주장했다. 둘째, 개인의 권리에 대한 자각이다. 이것은 정약용의 민권 사상과 개화사상의 인권의식에서 나타난다. 셋째, 실사구시의 경험적 방법론을 중시했으며, 정덕(正德)에 앞서 이용후생(利用厚生)을 강조했다는 점이다. 마지막으로 인간의 욕구와 욕망을 긍정적으로 이해했다는 점이다.

이 점에서 위정척사사상에 대비되는 개화사상은 근대 서구와 변화하는 국제 질서의 흐름에 대한 이해를 지니고 있었다. 개화사상은 크게 두 가지 차원에서 전개되었다. 하나는 시무개화파(흔히 '동도서기론'이라 부른다)이고, 다른 하나는 문명개화, 즉 변법(變法) 개화론이다.[165] 전자는 서양보다 우월한 유학의 도(道)는 지키되 서양의 발달된 기(器)는 이용후생과 부국강병 차원에서 받아들여야 한다는 입장이다. 반면, 후자는 서구 문화를 적극적으로 도입하여 나라를 독립시키고 근대 국가

---

164) 위의 책, 402-405쪽.
165) 최영진 외, 위의 책, 464-465쪽.

를 건설하자는 입장이다.166) '동도서기'167)라는 용어가 직접 나오지는 않지만, 흔히 동도서기론의 근거로 삼는 신기선의 『농정신편』(1881)에는 도(道)와 기(器)를 구분하면서도 도와 기가 분리될 수 없음을 아래처럼 강조하고 있다.

> 도(道)와 기(器)는 서로 다른 것이다. 동서고금을 막론하고 바뀔 수 없는 것은 도(道)이고, 수시로 변하기 때문에 고정할 수 없는 것은 기(器)이다. 삼강과 오상, 효제충신은 도이기 때문에 어디에 있든 버릴 수 없지만, 예악과 형정, 복식과 기용(器用)은 수시로 변하기 때문에 기이다. 백성에 이롭다면, 비록 오랑캐의 법(法)일 지라도 행할 수 있다.168)

이로 미루어 볼 때, 신기선은 유교의 정덕(正德)이 이용후생의 기초 위에서 가능하다고 믿었던 것 같다. 유교의 정덕을 실현할 수 있는 현실적인 방법을 서기(西器)의 수용으로부터 찾았기 때문이다. 그는 우리의 올바른 도(道)와 서양의 기(器)를 정덕과 이용후생의 관계로 파악했던 것이다.169)

한편, 김옥균과 박영효 중심의 변법개화론자들은 1884년 갑신정변

---

166) 한국철학사연구회, 위의 책, 413쪽.
167) '동도서기론'은 급진개화론의 상대 개념으로 온건개화, 개량개화, 시무개화론이라고도 한다. 당시에는 '서양'과 대비되는 개념으로서 '동양'이라는 개념이 형성되어 있지 않았기 때문에 이 용어가 적절한지에 대한 논쟁이 있다: 최영진 외, 위의 책, 464쪽.
168) 위의 책, 467쪽.
169) 위의 책, 470쪽.

을 일으켜 급진적이고 근본적인 개혁을 시도한다. 이들은 '부강한 나라와 문명 국가'를 동일한 개념으로 이해했고, 근대적 의미의 천부인권과 행복추구권에 대해서도 어느 정도 이해를 갖고 있었다. 이런 생각은 박영효의 다음과 같은 생각에서 잘 드러나고 있다.

> 하늘이 인간을 세상에 나오게 할 때, 모든 사람들을 같게 하였으며, 이것은 바뀔 수 없는 이치이다. 이 이치란 사람은 스스로 생명을 보존하고, 자유와 행복을 추구한다는 것이다.170)

> 학문은 실용(實用)을 먼저하고, 문화(文華)는 다음으로 해야 한다. 귤에서 향기가 나오는 것이지, 향기에서 귤이 나오지는 않는다.171)

> 모든 나라에 적용되는 공통된 법이 있기는 하지만, 자립자존할 수 있는 능력이 없으면, 그 나라는 침탈당하고 분열되기 때문에 유지될 수가 없다.172)

비록 변법 개화론자들이 전근대적인 조선 사회의 모순과 문제를 바르게 인식하고는 있었다 할지라도, 외세를 끌어들임으로써 식민통치를 불가피하게 한 것은 커다란 오점으로 남아있다.

---

170) 위의 책, 473쪽.
171) 한국철학사연구회, 위의 책, 416쪽.
172) 위의 책, 417쪽.

# 06

# 아우구스티누스
## AULELIUS AUGUSTINUS

354−430

· 진리의 인식 : 신(神)의 조명(照明)
· 선 · 악 : 자유의지의 문제
· 신의 나라와 지상의 나라

· 진리의 인식 : 신(神)의 조명(照明)
· 선 · 악 : 자유의지의 문제
· 신의 나라와 지상의 나라

| 핵심 용어 |

⇒ 교부철학, 플라톤, 플라톤주의, 신의 조명, 상기(想起), 신앙, '내면
으로 들어가라', 자유의지(의지의 자유), 플로티노스, 위계질서, '선
의 결핍'으로서 악, 신의 은총, 신에 대한 사랑, 『신국』(신의 나라와
지상의 나라), 최고선으로서 신, 정의의 전쟁


‖ 아우구스티누스 ‖

- 아우구스티누스는 플라톤과 플라톤주의자들의 저작들 중에서 그것이 무
  엇이든 상관없이 신앙과 일치하는 것을 발견할 때마다 그것을 바로 채택
  했다. 또 신앙과 반대되는 것은 무엇이든지 수정하였다.

         – 토마스 아퀴나스 –

- 모든 존재는 하나의 선이다. 그것이 타락하지 않은 것이라면 큰 선이
  고, 타락한 것이라면 작은 선이다.

         – 아우구스티누스 –

- 시간은 과거와 현재, 미래로 이루어진다. 하지만 과거는 더 이상 존재
  하지 않으며, 미래는 아직 오지 않았다. 따라서 진정한 시간은 오직 현
  재뿐이다.

         – 아우구스티누스 –

셰익스피어는 청소년기를 '아이와 놀고, 과거와 불화하며, 도둑질하고 싸우는 시기'라 했고, 아리스토텔레스는 '십대들의 욕망은 변덕스럽고 열정적이며 덧없는 것'이라 했다. 청소년기에 대한 이들의 설명은 이제 우리가 검토할 중세를 대표하는 교부 철학자인 성 아우렐리우스 아우구스티누스(St. Aulelius Augustinus, 354-430)의 청소년기 모습과 일치한다. 그는 도둑질과 연애, 남의 집 정원의 과일 따먹기와 같이 십대에 일어나는 일탈적 행동들을 즐겼으며, 노예 출신의 여성과 동거하면서 사내아이까지 두었다. 그의 십대는 가히 '내일은 없다. 오늘을 즐기라!' 고 하는 쾌락주의자들의 삶과 다르지 않았다. 뿐만 아리라 그는 종교적으로는 기독교가 아닌 마니교의 열렬한 신자이면서 동시에 젊은 지도자로서 활동하기도 했다. 그는 이 시기를 『고백록』에서 다음과 같이 고백했다.

> 나의 육체적 욕망과 청춘의 끓는 피는 나로 하여금 순수한 사랑과
> 흐린 정욕을 구별하지 못했다. 내 육체적 욕망은 나의 젊음과 나
> 약한 기질을 연료로 삼아 맹렬히 불탔다. 그리하여 음란한 행실
> 의 구렁텅이에 빠지게 되었다.173)

아우구스티누스의 정신적인 방황은 아버지의 임종과 함께 이루어진 기독교로의 개종과 함께 조금씩 바뀌기 시작했고, 독실한 그리스도교 신자였던 어머니의 간절한 신앙과 당시 밀라노 주교였던 암브로시우스

---

173) 강성률, 『2500년간의 고독과 자유』, 서울 : 푸른솔, 1996, 58쪽.

의 영향으로 지금까지와는 전혀 다른 교부로서의 삶을 시작할 수 있게 되었다. 이후 14년간의 동거와 여기서 얻은 아이까지 버린 그는 암브로시우스로부터 세례를 받고 그리스도교의 청빈한 신앙인으로서의 삶을 실천하였다. 스승의 사후에는 자신이 주교로 임명되었지만 그는 성직자로서의 활동은 최소한으로 하는 한편, 나머지 대부분의 시간을 신학과 철학 분야의 책을 연구하는데 집중하여 그리스도교의 교리를 체계화하는 데 남은 삶을 헌신했다.[174]

그의 철학은 종교와 분리될 수 없는 것이기 때문에 그에게 참된 철학은 또한 참된 종교라는 의미를 지녔다. 그는 자신의 경험을 통해 이성 하나만으로는 충분하지 않다는 것을 확신했다. 오직 하느님에 대한 신앙(또는 믿음)이 우선해야 한다고 확신한 그는 "너희가 믿지 않는다면, 이해 또한 못할 것"[175]이라는 이사야(Isaias)서를 즐겨 인용했다고 한다.

> 믿음, 소망, 사랑의 덕을 갖추지 못한 사람은 지혜, 용기, 절제의
> 덕도 진정으로 지닐 수 없다. 신에 대한 사랑으로부터 행해지지
> 않는 모든 행위는 죄를 저지르는 것이다. 또한 올바른 신앙이 없
> 이는 진정으로 사랑할 수 없다.[176]

그리스도교 초기의 대표적인 교부였던 그를 통해 그리스도교는 비로소 정교한 체계를 갖추게 되었으며, 그 영향력은 중세의 전 기간에 걸

---

174) 위의 책, 60쪽.
175) 아먼드 A. 마우러 지음, 조홍만 옮김, 『중세철학』, 서울 : 서광사, 2007, 26쪽.
176) 앤서니 케니 지음, 김성호 옮김, 『중세철학』, 서울: 서광사, 2010, 385쪽.

쳐 이어졌다. 교부 철학과 스콜라 철학으로 구분하는 중세의 철학은 시간적으로 볼 때 전체 서양 사상의 절반을 차지하는 긴 기간이다. 고대 철학에 의지하여 그리스도교 교리를 정립하고 확장하고자 했던 중세 초기의 철학을 가리켜 교부철학이라고 한다. 이 시기에 활동했던 철학자들은 특히 플라톤 철학과 플라톤주의의 영향 아래에 있었기 때문에 그의 철학을 신학적 · 종교적인(즉 그리스도교 교리에 맞게) 관점에 맞도록 새롭게 해석하였다. 토마스 아퀴나스(Thomas Aqinas)는 교부철학의 이러한 경향을 가리켜 다음과 같이 표현하였다.

> 아우구스티누스는 플라톤과 플라톤주의자들의 저작들 중에서 그것이 무엇이든 상관없이 신앙과 일치하는 것을 발견할 때마다 그것을 바로 채택했다. 또 신앙과 반대되는 것은 무엇이든지 수정하였다.177)

뿐만 아니라 아우구스티누스 또한 "나는 플라톤주의가 우리 종교의 가르침과 반대되지 않는다는 것을 밝힐 확신을 갖고 있다"178)고 강조했다.

---

177) 아먼드 A. 마우러, 위의 책, 27쪽.
178) 위의 책, 26쪽.

# 진리의 인식 :
## 신(神)의 조명(照明)

▶ 중세적인 사고와 세계관을 실질적으로 확립한 아우구스티누스의 사상은 조명(照明, illumination)과 선·악 이론, 그리고 사회·정치 이론으로 요약할 수 있다.

조명이란 국어 사전적인 의미로는 "광선으로 밝게 비추거나 어떤 대상을 일정한 관점에서 바라보다"인데, 영어에는 '영적인 깨달음'이라는 의미까지 포함하고 있다. 아우구스티누스에게 조명이란 플라톤의 상기(想起, 다시 생각해냄) 또는 회상(回想, 다시 떠올림) 이론179)을 자기 나름대로 표현한 것이라고 할 수 있다. 이것은 근대 데카르트의 '생득관념'과도 비슷한 의미를 지닌다. 아우구스티누스에게 조명이란 오직 신적인 조명을 통해서만 얻을 수 있는 인간의 지식(앎)에 관한 것이다. 플라톤에 의하면, 우리를 둘러싸고 있는 현상의 세계는 이상적인 것(Idea, 이념)과는 거리가 먼 불완전하고 가변적이기 때문에 우리의 감각 경험을 가지고서는 이것(Idea)을 획득할 수 없다. 그럼에도 우리가 수학적인 지식들처럼 감각 경험에 전혀 의존하지 않으면서 어떻게 완전한 이념(또는 앎)을 획득할 수 있는가? 아우구스티누스는 이 물음에 대해 '조명'을 통해서라고 주장한다. 이에 따르면, 참된 지식(즉 진리)은 완전하며 변하지 않는 영원한 지식이기 때문에 인간의 정신은 자신에게 직접 나타나는 대상을 고귀한 방식, 즉 조명(또는 진리의 빛)을 받음으로써 영원

---

179) 앤서니 케니 편, 김영건 외 옮김, 『서양철학사』, 서울 : 이제이북스, 2004, 107쪽.

한 진리를 획득한다는 것이다.

> 마치 우리의 눈이 자연적으로 물리적인 빛에 젖어드는 것처럼,
> 정신은 가지(可知)적인 빛에 잠기고, 정신은 이 빛 가운데서 진리
> 를 본다. 물론, 하느님이 이 빛의 원천이라는 사실을 의심할 수는
> 없다. 성서에 따르면, 하느님은 '빛의 아버지'이고, 하느님의 말
> 씀은 '모든 인간을 계몽시킨다'고 했기 때문이다. 180)

> 신이 지적인 빛을 비춤으로써 영혼은 육체의 눈이 아니라 더할 나
> 위 없는 탁월성을 지닌 지성을 통해 신의 시각이 궁극적인 지복의
> 근거임을 파악한다. 181)

위에서 '가지적인 빛'이란 다름 아닌 하느님이라는 태양을 의미하며,
인간의 정신은 이 빛의 조명을 받음으로써 영원한 진리인 하느님의 사
랑과 은총을 깨닫는다는 의미이다. 즉 하느님의 영(또는 정신)적인 빛의
조명을 통해 우리의 정신은 진리의 세계(하느님의 의지)를 인식하는 것
이다. 따라서 "우리의 정신이 그것을 깨달을 수 있는 한, 영원한 이성
의 빛은 우리(인간)에게 현존하고, 불변하는 진리는 그 빛 가운데서 보
여진다."182) 이 점에서 하느님은 우리 안에 실존하는 인격적인 존재
이다. 만약에 하느님이 실존하지 않는다면, 우리는 조명이론의 주장에

---

180) 마우러, 위의 책, 34쪽.
181) 앤서니 케니, 앞의 책, 251쪽.
182) 마우러, 위의 책, 34쪽.

따라 참된 진리와 지식을 가질 수 없다. 예컨대 '저녁 노을은 붉다'는 명제를 생각해보자. 우리가 이 명제에 대해 복잡한 논증이나 설득의 과정을 거치지 않고, 즉시 '옳다'고 동의할 수 있는 이유는 우리가 '보고 바로 깨달을 수 있기' 때문이다. 신의 조명은 우리가 소유한 이성의 눈(또는 지적인 시각)을 비추며, 우리는 이를 통해 모든 것을 파악한다. 우리가 진리임을 깨닫는다는 말은 마치 반지가 밀랍에 모양(겉으로 드러나는 자신의 모습)을 남기는 것처럼, 신의 지적 조명에 따라 우리의 정신이 이를 근거로 활동한다는 뜻이다. 아우구스티누스는 유한하고 불완전한 존재인 우리 인간이 이처럼 신의 조명을 통해 옳은 판단과 진리를 인식할 수 있다고 보았다. 또한 그는 플라톤의 상기설을 신의 조명으로 바꾸어 진리에 대한 깨달음을 설명하고 있다. 그에게 인간이란 내면적이고 정신적인 삶, 즉 신앙 또는 신에 대한 믿음이 무엇보다 중요한 데, 그 이유는 이를 통해 인간은 우리의 영혼을 조명하고 있는 신의 존재를 확신할 수 있기 때문이다. 우리는 신과 하나가 되는 신앙을 통해 영원한 진리인 신과 신의 은총을 확인할 수 있는 것이다.

## 선 · 악 :
### 자유의지의 문제

▶ 신의 영원성과 진리에 관한 아우구스티누스의 이와 같은 설명에도 불구하고, 여전히 해결되지 않은 주제가 한 가지 있는데, 그것은 현실적인 악(惡)의 존재 문제를 어떻게 설명해야 하는가의 문제이다. 물론,

그는 신이 절대로 악의 원인일 수 없음을 규명하고자 했다. 이를 위해 그는 악이란 단지 선의 결핍일 뿐이라는 신플라톤주의자였던 플로티노스(Plotinos, 204-269)183)의 주장을 받아들였다.

> 따라서 악은 신에 의해 창조된 것이 아니라 어떤 것의 결핍이다. 악은 무질서와 비슷한 것으로 악은 질서의 부재이지 실재하는 존재가 아니다. 예를 들어 어떤 방이 무질서해졌다면, 그 이유가 '무질서'가 방으로 들어갔기 때문이라고 하지 않는다. 단지 무질서란 질서가 어지럽혀진 상태를 가리키는 말일 뿐이다. 따라서 악은 신이 창조한 질서의 혼란일 뿐, 신의 창조물 그 자체는 아니다.184)

플라톤의 생각처럼 아우구스티누스에게 이 세상이란 원래 위계질서가 정연하게 정돈된 세계185)이다. 따라서 위계질서상 신 아래에 있는 모든 존재들은 각각의 위계질서와 등급 안에서 선할 뿐, 악한 것이 아

---

183) 쿠르트 프리틀라인 지음, 강영계 옮김, 『서양철학사』, 서울 : 서광사, 1985, 130쪽: 신플라톤주의자들은 모든 존재는 신(神)으로부터 유래하며, 신은 세계 밖의 순수한 정신적 본질이라는 믿음을 가지고 있었다.

184) 로버트 C. 솔로몬, 캐슬린 M. 히긴스 지음, 박창호 옮김, 『세상의 모든 철학』, 서울 : 이론과 실천, 2007, 229쪽.

185) 앤서니 케니, 위의 책, 102쪽: "더 높은 계층에 있는 사물들은 더 낮은 계층에 있는 사물들을 '다스리고 통치해야' 하며" 결코 다른 방식이어서는 안 된다. 사물이 꼭 있어야 하는 대로 있으며, 높은 계층의 것이 낮은 계층의 것을 다스린다면, 이를 가리켜 '질서정연' 또는 '올바르게' 정돈되어 있다고 한다. 그렇지 않을 경우가 무질서이다. 악이란 이러한 위계질서의 배열이 깨진 상태이다.

니다. 단지 낮은 등급의 선을 지녔다는 말이 스스로 악하게 또는 나쁘게 된다는 것을 의미하지는 않는다. 이것은 더 높은 등급의 선을 지녀야 함에도 불구하고, 그렇지 못함으로써 나쁘게(또는 악이) 되었다는 의미일 뿐이다. 186) 따라서 악이란 선의 '부재'가 아니라 선의 '결핍'이거나 '마땅히' 있어야 할 선이 '박탈'된 상태를 말한다. 전지하고 전능하며 전선한 존재로서 신은 이 세계를 창조할 때 인간과 나머지 모든 피조물들을 완전하게 계획하고 만들었을 뿐이다. 그러므로 악은 선이 없이는 존재할 수 없지만, 선은 악이 없어도 존재하며 존재할 수 있다.

> (하나의 전체로서 볼 때) 이 세상의 모든 것은 선하다. 왜냐 하면 그것들의 전체적인 조화와 질서가 우주의 훌륭한 질서와 아름다움이고 (또한 신의 의지를 표현하고 있기 때문이다.) (이 점에서) 모든 존재는 하나의 선(善)이다. 만약 그것이 타락하지 않은 것이라면, 큰 선(a great good)이고, 타락한 것이라면 작은 선(a little good)이다. 악은 선한 것에서 나타나며, 따라서 선한 것을 떠나서는 존재하지 않는다. 187)

아우구스티누스는 이처럼 선과 악에 대해, 선의 실재에 대해서만 인정할 뿐 악의 실재에 대해서는 인정하지 않는다. 그렇더라도 여전히 해결되지 않은 문제, 즉 현실적인 악은 어떻게 설명되어야 하는가? 이

---

186) 위의 책, 100쪽.
187) W. S. 사아키안 지음, 황경식 옮김, 『윤리학의 이론과 역사』, 서울 : 박영사, 2005, 96-97쪽.

에 대해 아우구스티누스는 선한 존재로서 신이 이 세계를 선하게 창조했지만, 특별히 인간에 대해서만큼은 신 자신의 본성을 함께 공유하도록 만들었다는 주장을 함으로써 풀어나간다. 즉 하느님이 인간에게 자유의지라는 큰 은총을 베풀었다는 것이다.

> 신의 계획을 따르는 다른 피조물들과 달리 인간은 자신의 행동을 스스로 결정할 수 있도록 허용되었다. 신은 인간에게 신을 믿고 신의 계획을 실현하면서 신에게 귀의하는 것을 자유롭게 선택하도록 허용하였다. 인간이 선택의 자유를 가지고 있는 한, 신이 인간으로 하여금 죄를 짓게 했다고 말할 수는 없다. 죄를 지을 가능성은 자유의지와 관련된 문제이지 신과는 무관한 것이다. 그러므로 신은 악의 원인이 될 수 없다.188)

결론적으로 신은 '전지 · 전능 · 전선'이기 때문에 신의 계획 속에서는 질서와 조화만 있을 뿐 악이란 절대 존재할 수 없다. 우리가 경험하는 현실적인 악은 신이 자신의 형상을 인간과 공유하기 위해 부여한 자유의지에 대해 인간이 이를 잘못 행사함으로써 일어난 결과이다. 즉 인간이 신의 은총인 의지의 자유를 남용하여 자연적인 인간의 본성을 왜곡하게 되었는데, 그 결과가 악이라는 주장이다. 따라서 악은 선처럼 하나의 실체가 아니라 단지 선에 기생하는 것일 뿐이다. 그렇기 때문에 인간이 선을 회복하게 되면 악은 자연스럽게 사라진다.

---

188) 로버트 C. 솔로몬, 캐슬린 M. 히긴스, 위의 책, 230쪽.

건강한 어떤 사람의 팔에 상처를 입힌다면 이것은 악한 행동일 것
이다. 그런데 이 때 악은 하나의 실체로서 존재하는 것이 아니다.
왜냐하면 원래부터 튼튼한 팔이 없었다면 현재의 악은 존재하지
못했을 것이기 때문이다. 따라서 상처입은 팔이 다시 건강한 상
태로 회복(즉 선한 상태)된다면, 그 상처(즉 악한 상태)는 사라져버
린다. 즉 악은 존재하기를 멈추는 것이지 악이 다른 곳으로 옮겨
간다는 말이 아니다.189)

아담이 자신의 자유의지(또는 의지의 자유)190)에 의한 선택의 순간에
서 악한 의지에 이끌려 신의 은총을 저버리는 행동을 함으로써 악은 발
생하게 되었다. 이 원죄적 행위 이후 아담의 자손으로서 인류는 불행
하고 불안한 무질서의 삶을 사랑하게 되었다. 원죄를 통해 참된 자유
를 상실한 인간은 이제 스스로의 힘으로는 선을 선택하거나 회복할 능
력을 잃어버렸다. 오직 하느님의 은총을 통해서만 인간은 자유를 회복
할 수 있다. 신적인 조명을 통해 우리가 진리를 얻듯이 신적인 도덕적
조명, 다시 말해 신의 인간에 대한 은총은 우리를 지혜와 용기, 절제,
정의와 같은 도덕적인 덕들로 이끌어 우리의 영혼에 이러한 덕들을 확
립시킨다.191) 그리고 이러한 확립은 오직 우리가 신에게 귀의하는 행

---

189) 윌리엄 사아키안 지음, 권순홍 역, 『서양철학사』, 서울 : 문예출판사, 1998, 125쪽.
190) 에티엔느 질송 지음, 김기찬 옮김, 『중세철학사』, 서울 : 현대지성사, 2007, 121쪽:
자유의지는 하느님이 만든 것이기 때문에 선한 것이었다. 그렇지만 자유의지는 인간(즉
피조물)이므로 완전하게 선한 것일 수는 없다. 따라서 인간의 타락은 필연적인 것은 아니지만
가능한 것이다.
191) 아먼드 A. 마우러, 위의 책, 41쪽.

위, 즉 신에 대한 사랑을 통해 신과 합일함으로써 가능하다. 왜냐하면 최고선은 신이며, 최고의 덕은 신에 대한 완전한 사랑(즉 신앙)이기 때문이다.192) 그에게 "신앙은 보이지 않는 것을 믿게 해주고, 신앙의 대가는 믿는 것을 보게 해준다."193)

> 이성과 지성이 자연스럽게 자리 잡은 인간의 정신이지만, 이것은 뿌리 깊은 악에 의해 어둡고 약해진다. 인간의 정신은 변함없는 빛을 받아들이고 품기에는 약하다. 이런 축복을 누리고자 한다면, 매일 치료를 받아 새로워져야 한다. 인간의 정신은 이를 통해서 정화되어야 한다.194)

> (인간의 신에 대한 완전한 사랑으로서 4덕), 즉 절제란 자신을 완전히 신에게 바치는 사랑이며, 용기란 신을 위해 모든 고통을 참아내는 사랑이며, 지혜란 신을 향하는 데 무엇이 필요한 것인지를 분별할 줄 아는 사랑이며, 정의란 오직 신에게만 헌신하는 사랑을 말한다.195)

우리는 신에 대한 사랑의 덕, 즉 신앙을 통해 신에게 인도되고, 궁극적으로 신의 은총인 영원한 생명과 진리에 이를 수 있게 된다. 즉 구원

---

192) W. S. 사아키안, 위의 책, 101쪽.
193) 남경태, 『철학』, 서울 : 들녘, 134쪽.
194) 앤서니 케니, 위의 책, 255쪽.
195) W. S. 사아키안, 위의 책, 102쪽: 플라톤의 4덕들은 신에 대한 완전한 사랑의 다른 측면들일 뿐이다.

받을 수 있게 된다. 그리고 신에 대한 사랑은 외부의 물질적 대상이 아니라 자신의 내면을 향하여 진행될 때 비로소 실현된다. 진리를 찾는 행위는 내면으로 깊이 들어가 그 안에 존재하는 하느님의 실존을 깨닫는 것이기 때문이다. 이 때문에 아우구스티누스는 "밖으로 나가지 말라. 네 자신의 내면으로 돌아가라. 진리는 내면 깊이 들어간 사람에게 존재한다"196)고 가르친다. 우리가 자신의 내면 깊은 곳을 들여다볼 때, 비로소 우리는 감각적인 것이 아니라 영원하고 가지적인 신적인 진리를 볼 수 있게 되는 것이다.

> (하느님에게로 가는 길은) 외적인 것에서부터 내면적인 것으로, 그리고 열등한 것으로부터 우월한 것으로 나가는 것이다. 197)

'행복은 진리 안에서 기뻐하는 것'이며, 이는 오직 신을 사랑하여 신에게 이름으로써 가능하다. "잘 산다는 것은 오직 온 마음과 온 영혼, 온 정신을 다하여 신을 사랑하는 것이다."198)

## 신의 나라와 지상의 나라

▶ 아우구스티누스는 자신의 『신국』(413)에서 인간에게 발견되는 두

---

196) 아먼드 A. 마우러, 위의 책, 29쪽.
197) 위의 책, 30쪽.
198) 로버트 애링턴 지음, 김성호 옮김, 『서양윤리학사』, 서울 : 서광사, 2003, 210쪽.

개의 사회와 역사에 대해서 설명한다. 신의 질서를 인식하는데 실패한 의지를 지닌 사람들에 의해서 하나의 국가, 즉 자신들을 사랑하는 '지상의 나라'가 형성되고, 신을 한층 사랑하는 사람들에 의해서 '신의 나라'가 형성된다. (여기서 그가 말하는 '나라'란 사회 정치적인 의미라기보다는 종교적 · 신학적인 의미임을 염두에 두어야 한다.)

인간 사회를 오직 두 부류로 나눌 수 있다. 한 나라는 육체에 따라 살며, 다른 나라는 정신에 따라 산다. 전자는 자기애에 의해 창조되었고, 후자는 신의 사랑에 의해 창조되었다. 전자는 스스로를 자랑스러워하지만, 후자는 신이 자랑스럽게 여긴다. 전자는 멸망하도록 운명지어져 있고, 후자는 영원이 신이 다스리도록 결정되어 있다.[199]

따라서 두 개의 사랑에 의해 두 개의 국가가 형성된다. 지상의 나라는 자신을 사랑하고 심지어 신을 경멸함으로써 형성되지만, 신의 나라는 신을 사랑하고 심지어 자신까지 경멸함으로써 형성된다. 전자가 자신을 찬양한다면, 후자는 신을 찬양한다. 또 전자가 인간으로부터 영광을 찾는다면, 후자는 신으로부터 위대한 영광을 찾고자 한다.[200]

---

199) 앤서니 케니, 위의 책, 34-35쪽: 동생(Abel)을 죽인 형(Cain)은 인류의 조상인 초초의 부부(아담과 이브)가 낳은 첫째 아들이며, 형은 인간의 나라를, 동생은 신의 나라를 상징한다.
200) 로버트 애링턴, 위의 책, 213쪽.

그렇다고 아우구스티누스가 신의 나라를 교회로, 지상의 나라를 세속의 국가와 동일시했던 것은 아니다. 우리가 어떤 나라에 속해 있든 상관없이 자신을 지배하는 것은 '사랑'이다. 그 사랑이 전자라면 자신과 자신들만의 이익을 사랑하는 것이고, 후자라면 신을 사랑하는 것이다. 따라서 교회라고 해서 신을 사랑하는 사람들만 있는 것이 아니고 (왜냐하면 이들 중에는 신앙이 약하여 신의 나라에 들 수 없는 사람들도 있기 때문이다), 세속의 국가라고 해서 자신만을 사랑하는 사람들만 있는 것이 아니다. 그러므로 신을 사랑하는 사람들이 있는 곳에는 그곳이 어디이든 신의 나라이고, 자신과 이 세계를 사랑하는 사람이 있는 곳이라면 그곳이 어디이든 지상의 나라이다. 201) 그렇기 때문에 신의 나라와 지상의 나라는 역사를 통해 계속되어 왔으며, 현세의 삶 속에서 우리는 어느 한 나라의 구성원인 것만은 아니며 두 나라의 구성원인 것이다. 202) 왜냐하면 우리 모두는 아담의 원죄 이후 같은 죄인이기 때문이다. 결론적으로 아우구스티누스가 추구했던 것은 한 사회의 지배적인 의지가 신을 향한 사랑으로 충만하여 궁극적으로 신의 영원한 빛 아래서 신에 대한 인식과 관조를 통해 영원한 평화와 지복을 누리도록 하는 것이었다.

　아우구스티누스의 『신국』은 410년 야만적인 고트족이 로마를 점령(476년 로마제국의 멸망)했을 때, 이교도들이 그리스도교를 비판한 것에 대한 변호의 성격을 갖고 있다. 이교도들은 로마의 멸망이 그리스도교

---

201) 새뮤얼 이녹 스텀프, 『소크라테스에서 포스트모더니즘까지』, 서울 : 열린책들, 2005, 224쪽.
202) 로버트 애링턴, 위의 책, 213쪽.

도들의 과잉 신앙 때문에 애국심이 쇠퇴하였고, 이것이 국방력의 약화를 초래한 때문이라고 주장했다. 그렇지만 아우구스티누스는 그리스도교의 신에 대한 사랑과 신앙으로 로마의 몰락을 막을 수 있었지만, 오히려 로마 제국에 만연한 악덕 때문에 멸망하게 된 것이라고 반박했다.203) 그에게 로마의 몰락이란 오히려 신이 자신의 계획의 일부로 지상의 나라를 심판하고 그곳에 신의 뜻에 따라 신의 나라를 세우고자 했던 증거로 이해되었던 것이다. 전쟁에 관한 그의 이와 같은 해석은 오늘날 '정의로운 전쟁'204)을 주장하는 사람들의 논리 형성에도 영향을 미쳤다.

아우구스티누스는 플라톤주의의 통찰력이 그리스도교적인 지혜에 가치를 지니는지, 그리고 어떤 것을 수정하고 교정해야 할 필요가 있는지를 가장 잘 알았던 사람이었다.205) 그는 플라톤의 '이데아계와 현상계'라는 이분법을 그리스도교적으로 해석하여 '자연적인 욕망의 세계와 신적인 질서의 세계'로 구분한다. 그리고 플라톤을 넘어서 진리의 인식이란 신의 조명 또는 계시를 통해서만 가능하다는 조명이론을

---

203) 새뮤얼 이녹 스텀프, 위의 책, 225쪽; 아우구스티누스는 로마의 여러 신들[Jupiter(그리스 신화의 Zeus에 해당함), Juno(주피터의 아내로 결혼한 여성의 수호신; 그리스 신화의 Hera에 해당함), Venus(그리스 신화의 Aphrodite에 해당함)]이 사악하기 때문에 이들을 섬기는 것은 역겨운 타락한 관행이라고 보았다. 그는 잔인하고 추잡한 행위를 일삼는 이런 신화는 불경스런 것이라고 주장했다. 그는 이런 신을 섬기는 로마가 위기에 처했을 때 기독교인들이 구하려 하지 않아서 로마가 고트(Goth)족의 침입을 받았다고 보았다: 앤서니 케니, 위의 책, 28쪽

204) 아우구스티누스는 "전쟁이란 인간의 교만을 견책하고 겸손하게 만들고자 하는 하느님에 대한 복종으로 수행"되는 경우에 한하여 정의롭다고 주장한다. 그에게 전쟁이란 "오직 평화를 위해 수행되는 것이다."

205) 아먼드 A. 마우러, 위의 책, 44쪽.

제시한다. 또 그는 현실의 악이란 인간이 신으로부터 부여받은 의지의 자유를 그릇되게 행사함으로써 발생한 것이기 때문에 선의 회복은 오직 신에 대한 사랑(즉 신앙)과 신의 은총을 통해서만 구원될 수 있다고 주장한다. 오직 신앙을 통해 신과 합일하고, 신의 은총을 통해 완전한 행복에 이를 수 있다는 그의 사고에 담겨 있는 정신은 가장 중세적인 것이라 할 수 있으며, 이 점에서 그는 중세의 신학적 가치체계를 확립한 가장 중세적인 인물이었다고 할 수 있다.

# 07

# 토마스 아퀴나스
## THOMAS AQUINAS

1225?-1274

· 철학과 신학의 관계 : 신 존재 증명
· 자연적인 덕과 종교적인 덕
· 영원한 법과 자연법

| 핵심 용어 |

⇒ 스콜라철학, 도미니크 수도회, 알베르투스, 삼위일체론, 육신의 부활, 이성과 신앙의 상보적 역할, 초이성적 진리, 최초 원인, 신 존재 증명, 아리스토텔레스의 목적론, 자연적인 덕, 종교적인 덕(신학적인 덕), 영원한 법, 자연법, 인간의 법, 공동선의 추구, 자연적 성향, 이성, 궁극적 목적

‖ 토마스 아퀴나스 ‖

- 철학은 창조된 사물에서 출발하여 하느님에게로 이르지만, 신학은 하느님에서 출발한다.

- 존재하는 모든 것들은 완성을 향한 욕구를 갖고 있기 때문에, 그 최종적인 목적인 자신의 완전함과 자신의 선을 만족스럽게 성취하는 것을 향해서 움직인다. 우리에게 궁극적인 목적(ultimate end)이란 창조되지 않은 선, 즉 신(God)이며, 오직 무한한 선인 신만이 신을 향한 우리의 의지를 넘칠 만큼 채워줄 수 있다.

## 철학과 신학의 관계 :
## 신 존재 증명

▶ 아퀴나스는 이탈리아의 아퀴노 봉건 귀족 가문에서 1225년경에 태어났으며, 베네딕트 수도회의 수도사들의 보살핌 속에서 성장하였다. 가문에서는 그가 베네딕트회 신부가 되기를 바랐지만, 그는 가문의 희망을 뿌리치고 도미니크 수도회(Dominican Order)206)의 탁발 수도사가 되었다. 그는 학업을 위해 파리로 가던 중 가문의 의해 납치되어 일 년 이상을 감금당하였다. 그의 가문은 아퀴나스의 의지를 꺾기 위해 매춘부까지 넣어 그를 유혹하게 하였지만, 금욕적 삶을 살려는 그의 의지를 오히려 더욱 강하게 만들었을 뿐이다.207) 결국 그는 파리에서 알베르투스의 제자가 되었는데, 알베르투스는 당시 '만인의 스승'으로서 명성이 높았다. 그는 아리스토텔레스의 모든 저서를 라틴어로 번역하여 전파하려는 꿈을 갖고 있었는데, 아리스토텔레스의 철학이 중세(13세기)에 가장 큰 영향을 지닐 수 있었던 것도 바로 그의 학문적 기여 때문이었다.

아퀴나스는 법칙적 질서를 갖춘 현실 세계가 존재하며, 우리가 이를 인식할 수 있다는 확고한 믿음을 갖고 있었다. 그렇지만 우리의 인식이 옳을지라도 이것만으로는 부족한 영역이 있는데, 그것은 초자연적

---

206) 1216년 성 도미니쿠스가 설교를 통해 영혼을 구제하기 위한 목적으로 설립한 탁발 수도회로 정통 신앙을 옹호하고 학문과 청빈을 중시하며, 복음을 전파하는 활발한 선교활동을 목적으로 한다:http://100.naver.com/100.nhn?docid=47886
207) 앤서니 캐니 지음, 김성호 옮김, 『중세 철학』, 서울 : 서광사, 2010, 114-115쪽.

인 진리의 영역이다. 그런데 그에 의하면, 자연적인 사유 능력만을 가지고 이 왕국에 들어가는 것은 불가능하다. 즉 삼위일체론[성부(하느님) 성자(순교자) 성령(하느님의 영)의 세 위격이 하나의 실체인 하나님 안에 존재한다는 교의], 신의 육화, 육신의 부활처럼 신학적 진리는 철학적 탐구를 통해서는 도달할 수 없는 신성한 것들이다.[208]

아퀴나스는 이처럼 지식의 영역과 신앙의 영역을 구분하면서도 철학과 신학, 이성과 신앙이 대립이 아니라 서로 양립할 수 있다는 믿음을 갖고 있었다. 그에게 철학과 신학은 신에 대한 지식을 인간에게 제시해주는 방식에서 서로 구별된다. 철학은 감각 경험의 직접적인 대상에서 시작하여 더 일반적인 개념으로 추론해 나아가 최종적으로 존재의 최고 원리(제1원리)인 신 개념에 이른다. 반면, 신학은 신에 대한 신앙에서 시작하여 모든 사물을 신의 피조물이라고 생각한다. 즉 철학자는 합리적 설명에 기초하여 사물의 본질을 이루는 결론에 이르고, 신학자는 계시적 지식의 권위(즉 신)에 근거하여 자신들의 결론을 논증한다. 이 점에서 철학과 신학은 모두 다 진리에 관계하므로 서로 모순되지 않는다.[209] 비록 그리스도교 진리가 초이성적이기는 하지만 반이성적인 것은 아니다. 진리는 오직 하나이며, 신에게로 귀결되기 때문이다.[210] 이렇게 볼 때, 철학은 신앙과 신학에 봉사할 수 있으며, 또한 신학을 위해 봉사하는 것으로 그 역할이 제한되어야 한다.

---

208) 한스 요하임 슈퇴리히 지음, 박민수 옮김, 『세계철학사』, 서울 : 이룸, 2010, 385-386쪽.
209) 새뮤얼 이녹 스텀프 외 지음, 이광래 옮김, 『소크라테스에서 포스트모더니즘까지』, 서울 : 열린책들, 2005, 264쪽.
210) 한스 요하임 슈퇴리히, 위의 책, 386쪽.

신앙이 없는 자와 논쟁을 할 때는 이성을 통해 신앙의 진리를 논증하려고 해서는 안 된다. 그런 시도는 오히려 신앙의 존엄성을 손상시키기 때문이다. 우리의 신앙은 초이성적이기 때문에 설득력 있는 이성 근거들을 가지고 증명될 수 있는 것이 아니다. 그렇지만 우리의 신앙은 참된 것이며, 따라서 반이성적인 것이 아니기 때문에 이성적 근거들을 가지고 반박될 수 있는 것도 아니다. 따라서 기독교를 옹호하는 사람은 신앙의 진리를 철학적으로 증명하려고 해서는 안 된다.211)

한편, 아퀴나스는 신의 존재가 이성적으로 논증 가능하다는 믿음을 갖고 있었다. 예를 들어 현실 세계에 존재하는 대상은 그것이 무엇이든지 원인을 갖고 있는데, 우리는 지성(intelligence)을 통해 인과관계를 밝힘으로써 그 최초의 원인, 즉 그것이 신이라는 것을 논증할 수 있다는 것이다. 보다 구체적으로 '나'의 원인은 '부모'이며, 부모의 원인은 나에게 할아버지와 할머니이고, 이런 과정은 계속해서 최초의 원인을 향해 무한히 소급될 수 있다. 우리는 이 궁극적 원인을 절대자, 즉 신 이외에 어떤 것도 될 수 없다는 결론에 이르게 된다. 그러므로 모든 존재의 최초 원인(원동자)이자 궁극의 원인으로서 신은 존재한다는 것이다. 이것을 이유(원인)에 관한 논증이라고 한다. 아퀴나스는 아리스토텔레스의 목적론적 논리에 기초하여 다음과 같은 신의 존재를 증명한다.

---

211) 위의 책, 387쪽.

첫째, 모든 존재의 운동은 궁극적인 원인으로서 제1운동자를 가지며, 그것은 신이다. 즉 운동하는 자와 운동하게 하는 자.

둘째, 모든 존재는 자신이 존재하기 위해 궁극적인 원인이 있게 마련이며, 그것은 신이다. 즉 원인(신)은 결과(존재)에 선행한다.

셋째, 모든 사물은 보다 완전함을 지향하는데, 가장 완전한 존재는 신이다.

넷째, 어떤 것이 존재할 가능성을 살펴보면, 반드시 그 안에는 자신을 필연적으로 존재하게 할 만한 어떤 존재자의 존재를 인정해야 하는데, 그것은 신이다.

다섯째, 모든 사물은 지배하는 것과 지배당하는 것이 있는데, 이로부터 우주에는 궁극적인 목적이 있다고 보아야 한다. 그리고 그것은 지성적 통치자인 신이다. 212)

아퀴나스의 이와 같은 존재론은 아리스토텔레스의 질료와 형상, 목적론적 형이상학의 논리를 근본으로 삼고 있다. 다시 말해 모든 존재가 어떤 목적을 지닌다면, 그 목적을 설정하는 최고의 주재자가 필요한 데, 그것이 신이라는 것이다. 또 질료가 완성태로 유도되기 위해서는 네 가지 원인이 필요한데, 그것은 형상인(원형으로서 그것은 무엇인가?), 목적인(현실태인 그것의 존재 목적은 무엇인가?, 현실태인 그것은 무엇에 유용한가?), 작용인(무엇이 현실태인 그것을 그렇게 만들어냈는가?), 질료인(무엇이 현실태인 그것을 바로 그것이 되게 만들었는가?)이다. 예를 들

---

212) 강영계, 『철학이야기』, 서울 : 가서원, 1996, 129쪽.

어 작용인은 변화를 이끄는 원인이기 때문에 나의 원인은 나의 부모이다. 즉 변하게 하는 것은 변하게 되는 것의 원인이다. 또 신에 대한 이와 같은 증명은 신앙의 결과가 아니라 이성에 의한 추론적 작업의 결과이다. 따라서 신의 존재를 증명하는 이성적 논증이 의미하는 것은 철학이 신학과 모순되지 않음을 보여주는 것이기도 하다.

> 철학은 창조된 사물에서 출발하여 하느님에게로 이르지만, 신학
> 은 하느님에서 출발한다.213)

이렇게 보면, 철학과 신학, 이성과 신앙은 둘 다 하느님으로부터 나오기 때문에 서로 모순될 수 없으며, 따라서 서로 다른 진리에 도달할 수도 없다. 단지 철학과 신학은 진리를 설명하는 방법에서 차이가 있을 뿐이다.

신 존재의 증명에서 보았듯이 아퀴나스의 사상은 아리스토텔레스의 철학을 토대로 삼고 있다. 아퀴나스에 대한 아리스토텔레스의 영향은 윤리학 분야에서 더욱 두드러진다. 비록 아리스토텔레스의 윤리학이 세계를 주재하고 지배하는 절대자로서 인격신과 신의 섭리에 대해 주장하고 있지는 않더라도, 그의 목적론적 사고방식은 아퀴나스의 윤리학에 중요한 토대를 제공해주었다.

존재하는 모든 것들은 완성을 향한 욕구를 갖고 있기 때문에, 그

---

213) 페터 쿤츠만 외 지음, 홍기수 외 옮김, 『그림으로 읽는 철학사』, 서울 : 예경, 2000, 81쪽.

최종적인 목적인 자신의 완전함과 자신의 선을 만족스럽게 성취하는 것을 향해서 움직인다. 우리에게 궁극적인 목적(ultimate end)이란 창조되지 않은 선, 즉 신(God)이며, 오직 무한한 선인 신만이 신을 향한 우리의 의지를 넘칠 만큼 채워줄 수 있다.214)

아리스토텔레스가 모든 존재하는 것들이 어떤 좋음(goodness)을 목적(telos)으로 하며, 그것은 다름 아닌 행복이라고 주장한 것처럼, 아퀴나스 또한 그의 이러한 관점을 종교적으로 해석하여 받아들였음을 알 수 있다. 즉 우리의 궁극적인 목적은 신과 하나가 되는 것이며, 이것이 곧 진정한 행복이라는 뜻이다. 그런데 아리스토텔레스는 이러한 행복 또는 자아실현이 사회·정치 공동체로서 폴리스 안에서 성취될 수 있다고 본 반면, 신학자로서 아퀴나스는 행복을 현세와 내세의 관점에서 이해하였다. 즉 그는 덕을 자연적인 덕과 종교적인 덕으로 나눈 다음, 인간에게 영원한 행복이란 우리를 신에게로 인도하는 종교적인 덕을 통해 성취된다고 주장하였다.215)

---

214) R. L. Arriington, *Western Ethics,* Blackwell Publisher Inc. 2004, 142쪽.

215) W. S. 사하키안 지음, 송휘칠 외 옮김, 『윤리학의 이론과 역사』, 서울 : 박영사, 2005, 104-105쪽; 윌리엄 사하키안, 『서양철학사』, 서울 : 문예출판사, 1998, 150쪽.

## 자연적인 덕과 종교적인 덕

▶ 아퀴나스는 아리스토텔레스를 따라 자연적인 덕을 도덕적인 덕과 지적인 덕으로 나누고, 이것이 '좋은 습관'을 통해 우리를 궁극적인 목적인 행복에 이르도록 이끄는 역할을 한다고 보았다. 지적인 덕은 선과 진리를 추구하도록 우리의 지성(이성)을 지도하고 완성하며, 도덕적인 덕은 올바른 삶을 살아가도록 욕망을 조절하여 지나치거나 부족함이 없도록 우리를 이끌어준다. 이에 따르면 이성이 감정을 통제함으로써 용기와 절제가 이루어지고, 감정을 뛰어넘을 때 정의가 실현된다. 우리는 이를 통해 내세를 준비하는 과정, 즉 현세에서 영원하지는 않지만 세속적인 행복에 이를 수 있다. 아퀴나스는 아리스토텔레스의 윤리학을 이렇게 이해한 다음, 여기에 성서의 윤리를 결합하여 행복을 초자연적인 존재인 신과의 관계 속에서 설명한다. 즉 그는 현세에서의 자연적인 덕 외에 종교적인 덕을 추구하여 우리의 궁극적인 목적인 초자연적인 존재인 신과 하나되는 영원한 행복을 강조한다.

따라서 아퀴나스에게 종교적인 덕은 우리를 신에게 인도하는 덕이다. 그리고 이 종교적인 덕은 우리의 지성에 초자연적인 원리인 신의 빛을 비추어 우리가 내세에서 신의 은총을 통해 영원한 행복에 이를 수 있도록 해준다. 그에게 현실 세계에서의 삶이란 신의 은총을 통해 영원한 행복에 이르기 위한 일종의 순례 또는 예비적 단계로서의 의미를 지녔던 것이다.

믿음(faith)은 우리를 믿음의 대상인 신에게로 인도하며, 소망

(hope)은 우리의 의지가 신을 지향하도록 인도하고, 사랑(love)은 우리의 의지가 신과 영적인 통일을 이루도록 인도한다. 216)

## 영원한 법과 자연법

▶ 지금까지 말한 자연적 덕이나 종교적인 덕들이 인간의 내적인 삶의 태도를 규정하는 것이었다면, 이제 말하고자 하는 법은 인간의 외적인 질서와 행위를 규정하고 설명하는 것이다. 세계를 창조하는 입법자로서 신, 즉 하느님은 세계에 질서를 부여하였다.

영원한 법은 모든 것을 주관하는 하느님의 지혜이다. 그리고 인간이 이성을 통해 이 영원한 법(Eternal Law)에 참여하는 것을 자연법이라고 한다. 217)

인간이 자연적 성향을 갖는다는 말은 자연법에 귀속된다는 뜻이다. 따라서 인간이 이성에 따라 행위하려는 성향을 갖는 것은 올바르다. 선은 행해야 하고 증진해야 하며, 악은 피해야 한다는 것이 제1자연법이다. 이것은 다른 모든 자연법의 기초가 된다. 실천 이성이 자연스럽게 인간의 선으로서 이해하는 것들은 모두 행해야 하거나 피해야 할 것들의 형식 아래 있는 자연법의 계율에

---

216) W. S. 사하키안, 위의 책, 106쪽.
217) 페터 쿤츠만, 위의 책, 85쪽.

속한다. 그러나 선이 어떤 목적의 본성을 갖고, 악은 그 정반대의
본성을 갖기 때문에 인간이 자연적인 성향으로 갖고 있는 모든 것
은 이성을 통해 선한 것으로 자연스럽게 이해되며, 이 때문에 추
구해야 할 대상이 되며, 그 반대는 악이요 회피해야 할 대상으로
이해된다. 그러므로 자연법에서 규정하는 질서는 자연적 성향의
질서를 따른다.218)

만약에 신의 섭리가 이 세계를 지배하는 것이라면, 이 우주 공동체가
신의 마음(God's mind)에 의해 다스려진다는 것은 당연하다.219) 따라서
신은 마치 예술가처럼 자신의 작품을 만들어가는 것이기 때문에 모든
존재하는 것들이 신을 향해 움직이는 것 또한 당연하다. 그러므로 신
의 영원한 법칙은 다름 아닌 신의 지혜인 것이다. 이 점에서 지적인 피
조물로서 인간의 본성220)에는 이미 신의 법칙이 반영되어 있다고 볼

---

218) 루이스 포이만 외 지음, 반찬구 외 옮김, 『윤리학: 옳고 그름의 발견』, 서울 : 울력, 2010, 76쪽.
219) R. L. Arriington, 위의 책, 143쪽.
220) 아퀴나스에 의하면, 인간은 이성을 통해 윤리적 원리들을 파악할 수 있다. 이성은 창조된 자연적 성향, 즉 신의 영원한 법칙을 반영하는 자연법 제1원리('선을 추구하고 악을 피하라')를 직접 파악할 줄 아는 '도덕적 직관' 능력을 갖고 있으며, 이에 따라 도출되는 나머지 도덕과 관련된 구체적 명령들을 수행할 수 있는 능력을 갖고 있다. 이렇게 볼 때 우리 이성은 신의 요구이자 명령인 '자연적 성향'에 따를 경우 선이고, 그렇지 않을 때 악이라는 결론이 나온다: 위의 책, 237쪽 참고.
한편, 신의 영원한 법에 기초한 자연법적 명령은 계층적 질서로 자연적 성향(natural inclination)을 드러낸다. 제1자연적 성향은 다른 모든 존재와 함께 소유하고 있는 것으로 '자신의 생명을 보존하고 건강을 유지하라'는 자기 보존이다. 제2자연적 성향은 '자손을 늘리라' '절도있는 성행위를 하라'는 것으로 동물과 함께 소유하고 있는 성욕과 종족 보존 본능이며, 제3자연적 성향은 '이성을 가지고 선을 추구하라'는 인간의 이성적 본성에 관한 것으로

수 있다. 아퀴나스는 신의 영원한 법칙이 인간에게 있는 것을 가리켜 자연법(Natural law, 자신의 생명을 보존하려는 성향, 종족을 보존하려는 성향, 알고자 하는 성향, 사회적 삶을 향한 성향)221)이라고 부른다. 우리는 이 자연법을 통해 신의 영원법에 참여할 수 있다. 그리고 이 자연법으로부터 인간의 법(즉 성문법)이 나온다. 따라서 현실 세계의 법은 이성을 통해 공동의 선을 지향하는 힘으로 이해되며, 국가 또한 공동선의 추구를 목적으로 한다.222) (우리는 여기서도 아리스토텔레스의 영향을 감지할 수 있다. 아퀴나스는 통치 형태를 분류할 때도 아리스토텔레스의 방식을 따른다. 그는 군주제, 귀족제, 공화제로 분류하고, 이것의 타락한 형태로 참주제, 과

---

인간만이 갖고 있는 본성이다: R. L. Arriington, 위의 책, 237-238쪽.

221) 자연적 성향으로서 자연법은 "무엇보다 인간 안에는 인간이 모든 실체와 공통적으로 갖는 본성에 일치하는 선에 대한 경향이 있다. 모든 실체가 자신의 본성에 따라서 자신의 존재를 보존하려고 추구한다. 그리고 이러한 경향 때문에 인간 삶을 보존하거나 그것을 방해하는 것을 제거하는 방법은 무엇이든지 자연법에 속한다. 두 번째로 인간 안에는 그가 다른 동물과 공통적으로 갖는 본성에 따라 더욱 특별히 인간에 속하는 것에 대한 경향이 있다. 이러한 경향에 의해서 성의 교류, 자손의 교육 등과 같은 것들이 자연이 모든 동물에게 가르치는 자연법에 속한다고 할 수 있다. 세 번째로 인간 안에 인간에게 적절한 본성인 이성에 따르는 선에 대한 경향이 있다. 그래서 인간은 신에 대한 진리를 아는, 즉 사회에서 살아가는 자연적 경향을 갖는다. 이와 관련해 이러한 경향에 속하는 것은 무엇이든 자연법에 속한다. 예를 들어 무지를 피하고 함께 살아야 하는 사람들을 공격하지 않으며, 위의 경향을 고려하는 다른 그러한 것들을 말한다." 토마스 아퀴나스의 이와 같은 주장에는 다음과 같은 의미들이 함축되어 있다. ① 인간 본성을 실현하는데 부합하는 것은 모두 자연법에 속한다는 것, ② 인간은 본성적으로 자기를 보존하고 자손을 산출하려 한다는 것, ③ 인간은 사회 속에서 공동체의 구성원으로 살아가며, 진리를 추구하고 신과 하나됨을 추구한다는 것, ④ 인간은 이런 모든 목적 실현의 경향을 가지고 있으며, 이를 따라야 할 의무를 지닌다는 것, ⑤ 인간이 이런 의무를 지닌다는 것을 이성이 이해한다는 것, 그리고 이에 따라 이성이 인간 본성에 근거해 파악된 자연법을 갖게 된다는 것이다: 서병창, 『토마스 아퀴나스의 윤리학』, 서울 : 누멘, 2016.

222) 새뮤얼 이녹 스텀프, 위의 책, 287쪽.

두제, 민주제를 언급한다. 그리고 그는 군주제를 가장 선호한다.223)

한편, 전통적으로 자연법을 이루는 핵심 내용은 다음과 같은 것들이다.

첫째, 인간은 자신을 규정하고 있는 방식이 있으며, 이 규정된 방식에 따라 살아가도록 예정되어 있다는 것이다. 즉 신은 인간을 규정하며, 인간은 이성적인 본성을 갖고 있다.

둘째, 인간은 본성인 이성을 통해 자신에게 필연적인 법칙을 발견할 수 있다.

셋째, 자연법은 보편적이며 불변한다. 사회 정치 공동체와 실정법의 적절성은 자연법과 양립하는가에 따라서 결정된다.224)

그렇지만 이런 관점에는 여전히 문제가 있다. 인간은 자유의지를 지닌 존재로서 창조되었기 때문에 신의 요구를 따르지 않는 결정을 할 수도 있고, 이에 따라 자연법과 일치하지 않는 행위를 할 수도 있기 때문이다.225) 더욱이 오늘날과 같은 자유민주주의적 관점에서 볼 때, 영원법에 복종할 의무만 주어져 있는 그의 자연법 이론은 잘못된 관념이라고 할 수 있다.226)

223) 한스 요하임 슈퇴리히, 위의 책, 395쪽.
224) 루이스 포이만, 위의 책, 77쪽.
225) R. L. Arriington, 위의 책, 245쪽.
226) W. S. 사하키안, 위의 책, 116쪽.

# 베이컨
## F. BACON

1561–1626

## | 핵심 주제 |

· 자연과학의 발전과 '대혁신'
· 학문하는 새로운 방법 : 4대 우상의 파괴와 귀납법
· 과학 기술 이상사회 : '새로운 아틀란티스'

## | 핵심 용어 |

⇒ 자연과학의 발전, 『신기관』, 『새로운 아틀란티스』, 자연 지배, 꿀벌,
  귀납법, 4대 우상(종족, 동굴, 시장, 극장), 과학기술 유토피아

### ‖ 프란시스 베이컨 ‖

- 우리는 자연을 우리의 성스러운 정신을 가지고 완전히 분해하고 해체
  해야 한다.

- 동물 실험은 인류의 삶을 향상시킬 수 있는 효용성을 발견하는 것이
  그 목적이다. (이러한 일을 수행하는 사람들을 가리켜) '빛의 상인' 또
  는 '자연의 해석자'라고 부른다.

# 자연과학의 발전과 '대혁신'

▶ 오늘날과 같은 냉동 기술이 개발되지 않았던 1626년 늦은 겨울, 실험 정신이 투철했던 한 노인이 닭고기의 부패를 막을 수 있는 방법을 연구하기 위해 차가운 겨울 날씨는 아랑곳하지 않고 마당에서 눈을 모으고 있었다. 이 노인은 이내 독감에 걸렸고, 결국 아직 발달하지 못한 의학 기술과 그 당시로서는 건강을 회복하기에는 늙은 나이 탓에 폐렴으로 숨을 거두게 되었다. 이 노인이 바로 '경험론의 시조'라 불리며, 또 학문하는 새로운 방법으로서 '귀납적 방법'을 주장한 프랜시스 베이컨이다. 그는 자기 죽음의 원인이 되었던 실험과 관찰을 참된 앎, 즉 학문에서의 진리를 발견하기 위한 진정한 방법이라고 확신하고 있었으며, 이를 몸소 실천하는 과정에서 근대 '실험 과학'의 첫 순교자가 되었던 셈이다.

베이컨이 태어나 활동했던 16~17세기는 르네상스와 근대의 계몽주의가 교차하던 시기로 인간의 정신과 가치관, 그리고 세계관이 근본적인 전환을 이루고 있었던 시기이다. 자연 과학이 특히 발달하고 있었던 이 시기에 활동했던 대표적인 인물들로는 레오나르도 다 빈치(Leonardo da Vinci, 1452-1519), 니콜로 마키아벨리(Niccol  Machiavelli, 1478-1535), 코페르니쿠스(Nicolaus Copernicus, 1473-1543), 마르틴 루터(Martin Luther, 1483-1546), 칼뱅(Jean Calvin, 1509-1564), 지오르다노 부르노(Giordano Bruno, 1548-1600), 갈릴레오 갈릴레이(Galileo Galilei, 1564-1642), 토마스 홉스(Thomas Hobbes, 1588-1679), 아이작 뉴턴( Isaac

Newton, 1642-1727) 등이 있다.227)

　이러한 시대적 배경을 염두에 두고 지금부터 베이컨의 대표적인 두 권의 책, 『신기관』과 『새로운 아틀란티스』를 중심으로 그가 주장하는 학문의 궁극적인 목적과 이를 수행하기 위한 방법론에 대해서 검토하기로 하자.

　베이컨은 자신이 활동했던 당시의 시대 정신을 반영하듯 학문하는 방법에서의 '대혁신(The Great Instauration, 학술 공동체)'을 구상했다. 비록 그의 죽음으로 완성되지는 못했지만, 그 기획의 일부인 『신기관』(1620)에 쓰인 '자연의 해석과 인간의 자연 지배에 관한 지혜의 책'이라는 부제는 대혁신의 목적을 명확하게 제시하고 있다. 즉 대혁신의 근본 정신은 자연을 해석하는 것이며, 그 목적은 이를 통해 인간의 자연 이용과 지배를 보다 쉽게 함으로써 인간의 행복과 이익에 기여하도록 하는 것이었다. 그의 이와 같은 학문과 진리 탐구 정신을 반영하듯 이 책의 표지를 장식하는 동판화에는 인간 능력의 한계를 상징하는 헤라클레스의 기둥을 통과하여 미지의 새로운 세계로 항해해 나가는 자연과학 기술이라는 배가 새겨져 있다. 특히 헤라클레스의 기둥에는 근대 이전의 '더 이상 나은 곳은 없다(Non plus ultra)'라는 표어를 대체하는 '더 나은 곳은 있다(Plus Ultra)'228)라는 표어가 새겨져 있다. 이는 근대 자연 과학의

---

227) 윌리엄 사아키안 지음, 권순홍 역, 『서양철학사』, 서울: 문예출판사, 1998. 162~163쪽 : 한편, 데카르트(René Descartes,1596-1650)는 르네상스의 인문주의자들이나 자연 과학자들과 같은 시대에 활동했지만, 진리 탐구 방법에서 직관과 연역을 강조했기 때문에 '근대 철학의 아버지'라고 인정받고 있다.
228) 에른스트 블로흐 지음, 박설호 옮김, 『서양 중세 르네상스 철학 강의』, 서울: 열린책들, 2008. 366쪽.

발달에 따른 자연에 대한 인간의 자신감을 드러내는 것이면서, 동시에 진리와 인식의 근거가 중세 신적인 권위와 지위로부터 관찰과 실험 중심의 자연 과학으로 대체되어가고 있음을 상징적으로 보여준다.

한편, 세계사적인 관점에서 볼 때 15세기는 지리상의 발견이 이루어진 혁신의 세기였다. 포르투갈의 왕자 엔리크(Henrique)는 인도로 가는 서아프리카를 개척했고, 15세기말 콜럼버스Christopher Columbus)는 아메리카 대륙을 발견했다. 이러한 지리상의 발견을 통해 한층 넓혀진 인간의 정신과 시야는 철학과 학문을 하는 태도에서도 새로운 항해, 즉 거대한 혁신을 요청하고 있었다. 이러한 과제를 수행하기 위해 베이컨은 먼저 당시에 지배적이었던 학문 탐구의 방법에 대해서 비판적으로 검토하는 일에 착수했고, 그 다음 이에 기초하여 진리에 이르는 새로운 탐구 방법을 제시하기에 이른다. 그가 가장 먼저 비판했던 학문하는 방법론은 연역적 방법론이었고, 이를 대체하는 새로운 혁신적 방법론은 귀납적 방법론이었다.

그가 주장하는 학문에서의 근본적인 혁신이란 자연을 지금까지의 고정 관념이나 선입견에 기초하여 미리 판단하고 해석하는 것이 아니라 자연을 해석하는데 유용한 방법론을 의미했다. 그렇기 때문에 아리스토텔레스의 정통적인 삼단 논증은 그에게 참된 것을 추구하는 적절한 학문적 방법론이 될 수 없었다. 왜냐 하면 진정한 의미의 학문 또는 진리 탐구는 꿀벌처럼 자료의 수집에 수반되는 적절한 소화가 뒤따라야 하기 때문이다. 다시 말해 개미처럼 사례를 수집하는 것만으로도 충분하지 못하지만, 그렇다고 거미처럼 자신의 품 안에서 풀어내는 재료만 가지고서도 세계와 원활한 소통을 할 수 없기 때문이다. 이런 그에게 자연에 대한 인간의 능력이란 다음과 같은 의미였다.

> 자연의 사용자로서, 또는 자연의 해석자로서 인간은 자연의 질서
> 를 직접 관찰하고, 고찰한 그만큼만 자연에 대해 무엇인가를 이
> 해하고, 또한 할 수 있다. 229) 이를 통해 우리 인간은 자연의 앞
> 마당에서만 겉돌지 않고, 비로소 자연의 가장 중심이 되는 곳으
> 로 들어갈 수 있다. 230)

이처럼 베이컨은 썩은 나무에 글자를 새길 수 없는 것처럼, 또 낡아 찢어진 헌 옷에 헝겊을 깁는 것으로 새로운 옷을 만들 수 없는 것처럼, 오류와 편견으로 가득한 이전의 학문 방법을 가지고서는 학문에서의 근본적인 변화와 질적인 발전을 기대할 수 없다고 생각했다. 편견이라는 우상은 우리를 자연 앞에서 길을 찾지 못한 채 방황하게 할 뿐, 자연의 본질로 이끌지는 못하기 때문이다.

## 학문하는 새로운 방법 :
## 4대 우상의 파괴와 귀납법

▶ 위에서 잠깐 언급한 것처럼, 베이컨은 정통적인 아리스토텔레스의 삼단 논증과 연역적인 방법론이 새로운 사실을 발견하고, 진리를

---

229) 프랜시스 베이컨 지음, 진석용 옮김, 『신기관』, 서울: 한길사, 2001. 39쪽.
230) 위의 책, 37쪽.

탐구하는데 전혀 도움이 되지 않는다고 판단했기 때문에 진리를 탐구하는 참된 의미의 새로운 방법론의 필요성을 강조한다. 그에게 이 새로운 방법론이란 귀납적 방법론이다.

> 삼단 논증은 명제로 구성되며, 이 명제는 단어들로 구성된다. 그리고 단어는 다시 개념이 갖고 있는 기호로 이루어진다. 따라서 건물의 가장 기초가 되는 개념들이 모호하거나 깊은 사려가 없이 추상된다면, 이러한 개념 위에 세워지는 건물 또한 견고할 수 없다. 따라서 우리가 믿고 의지해야 할 유일한 희망은 참된 의미의 귀납법(induction)뿐이다.231)

이처럼 베이컨에게 삼단 논증이란 학문의 원리로서는 적절하지 못한 것이었으며, 단지 이미 확인된 사실이나 내용을 우리에게 설명하거나 설득하는 데에만 의미를 지닐 뿐이었다. 따라서 자연을 관찰하고 새롭게 해석하는 데에는 아무런 도움을 주지 못하는 연역적 방법론을 대체할 수 있는 새로운 탐구 방법론으로서 귀납적 방법론이 필요했던 것이다.

> 진리를 탐구하고 발견하는 데에는 두 가지 방법이 있다. 하나는 감각과 구체적인 것으로부터 시작하여 일반적인 명제에 이른 다음, 이것을 제1원리 또는 더 이상 논쟁의 여지가 없는 진리로 삼

---

231) 위의 책, 42쪽.

고, 이로부터 중간적 진리를 구하는 것(삼단논증)이다. 이것은 동의를 이끌어내는 데에는 의미 있는 방법이기는 하지만, 자연을 해석하는 데에는 적절하지 못한 방법이다. 다른 하나는 감각과 구체적이고 개별적인 것으로부터 시작하여 지속적이며, 점진적으로 나아간 다음, 최종적으로 일반적인 명제에 이르는 방법이다.232) 우리가 학문에 대해 어떤 희망이라도 품고자 한다면, 일정한 단계와 절차를 연속적으로 상승하여 나아가 낮은 수준의 공리를 마련하고, 이를 근거로 보다 나은 수준의 공리를 마련한 다음, 가장 일반적인 공리에 이르러야 한다. 이것은 지금까지 시도되지 않았던 참된 의미의 진리 탐구 방법이다.233)

그렇다면 베이컨이 귀납적인 방법론을 통해 궁극적으로 추구하려고 했던 것은 무엇일까? 그것은 인간의 행복과 편리, 물질적 풍요로움의 실현이었다. 이를 위해서 그는 먼저 과거의 지식 및 탐구 방법론에 대한 전면적인 비판적 검토가 필요했다. 다시 말해 지금까지 진리를 탐구하고, 그 탐구한 결과가 참이라는 것을 정당화시켜주었던 지식들(즉 진리 근거들)을 비판적으로 검토해야 했고, 경우에 따라서는 이것들을 아예 부정하지 않으면 안 되었다. 다행스러운 것은 그가 지리상의 발견과 자연 과학에서의 발전이 빠르게 진행되고 있었던 시대에 활동하고 있었기 때문에 자연 과학에서의 발전을 가능하게 했던 탐구 방법론이 철학 전반에도 적용되기를 기대할 수 있었다는 점이다.

---

232) 위의 책, 43쪽.
233) 위의 책, 113쪽.

이러한 시대적, 그리고 학문적 배경 아래서 그는 지금까지 진리의 기준으로 작용해 왔지만, 이제 더 이상 타당성과 정당성을 상실한 몇 가지 편견 또는 고정 관념들에 대해 '우상'이라는 꼬리표를 붙여주었다. 그리고 오류의 근원이자 학문적인 차원에서는 수용될 수 없는 이러한 우상들이 더 이상 인간 정신의 진보를 방해하는 장애물이 되지 않도록 하기 위해 네 가지 우상, 즉 (1) 종족의 우상, (2) 동굴의 우상, (3) 시장의 우상, (4) 극장의 우상을 제시한다.

> 종족의 우상은 인간성 그 자체에 기원을 두고 있다. '인간의 감각은 만물의 척도이다'라는 주장은 이를 대변하고 있다. 물론, 이것은 그릇된 주장이지만, 인간의 감각과 지성이 우주(즉, 보편)를 기준으로 삼지 않고, 인간 자신을 기준으로 삼는다는 것을 의미한다. 표면이 고르지 못한 거울로서 지성은 사물을 있는 그대로 비추는 것이 아니라 사물을 왜곡하고 굴절시키는 역할을 한다.234)

인간의 지성은 어떤 사실이나 현상에 대해 일단 하나의 믿음(신념)이 확립되면, 이를 반증하는 사례가 나타난다고 하더라도 일단 확립된 믿음에 근거로 해석하는 경향이 있다. 예를 들면, 점성술을 가지고 운명을 점치는 것이나 미신적인 믿음을 가지고 어떤 현상을 예측하고 해석하는 일 등이 그렇다. 이처럼 잘못된 믿음에 기초하여 잘못된 결론을 이끌어내는 오류는 우리가 인간이기 때문에 갖고 있는 공통된 선입견,

---

234) 위의 책, 49-50쪽 참고.

또는 인간이 갖고 있는 공통된 감각으로부터 비롯되는 것이다.

이처럼 인류라는 종(種)적인 특성으로부터 비롯되는 공통된 선입견인 종족의 우상과 달리 동굴의 우상이란 각각의 개인들이 갖고 있는 성향이나 기질, 개인이 받고 성장한 교육과 생활 경험으로부터 유래하는 편견을 말한다.

> 동굴의 우상은 각 개인이 가지고 있는 우상이다. 각 개인은 인류가 갖고 있는 공통된 오류와 달리 자신만의 동굴을 갖고 있기 때문에 이를 통해 자연의 빛을 왜곡하거나 차단하기도 한다. 그것은 개인의 독특한 본성, 그가 받은 교육이나 다른 사람들로부터 들은 이야기, 또는 자신이 신뢰하고 따르는 사람의 권위나 읽은 책, 어떤 사태나 대상에 대한 첫인상에서 주는 선입견 등으로부터 발생한다. 235)

동굴의 우상은 각각의 개인들이 갖고 있는 습관이나 주관적인 체험 때문에 발생하는 오류이다. 즉 각 개인은 자신이 갖고 있는 개인적인 판단 기준을 객관적인 진리의 기준으로 삼음으로써 '진리의 빛'을 차단하는 편협함을 보인다.

다음으로 시장의 우상이란 언어적 존재인 인간의 특성으로부터 발생하는 오류를 말한다.

---

235) 위의 책, 50쪽.

시장의 우상이란 언어와 명칭이 사물과 결합함으로써 우리의 지성을 혼란에 빠뜨리는 것을 가리키는 말이다.236) 인간은 이성이 언어를 지배한다고 알지만, 반대로 언어가 인간의 지성에 영향을 미치기도 한다. 만약에 이런 일이 발생하게 되면 철학이나 학문은 궤변이 되기 때문에 아무런 쓸모가 없게 된다. 이러한 언어의 우상에는 두 종류가 있다. 하나는 명칭은 있지만 실재로 존재하지 않는 경우, 그리고 반대로 사물이 실재하지는 않지만 공상으로 만들어낸 명칭만 있는 경우도 있다. 예를 들면 아리스토텔레스의 '부동의 제1원동자', '행성천구'237) 등이 여기에 해당한다. 다른 하나는 실재하기는 하지만 실재의 일부분만을 관찰한 결과 잘못된 정의가 혼란을 초래하는 경솔한 경우이다.238)

언어적 개념을 잘못 사용함으로써 사물의 진정한 모습을 해석하고 이해하는데 방해를 받는 경우는 흔히 있다. 예를 들어 '습(濕)하다(라틴어 humidus)'라는 용어는 ① 다른 물체로 쉽게 확산되다, ② 고정된 형태를 갖고 있지 않다, ③ 어떤 방향으로든지 쉽게 움직일 수 있다, ④ 쉽게 나뉘고 쉽게 흩어질 수 있다, ⑤ 쉽게 흐를 수 있다, ⑥ 다른 물체에 쉽게 붙어 축축하게 하다, ⑦ 액체와 고체 상태를 쉽게 왔다 갔다 하다 등 다양한 의미를 갖고 있다. 이 때문에 '불꽃이 습하다', '공기가 습하

236) 위의 책, 61쪽.
237) 아리스토텔레스는 부동의 제1원동자가 행성 천구(제1천)를 움직이고, 이에 따라 태양과 달이 차례로 움직여 사계절과 대기의 순환, 기상의 변화가 일어난다고 보았다.
238) 위의 책, 61~63쪽 참고.

지 않다', '먼지가 습하다' 등의 의미로도 사용할 수 있다. 이렇게 되면 우리가 '습하다'라는 말을 단지 '물기가 축축하다'라는 한 가지 의미로만 고정하여 사용하는 것은 사려 깊지 못한 사용이라고 할 수 있다.

시장의 우상과 관련된 다른 예는 '가볍다'라는 말의 의미를 무게와의 관련성 속에서만 사용하는 경우이다. 그렇지만 이 용어는 가치나 책임이 적다, 다루기가 수월하다, 병세가 심하지 않다, 생각이나 행동이 진득하지 못하다, 옷이 활동하기에 편하다 등 다양한 의미를 지니고 있다. 마찬가지로 '무겁다'의 의미를 오직 무게와 관련지어서만 사용하는 것도 같은 오류라고 할 수 있다. 이처럼 언어란 그것을 사용하는 사람과 그가 처해 있는 상황에 의해 복합적이고 애매한 의미를 내포하는 일이 자주 일어나게 되는데, 이를 무시한 채 하나의 규정된 의미로 사용할 경우 '인간의 지성에 폭력'을 행사하게 된다. 또 연구자들은 자신의 주장이나 이론을 정당화할 목적으로 '부동의 제1원동자'처럼 자신들만의 정의(定義)를 만들어 사용하기도 하지만, 이것이 오히려 무의미한 논쟁이나 헛수고만을 초래함으로써 더욱 심각한 혼란을 초래하기도 하는데 이것 또한 시장의 오류에 해당한다.

학문에서의 대혁신을 위해 우리가 버려야 할 마지막 편견은 극장의 우상이다. 이것은 학문에서의 우상이라고도 할 수 있다. 왜냐하면 어떤 특정의 학문이나 이론체계는 각각의 정당화 논거들을 가지고 있는데 이것이 우리들의 마음에 하나의 신념으로 자리를 잡게 되면 마치 극장에서 상연되는 연극의 대본처럼 절대적인 힘을 행사하기 때문이다.

극장의 우상은 다양한 학설들의 다양한 논증 규칙들이 우리의 정신에 주입됨으로써 형성된다. 철학자들이 만들어낸 오류가 많은 주장(각본)은 시인이나 극작가가 만들어낸 각본처럼 매우 그럴듯하여 우리의 정신에 강력한 영향을 미친다. 이런 것들에는 합리적(또는 궤변적), 경험적, 그리고 미신적 주장(각본)이 있다. 합리적 각본은 경험적인 사례들을 조사하지 않고 단지 정신의 활동만으로 그 확실성을 주장하는 것이다. 반면, 경험적 각본은 단지 몇 차례의 실험과 관찰을 토대로 하나의 체계를 확립해버리는 것이다. 마지막으로 미신적 각본은 신앙이나 순결한 영혼 개념에 기초하여 학문의 체계를 확립하려고 한다. 이처럼 우리는 인간의 지성을 해방시키기보다는 억압하고, 행복보다는 불행을 초래하는 우상을 깨뜨림으로써 자연을 해석하는 참된 방법을 추구해야 한다.239)

철학이나 권위적인 주장들은 마치 뮤지컬 오페라의 유령(The Phantom of the Opera, 1986)이나 캣츠(Cats, 1981)처럼 환상적인 무대를 만들어내는 각본과 같은 구실을 한다. 그렇지만 오류와 비현실적인 것들을 그럴듯하게 덧씌운 이러한 각본들이 극장에서 반복하여 상연됨으로써 우리의 지적인 능력은 사물(자연)을 있는 그대로 바라보지 못하도록 방해받게 된다. 이와 같은 우상에는 아리스토텔레스의 연역논증처럼 합리(또는 궤변)적인 각본이 있고, 단지 몇 번의 실험을 통해 보편성을 확립하려는 중세 연금술사들의 행위처럼 경험적인 각본이 있다. 그리고 미

---

239) 위의 책, 64~76쪽 참고.

신적인 각본에는 피타고라스(그는 육체에서 해방된 순수한 영혼을 희망했기 때문에 콩과 동물의 심장을 먹지 말라는 미신을 가르쳤다), 플라톤, 아리스토텔레스, 중세의 스콜라 철학의 권위주의 등이 있다.


## 과학 기술 이상사회 :
## '새로운 아틀란티스'


▶ 베이컨은 이 네 가지 우상들로부터 우리 스스로를 지켜내는 한편, 새로운 방법론으로서 귀납법을 통해 학문에서의 대혁신이 성취될 수 있다고 확신하고 있었다. 그리고 그에게 학문에서의 대혁신이란 다름 아닌『신기관』의 부제인 "자연의 해석과 인간의 자연 지배에 관한 지혜의 책"으로 요약할 수 있다. 베이컨에 의하면 이것은 가공하지 않은 재료의 수집에만 몰두하는 개미의 방법(통속적 경험론)이나 거미의 방법(합리론)으로는 성취될 수 없는 것이었다. 그래서 통속적인 경험론과 독단으로서 합리론을 넘어서는 새로운 방법으로서 꿀벌의 방법(귀납적 방법론)을 구상했던 것이다. 그가 귀납적인 방법을 통해 추구했던 궁극적인 이상은 자연과학의 발달에 기초한 새로운 이상 사회의 구현으로 제시되는데 그것은 과학기술 유토피아인『새로운 아틀란티스』이다.

인간이 도달할 수 있는 가장 완벽한 수준의 자연과학적 지식을 가지고 끊임없이 연구와 개발을 진행하는 학술 공동체, 그리고 이 공동체가 일구어놓은 지적 결과물에 기초하여 세워진 완벽한 과학기술 이상사회를 상상해보자. 베이컨이 꿈꾸었던 가장 완전무결한 사회는 바로 이와 같은 과학기술 유토피아였다. 그의 이상사회의 토대는 도덕이나 양심이 아니라 오직 과학기술이라는 점에서 토마스 모어(Thomas More, 1477~1535)의 도덕적 이상사회와는 근본적으로 다른 모습을 하고 있다. 베이컨의 과학기술 이상사회는 오늘날의 현실과 훨씬 더 잘 부합한다고 할 수 있다. 토마스 모어가 그려낸 이상사회는 자신이 활동했던 시기의 영국 상황(15~16세기), 즉 인클로저(enclosure : 공유지 또는 미개간지를 개간하여 사유화 하는 일) 운동에 대한 우회적 비판을 담고 있는 도덕적 이상사회로서 『유토피아』(1516)였다. 반면, 베이컨이 그려낸 『새로운 아틀란티스』(1614~1617)는 그로부터 약 100년이 지난 다음 자연과학이 급속하게 발전하고 있었던 영국의 상황에 기초를 둔 이상사회였다. 따라서 두 권의 책이 모두 이상사회를 묘사하고 있지만 각각의 시대적 정서를 반영하고 있는 유토피아 서적이라는 점에서 그 내용과 성격은 크게 다르다고 하겠다.

이러한 시대 및 학문적 배경을 토대로 하여 구상된 베이컨의 이상사회는 과학기술의 발달을 도모하는 학술 공동체인 '솔로몬 학술원' 또는 '6일 작업 대학'을 통해서 그 모습이 드러난다.

학술원의 목적은 사물의 숨겨진 원인과 작용을 탐구하는데 있으며, 이를 통해 자연을 인간의 의도에 맞도록 변형시킴으로써 인간의 활동 영역을 넓히는 것이다. (예를 들어) 동물을 해부하고 실험하는 것은 인간의 육체에 담긴 비밀을 밝히는 도구로 활용하기 위해서이다. 240) 동물 실험은 인류의 삶을 향상시킬 수 있는 효용성을 발견하는 것이 그 목적이다. 서로 다른 동물들을 교배하여 새로운 종의 동물을 얻기도 하고, 새로운 종은 계속 번식할 능력을 갖고 있다. 이처럼 동물 실험과 학술원의 활동을 통해 자연 현상을 예측할 수 있는 수단과 방법을 모색한다. (이러한 일을 수행하는 사람들을 가리켜) '빛의 상인' 또는 '자연의 해석자'라고 부른다. 241)

일 년 동안의 긴 항해를 하고 있던 사람들이 남태평양의 한 섬에 도착하게 되는데 이 섬은 그곳에서 생활하고 있는 사람들이 '벤살렘'이라고 부르는 곳이다. 베이컨이 그려내고 있는 이상사회란 바로 이곳을 말한다. 이 왕국을 건설한 솔라모나 왕은 오직 백성들의 행복과 복지를 위해 자신의 일생을 헌신했다. 그리고 그의 가장 탁월한 업적은 솔로몬 학술원을 설립한 것이다. 이 학술원의 주요 임무는 왕국의 구성원들에게 행복과 물질적 풍요를 가져다주기 위한 연구의 수행이다. 이를 위해 이곳에서는 새로운 냉동기술과 신물질 개발, 질병 치유와 생명 연장을 위한 연구, 동물들 간의 이종 교배와 유전자 조작을 통해 품종을 개량하고 변형시킴으로써 인간에게 가장 필수적인 욕구와 최종적

---

240) 베이컨 지음, 김종갑 옮김, 『새로운 아틀란티스』, 서울: 에코리브르, 2002. 72-76쪽 참고.

241) 위의 책, 86~87쪽 참고 ; 또 베이컨은 『신기관』에서 인간의 야망을 세 등급, 즉 한 나라 안에서 권력을 확대하려는 야망, 이를 인류 전체로 확장하려는 야망, 그리고 인류 자체의 권력과 지배권을 자연 전체를 향해 확장하려는 야망으로 나눈 다음, 이 마지막의 야망이 가장 건전하고 고귀한 것이라고 강조한다. 그런 다음 그는 이것은 오직 과학 기술과 학문의 진보에 달려 있다고 주장한다.

인 욕망을 충족시켜 줄 수 있는 일들을 수행한다. 간략하게 말한다면, 인간의 자연화가 아니라 자연의 인간화 작업을 수행하는 곳이다. 그리고 이 모든 일은 학술원 회원인 자연과학자들이 수행하며, 그 궁극적인 목적은 인간에게 물질적인 복지와 편리를 실현하는 것이다. 한마디로 과학기술 유토피아이다.

여기서 베이컨이 그려낸 이상사회로서 유토피아를 근대적인 의미의 이데올로기와 비교해보는 것도 흥미있는 일이다. 결론부터 말한다면 베이컨의 이상사회론은 근대 이데올로기의 성격을 결여하고 있다. 왜냐하면 이데올로기로서 갖추고 있어야 할 요소인 역사 속에서의 실천적인 측면, 당시 사회에 대한 직접적이고 구체적인 비판과 분석, 유토피아로 이행하기 위한 구체적인 절차와 변화를 이끄는 주체 세력 등에 대한 설명을 결여하고 있기 때문이다. 베이컨 자신이 『새로운 아틀란티스』의 첫 문장에서 밝히고 있는 것처럼 벤살렘이란 왕국의 유토피아는 항해를 하는 중에 만난 역풍 때문에 이르게 된 섬에 관한 이야기이며, 솔라모나라는 전설적인 왕에 의해 만들어진 가공의 유토피아이다.

또 베이컨의 과학 기술에 기초한 유토피아는 앞에서 잠깐 언급했던 토마스 모어의 도덕적 『유토피아』와도 다른 점이 있다. 두 가지 모두 유토피아를 그리고 있다는 점에서는 같다. 그렇지만 모어의 유토피아는 도덕성에 기초한 이상사회로 세속에서 추구되는 물질적 가치들이 사회적 악이나 범죄를 저지른 사람들에게 벌로써 주어지는 것이고, 노동의 가치를 중요하게 여기면서도 사적인 소유를 인정하지 않는 공산주의적 요소를 갖고 있다. 그렇지만 베이컨의 유토피아는 과학 기술에 기초한 물질적인 풍요로움이 실현된 곳으로 세속에서 중요하게 추구되는 생명 연장, 명예, 권위(학술원 회원들은 백성들로부터 존경을 받는 권위 있는 인물이며, 이상적인 가정은 남성을 중심에 두는 가부장적인 모습을 하고 있다) 등이 여전히 중요한 가치로 인정받는 곳이다.

이러한 차이와 궁금증은 두 작품의 시대적 배경을 고려함으로써 해소된다. 모어의 유토피아에는 당시 영국 사회의 문제 상황, 즉 양모 산업을 통해 사적 이익의 극대화를 추구했던 토지 귀족들이 농민들을 토지에서 몰아내던('양이 사람을 잡아먹는다') 인클로저 운동이라는 시대적 상황이 있었다. 반면 베이컨의 유토피아에는 종교와 신적인 권위의 약화라는 중세의 가을로서 르네상스, 즉 근대를 향한 위대한 항해로서 지리상의 발견과 자연 과학의 발달이라는 시대적인 배경이 있었다. 그 결과 베이컨의 기술 유토피아는 인간의 자연 지배를 도덕적으로도 정당화하는 관점을 일관되게 채택하고 있다. 이처럼 서로 다른 시대 상황은 각각의 시대적 과제에 부합하는 유토피아를 만들어내게 하는 원인으로 작용하기는 했지만, 아직 이데올로기로서의 의미를 담아내기까지는 더 많은 시간과 정신의 성숙을 기다려야 했다.

자연의 운영 원리를 제대로 아는 것이 인간에게 자연에 대한 지배력을 강화시켜준다는 베이컨의 명제, 즉 "아는 것이 힘"이라는 그의 명제에 대해 '책임 윤리'를 주장하는 한스 요나스는 "베이컨적 이상의 재앙"이라는 이름으로 비판한다. 요나스는 자연에 대한 인간의 지배적 힘은 위험을 낳았으며, "이 위험은 자연 과학 기술에 기초한 산업 문명의 비대화에서 비롯된 것이다. 우리가 베이컨적 기획이라고 부르는 것, 즉 지식을 자연의 지배라는 목표에 맞추고 자연의 지배를 인간 운명의 개선을 위해서만 사용할 수 있도록 만들려는 기획은 자본주의와 결합함으로써 처음부터 합리성이나 정당성을 잃게 되었다."고 비판한다.

09

# 존 로크
## JOHN LOCKE

1632—1704

· 시대적 배경 : 명예혁명
· 백지와 감각 경험
· 자연권(생명권, 자유권, 재산권),
  저항권, 동의

· 시대적 배경 : 명예혁명
· 백지와 감각 경험
· 자연권(생명권, 자유권, 재산권), 저항권, 동의

| 핵심 용어 |

⇒ 명예혁명, 『인간의 지적 능력에 관하여』(백지와 감각 경험), 생득관
 념 부정, 『정부에 관한 두 개의 논문』(왕권신수설 비판, 자연 상태,
 자연법, 생명 자유 재산권, 노동, 사회 계약 및 국가, 정부에 대한
 저항 및 혁명권), 명시적 동의, 묵시적 동의


 ‖ 존 로크 ‖


- 정신이 아무런 문자도 없고 어떠한 관념도 없는 이른바 백지 상태
 (tabula rasa)라고 가정하자. 어떻게 여기에 정신이 채워지는가? 언제
 정신이 이성과 지식에 관한 모든 재료들(materials)을 갖게 되는가? 나
 는 이 물음에 대해 경험(experience)이라는 한 단어로 말하겠다.

- 정부 기구(입법부)가 국가 목표에 어긋나는 행위를 일삼고 스스로 무
 소불위의 권력을 행사하여 국민의 생명과 자유, 재산을 강탈하거나 다
 른 사람의 수중에 던져 주려고 하는 상황이 권력의 남용이다. (이에 대
 해 국민은) 스스로를 보호하고 침략자에 맞서 저항할 권리를 갖는다.

# 시대적 배경 :
# 명예혁명

▶ 1632년 영국의 청교도 집안에서 태어난 로크는 부모의 바람대로 옥스퍼드대학교에 입학하여 신학과 철학을 공부하였다. 공부를 마친 후 그는 당시 의학을 연구하던 시드넘 박사와의 만남을 통해 의학을 공부하게 된다. 그런데 비교적 평범했던 그의 삶은 샤프츠버리(Shaftesbury) 경을 만남으로써 격렬한 변화를 맞이하게 된다. 샤프츠버리 경의 간 종양을 수술하는 감독 의사가 된 로크는 백작의 생명을 구하는데 기여함으로써 1667년 백작 가문의 고문 의사가 되지만, 그곳에서 로크의 역할은 그보다 훨씬 중요한 것이었다. 정치적으로 격변기를 맞고 있던 상황에서 샤프츠버리는 찰스 2세의 정부에 반대하는 정치 조직을 이끌고 있었다. 242) 왕권신수설과 왕위계승권을 주장하는 보수적인 왕당파(Tory)와 달리 '휘그(Whig)'라 불리는 이 조직은 국왕의 권한에 대해 합법적인 제약을 가하기 위해 하원의 권리를 보호하고 강화하고자 하였다. 로크는 이러한 휘그파의 입장을 이론적으로 뒷받침하는 역할을 맡았다. 그렇지만 이 운동은 실패로 끝났으며, 이에 따라 샤프츠버리 경과 로크는 네덜란드로 피신해야 했다. 1688년 오렌지 공 윌리엄(William)이 함대를 이끌고 영국에 이르자 제임스 2세는 별다른 저항을 포기한 채 프랑스로 망명했다. 윌리엄과 함께 휘그당원들은 기대했던 개혁을 진행할 수 있게 되었다. 역사는 이것을 명예혁명으로 기

242) 강정인 엮음, 『서양 근대 정치사상사』, 서울 : 책세상, 2007, 272~273쪽.

록하고 있다. 이로써 로크는 메리 공주가 네덜란드에서 영국으로 돌아오는 뱃길에 함께 몸을 싣고 귀국할 수 있게 되었다. 로크의『시민 정부에 관한 두 개의 논문』(Two Treaties of Civil Government, 1690)은 이와 같은 정치적 격변기 속에서 정치권력은 '계약'으로부터 발생하며, 정부의 권력 남용은 정부의 권력에 대한 저항을 정당화한다는 휘그당의 논리 243)를 사상적으로 정립한 것이기도 하다.


## 백지와 감각 경험


▶ 데카르트(1596-1650)와 같은 합리주의자들은 일반적으로 생득관념(生得觀念, 또는 본유관념), 즉 태어나면서부터 인간의 정신 안에 관념이 존재한다는 것을 의심 없이 받아들인다. 그런가 하면 플라톤(기원전 428-기원전 348) 또한 앎(또는 지식)을 인간의 영혼이 육체와 결합하면서 잃었던 관념을 다시 상기(想起)해내는 것으로 이해했다. 그렇지만 인식의 토대를 오직 경험에서 발견하려 했던 로크의 경험주의는 이러한 생득관념 개념을 받아들이지 않는다. 로크는 자신의『인간의 지적 능력에 관하여』(1689)244)라는 책에서 데카르트의 생득관념에 대해 분명한 반대 입장을 표명한다.

---

243) 우도 틸 지음, 이남석 옮김, 『로크』, 서울 : 한길사, 1998, 71~87쪽.
244) 원래 제목은 *An Essay Concerning Human Understanding*이다. 흔히 『인간 오성론』으로 옮기고 있지만 여기서는 '오성'을 보다 쉽게 이해할 수 있도록 '지적 능력'으로 옮겼다.

정신이 처음부터 생득관념을 가지고 이 세상에 등장한다는, 다시 말해 인간의 정신 위에 이미 새겨진 어떤 생득적인 원리들이 우리의 지적 능력(즉 오성) 속에 존재한다고 주장하는 입장이 있다.245) (그렇지만) 우리의 마음은 어디에서 이성과 지식의 모든 재료들을 얻는가? 이에 대해 나는 간단하게 경험으로부터라고 주장한다. 우리의 모든 주장은 경험에 근거하며, 궁극적으로 그 자체(즉 지식)를 경험으로부터 이끌어낸다.246)

로크의 주장을 따른다면, 경험이 모든 지식과 관념의 근본 원인이기 때문에, 만약에 우리가 X라는 경험을 하지 않았다면 우리는 X에 관한 어떤 관념도 지닐 수 없게 된다. 예를 들어 '인간은 정직해야 한다'라는 도덕 원리나 '정직'이라는 관념은 곧바로 우리의 행위를 구속하는 보편적인 원리가 될 수 없고, 가르치고 학습하는 과정, 즉 경험을 통해서만 규범적 원리로 작동할 수 있게 되는 것이다. 다시 말해 만약에 우리가 어떤 것에 상응하는 행동 경험을 전혀 갖지 않았다면, 우리는 그 단어의 의미를 전혀 이해하지 못하게 된다.

구름 위로 솟아 하늘만큼 높이 도달할 것 같아 보이는 아무리 숭고한 모든 생각일지라도 이 모든 것은 여기(즉 경험)로부터 발생

---

245) 새뮤얼 이녹 스텀프 지음, 이광래 외 옮김, 『소크라테스에서 포스트모더니즘까지』, 서울 : 열린책들, 2005, 390쪽.
246) F. 코플스톤 지음, 이재영 옮김, 『영국 경험론』, 서울 : 서광사, 1991, 109쪽.

하며, 여기에 토대를 둔다. 247)

우리의 거의 모든 관념의 기원은 감각이며, 이 감각을 통해 지성
에 이르게 된다. 이것을 나는 느낌(sensation)이라고 부른다. 248)

정신이 아무런 문자도 없고 어떠한 관념도 없는 이른바 백지 상
태(tabula rasa)라고 가정하자. 어떻게 여기에 정신이 채워지는가?
언제 정신이 이성과 지식에 관한 모든 재료들(materials)을 갖게 되
는가? 나는 이 물음에 대해 경험(experience)이라는 한 단어로 말
하겠다. 249)

로크의 이와 같은 인식론적 관점을 가리켜 일반화된 용어로 '경험
론'이라고 하고, 인성에 대해서 말할 때는 '백지설'이라고 부른다. 즉
우리가 살아가는 세계, 우리들이 생애를 거쳐 지켜나가고자 하는 신념
이나 가치들을 의미하는 관념들이 모두 감각과 경험에 그 뿌리를 둔다
는 주장이다. 따라서 우리가 세계에 대해서 무엇을 생각하든 그것은
모두 감각과 경험을 통해 획득된 것이라고 할 수 있다. 로크에게 감각
이란 그 자체로서 하나의 지식, 즉 '감각적 지식'이었던 것이다. 예를
들어 '노랑색'이라고 할 때, 우리는 노랑색이라는 존재(existence)에 관한
'감각적 지식'을 갖는 것이지, 노랑색의 본질(nature)에 관한 '감각적 지

---

247) 위의 책, 110쪽.
248) 우도 틸, 위의 책, 99쪽.
249) 새뮤얼 이녹 스텀프, 위의 책, 392쪽.

식'을 갖는 것이 아니다. 우리는 성질이나 힘 이면에 알려지지 않고 알려질 수도 없는 '실체'를 알 수는 없는 것이다.250)

감각과 경험을 지식의 토대로 삼았던 그의 경험주의는 도덕과 윤리에도 적용된다. 로크는 "선 또는 악이라는 말은 단지 쾌락이나 고통에 비교함으로써 알 수 있다. 우리가 선이라고 부르는 것은 쾌락을 일으키거나 증진시켜주는 경향이 있는 것, 고통을 감소시켜주는 경향이 있는 것인 반면, 악이란 고통을 불러일으키거나 증가시키는 경향이 있는 것, 쾌락을 감소시키는 경향이 있는 것"251)이라고 주장한다.


## 자연권(생명권, 자유권, 재산권), 저항권, 동의

▶ 로크의 『인간의 지적 능력에 관하여』라는 책이 지식(또는 앎)에 관한 탐구, 즉 우리는 어떻게 앎에 이르는가라는 인식론에 관한 것이라면, 이제 검토할 『시민 정부에 관한 두 개의 논문』은 그의 사회 및 정치적 관점에 관한 내용을 담고 있다. 로크는 이 책이 불러일으킬 파장을 고려하여 익명으로 출판하였지만 세상은 곧 그가 로크라는 사실을 알았다. 이 책은 절대왕정을 옹호했던 찰스 2세를 전복하고, 1688년의 명예혁명을 정당화하기 위해 쓴 것으로 알려져 있지만252), 이 책은 오

---

250) 브라이언 매기 지음, 수선철학회 옮김, 『위대한 철학자들』, 서울 : 동녘, 2004, 145~146쪽.
251) F. 코플스톤, 위의 책, 173쪽.
252) 20세기 중반에 이르러 로크는 이 책을 1683에 실질적으로 완성했던 것으로 밝혀졌다. 따라서 명예혁명의 정당화보다는 로크의 정치에 관한 신념이 담겨 있는 책이라고 보아야 할 것

늘날 자유주의의 근간이 되는 거의 모든 정신을 포함하고 있기 때문에 더욱 더 가치를 지닌다. 이 책은 제목 그대로 두 개의 논문으로 되어 있으며, 제1논문은 로버트 필머 경의 가부장제에 기초한 왕권신수설을 비판하는 내용으로 구성되어 있고, 제2논문은 자신의 정치사상인 사회 계약에 기초한 정부의 형성 및 시민의 권리에 대해서 주장하고 있다.

> 로버트 필머 경의 기본 입장은 인간이란 태어나면서부터 자유
> 롭지 못하다는 것이며, 이에 기초하여 그는 절대 군주제를 주장
> 한다. 253)

필머 경은 인간이란 신에 의한 최초의 사람인 아담의 지배권으로부터 벗어날 수 없기 때문에 태어나면서부터 자유롭지 못하다고 주장한다. 그는 신이 아담에게 선물로 준 것이 권력(즉 지배권)인 것처럼 현실 세계의 권력이란 신이 왕에게 준 것이라고 주장한다. 결론적으로 왕의 통치 권력이란 신이 자신의 의지를 드러내기 위한 장치라는 주장이다. 그렇지만 로크는 신이 아담에게만 지상에 대한 지배력을 준 것이 아니라 모든 인간에게도 동등하게 나누어주었다는 주장에 기초하여 이를 반박한다. 로크는 자신의 주장을 정당화하기 위해 국가와 통치 권력이 형성되기 이전이라는 자연 상태 개념을 활용한다.

> 자연 상태란 각 개인들 사이에서 일어나는 사건에 대해 재판할

---

같다: 우노 틸, 위의 책, 140쪽.
253) F. 코플스톤, 위의 책, 177쪽.

수 있는 공통의 권위체를 갖지 않고 이성에 따라서 함께 살아가는 상태를 말한다. 자연 상태에서는 자연 상태를 지배하는 자연법이 있으며, 이것이 모든 사람들을 구속한다. 이성이 바로 그 법인데, 이 이성의 소리에 조금이라고 귀를 기울인다면, 모든 사람은 평등하고 독립된 존재이기 때문에 어느 누구도 다른 사람의 생명, 건강, 자유, 또는 재산(소유물)을 침해해서는 안 된다는 것을 알게 된다.254)

로크의 자연 상태는 공포와 빈곤, 잔인함과 고독함만이 지배하는 홉스의 그것과는 반대로 이성이라는 자연법에 따라 운영된다. 자연 상태에서 인간은 이성에 따라 모두가 평등하고, 자유로우며, 자신의 생명과 재산에 대해 동등한 권리를 갖는다. 로크는 이처럼 이성에 의한 자연적 도덕법을 믿고 있었기 때문에 현실의 사회 국가에서도 자신을 보존할 권리(생명권), 자신의 자유에 대한 권리(자유권), 그리고 자신의 재산에 대한 지배권(소유권) 등이 그대로 보장받아야 한다고 생각했다. 물론 각각의 개인들은 서로에 대해서 이와 같은 권리들을 인정하기 때문에 자신의 자유를 제한적으로 행사해야 한다. 로크는 생명과 자유, 소유물을 모두 '재산', 즉 개인의 소유라는 개념으로 이해했다. 이것은 로크가 위의 자연권들 중에서 재산권에 대해서 그만큼 관심이 높았다는 의미도 될 것이다.

---

254) 위의 책, 177~178쪽.

샘물은 모두의 공유물이지만 물주전자 속의 물은 바로 그 물을 떠온 사람의 것임을 의심할 사람은 없다. 물은 자연에서는 모두의 공유물로 자연 속에서 생활하는 모든 것들에게 평등하게 존재했지만, 그의 노동이 그것을 자연의 손으로부터 분리시켰고, 그렇게 함으로써 그것은 그의 소유물이 된 것이다.[255]

이처럼 로크는 땅은 물론 땅 위의 모든 것들은 공동의 재화이며, 이것들에 대해 가해지는 개인의 노동을 통해 바로 그 개인의 것이 된다는 소유권을 주장하고 있다. 즉 자연의 숲에 있는 사과나무의 열매는 공동의 것이지만, 그 열매를 어떤 개인의 것이 되게 하는 것은 그 개인이 열매를 따기 위해 움직인 그의 '노동'이라는 주장이다. 또 한 개인의 노동의 결과가 어떤 것을 그의 것으로 만들게 한다면, 그 개인의 노동 또한 그의 것이라는 의미도 되는데, 이것은 로크가 각 개인은 자기 자신에 대해서 주인이라는 생각을 갖고 있었다는 의미이다.

한편, 로크는 자연 상태를 화폐가 도입되기 이전의 상태와 이후의 자연 상태로 구분한다. 즉 이제 소유권을 갖게 된 개인들은 필요 이상의 재산을 축적할 수 있게 되었고, 남는 부분은 화폐로 축적할 수 있게 되었다는 것이다. 로크는 이로부터 불평등과 소유권에 대한 다툼이 일어난다고 생각했다.[256] 다시 말해 비록 자연 상태에서 자연적 도덕법을 준수하지만 모두가 반드시 그렇다는 것은 아니다. 자연 상태가 홉스의 그것과는 다른 것이지만 그렇다고 이상적인 상황은 아니라는 뜻이기도 하다.

---

255) 위의 책, 179쪽.
256) 우도 틸, 위의 책, 148쪽.

자연법은 이성적인 동물인 인간이 확실히 이해할 수 있는 것이기는 하지만, 사람들의 노력의 부족으로 무지할 뿐만 아니라 이해관계에 대해 편견을 갖게 되므로 그것이 개인에게 적용될 경우 자신을 구속하는 법으로 인정하지 않으려고 한다. 그래서 인간은 자연 상태의 모든 특권에도 불구하고 이 상태에 머물러 있는 것이 오히려 나쁜 상황 속에 있는 것이 되기 때문에 신속하게 사회를 만들게 된다.257)

자연 상태에서 일어나는 자연법의 위반은 단순한 도덕적 책임이 아니라 법적인 책임을 수반하게 된다. 그런데 이러한 법적인 책임의 문제는 자연 상태의 개인들에게만 전적으로 맡길 수 없다. 왜냐하면 각자는 자신의 이해관계에 대해서는 관대하지만 다른 사람에 대해서는 엄격하여 공정하지 못하기 때문이다. 이 때문에 각자는 자신의 생명과 자유, 재산을 실질적으로 보장받을 수 있는 공정한 중재자를 필요로 하게 된다. 즉 사람들은 자신의 생명, 자유, 재산을 서로 보존하는 것에 동의하게 된다.

> 사람들이 국가(commonwealth, 공화국)를 수립하는 목적은 자신의
> 재산(즉 생명권, 자유권, 재산)의 보존에 있다.258)
> 사람들은 태어나면서부터 모두 자유롭고, 평등하며, 독립적이기
> 때문에 어느 누구도 자신의 동의 없이 이러한 상태로부터 벗어나

---

257) F. 코플스톤, 위의 책, 182쪽.
258) 같은 쪽.

다른 사람의 정치권력에 의해 지배받아서는 안 된다. 인간이 자신의 자유를 포기하고 시민 사회의 구속을 받게 되는 유일한 길은 다른 사람들과 함께 동의하여 하나의 공동체를 만드는 경우이다. 그런데 그렇게 하는 목적은 자기들의 재산을 안전하게 향유하며, 자신의 공동체 일원이 아닌 사람들로부터 안전을 보장받음으로써 서로 안락하고 안전하며 평화로운 생활을 하기 위해서이다. 259)

　이로써 자연 상태의 개인들은 하나의 정치 공동체(즉 국가)에 자신들의 자연권을 위임하는 것에 동의하고, 자신의 자연권을 보다 지속적이고 안전하게 보장받을 수 있게 되었다. 그런데 만약에 이렇게 형성된 국가, 즉 정부의 권력이 자의적으로 법을 만들어 사회 구성원들을 다스리고자 한다면 각 구성원들은 어떻게 대응해야 하는가? 이에 대해 로크는 정치 공동체가 권력을 남용하려 한다면 공동체의 구성원들은 신뢰를 깨버린 정부에 대해 불복종과 함께 적극적으로 저항할 권리를 갖는다고 주장한다.

　사람들은 사회에 들어갈 때 그들이 자연 상태에서 가졌던 평등, 자유 및 집행권을 사회의 선이 요구하는 바에 따라 입법부가 처리할 수 있도록 양도한다. 이 모든 것은 인민의 평화, 안전 및 공동 선만을 위해 행사되어야 하며, 그 이외의 다른 목적을 위해 행사되어서는 안 된다. 260)

---

259) 위의 책, 183쪽.
260) 강정인, 위의 책, 288쪽.

정부 기구(입법부)가 국가 목표에 어긋나는 행위를 일삼고 스스로 무소불위의 권력을 행사하여 국민의 생명과 자유, 재산을 강탈하거나 다른 사람의 수중에 던져 주려고 하는 상황이 권력의 남용이다. (이에 대해 국민은) 스스로를 보호하고 침략자에 맞서 저항할 권리를 갖는다. 권력은 다시 국민의 손으로 돌아간다. 국민은 자신의 원래 모습, 즉 원시의 자유 상태로 돌아갈 권리를 갖게 된다.261)

정부의 권력 남용262)이라는 상황에 대해 인민은 폭력적으로 저항할 권리를 갖고 있으며, 이에 따라 정부의 권력은 해체된다. 인민의 이러한 저항이 정당한 이유는 자연 상태의 각 개인들은 사회계약의 주체로서 자신들의 자연권을 모두 포기하지 않았으며, 단지 자연권을 실질적으로 보장받기 위해 자신들이 갖고 있는 자연권의 일부만을 포기했을 뿐이기 때문이다. 자연 상태의 개인들 중에서 그 누구도 스스로 노예와 같은 복종 상태로 들어가기 위해 자신의 자연권을 포기하지는 않는다. 특히 로크는 정부의 권력 남용에 대해 혁명적 저항을 할 것인지의 여부를 결정하는 주체가 국민임을 주장263)함으로써 국민이 실질적인

261) 우도 틸, 위의 책, 154쪽; 이것은 로크가 자신의 책을 익명으로 출판하게 된 가장 중요한 이유기도 하다.
262) 또한 로크는 군주의 권력 남용을 막기 위해 입법권(입법부의 고유 권한)과 행정권(군주의 권한)의 분리를 강조한다.
263) 강정인, 위의 책, 291쪽: "이 질문에 대해 나는 인민이 재판관이라고 답하겠다. 대리인이 자신에게 맡겨진 신탁대로 잘 처신하고 있는지를 판단하는 사람은 그에게 (자신의 권리를) 위임한 사람이다."

주권자임을 밝히고 있다. 이 같은 주장을 오늘날의 의미로 해석한다면, 정부의 권력은 국민에 의한 것이며, 그렇기 때문에 국민의 권익을 보호할 목적으로 행사해야 한다는 의미를 함의하고 있다. 로크의 정치 사상에 흐르고 있는 이러한 신념은 근대 영국과 미국, 프랑스 등에서 절대주의에 대해 혁명적으로 저항하고 마침내 근대 시민 국가를 형성하게 했던 혁명 사상들의 정당화에 중요한 기여를 하였다.

그렇다면, 계약론자인 로크는 시민의 정치적 의무를 어떻게 이해했을까? 로크는 구성원의 정치적 의무를 '명시적 동의(express consent)'와 '묵시적 동의(tacit consent)'로 구분해 설명한다.264)

> 인간은 본래 자유롭기 때문에 스스로의 동의 없이는 그를 아무것도 세속의 권력에 복종하게 할 수 없다. (이것을) 명시적 동의와 묵시적 동의를 통해 (말할 수 있다.) 한 사회에 참여하려는 사람의 명시적 동의가 그를 그 사회의 완전한 구성원이 되게 하고, 그 국가의 피지배자가 되게 한다는 사실을 누구도 의심할 수 없다. 문제는 무엇을 묵시적 동의로 보아야 하는가이다. 동의의 표현이 없는 경우 어떤 행동까지를 동의 행위로 간주해 국가에 대한 복종의 범위에 넣을 수 있느냐 하는 것이다.

로크는 묵시적 동의의 범위에 대해 한 영토 안에서 일주일 정도를 머

---

264) 정연교, 『사회계약론 연구』「로크의 동의 개념에 관한 소고」, 한국 사회윤리학회. 62쪽.

무는 일, 한 국가의 도로를 이용해 여행하는 일, 그리고 특정 영토의 범위 안에 들어와 있는 일 등은 모두 묵시적 동의의 범위에 들어온다고 말한다. 즉 묵시적 동의의 당사자는 오직 자신이 특정 국가가 제공하는 편의를 누리는 한에 있어서 그 국가에 대해 의무를 지닌다고 할 수 있다.265) "한 국가의 사법권은 그 영토 안에 미치며, 그 영토의 소유자가 그곳에 거주하며 누리고 있는 것으로 제한된다. 이것이 국가에 복종할 의무를 구성한다. 따라서 국가에 대해 묵시적 동의를 한 토지 소유자는 기부나 거래 등의 행위로 소유했던 토지를 양도하게 되면, 다른 국가에 가서 그 정부의 국민이 될 자유를 갖게 된다." 로크는 명시적 동의와 묵시적 동의의 구분을 통해 비록 (명시적 동의에 참여하지 않은 사람들, 즉) 국가의 비회원일지라도 묵시적 동의 개념을 통해 시민 정부의 법에 복종하지 않으면 안 되는 이유를 설명하려 한 것으로 보인다.

한편, 흄은 정치적 의무와 관련해 로크의 계약론에 반대해 '반계약적 관습주의'266)를 주장한다. 그는 "인간은 가족 속에서 대이나 필요와 자연적 성향(경향), 그리고 관습으로부터 사회를 유지하도록 강제되어지며, 정의를 실행하기 위해 정치 사회를 조직하기 때문에 그러한 정치·사회 없는 인간들 사이에 어떤 평화, 안전, 그리고 상호교환도 존재할 수 없다."고 주장한다. 즉 사회 구성원들이 느끼는 이익(혜택) 개념과 사회 공익성이 정치적 의무(즉 정의)의 이유가 된다는 것이다. 또 "만약에 당신이 국민 대다수에게 그들이 지배자들의 권위에 '동의'

---

265) 위의 책, 66쪽.
266) 흄의 정치적 의무는 다음 논문을 참고했음. 김재선, 「흄의 정치적 의무론에 관한 연구」, 한국 정치학회, 제32호.

했는지, 아니면 그들을 따르겠다고 '약속'했는지를 물어본다면, 그들은 당신을 이상하게 생각할 것이다. 그들은 단지 복종에 동의한 것이 아니라 태어날 때부터 복종해 온 것이기 때문에 그렇다고 말할 것이다."라고 함으로써 국가에 대한 정치적 의무는 합리적 선택과 합의에 의한 계약이 아니라 역사적이고 관습적인 것으로부터 비롯된다고 주장한다. 즉 "정부가 (구성원들에게) 전혀 유용한 것이 아니었다면, 정부는 결코 발생하지도 않았을 것이기 때문에 정치적 의무(복종)의 근본 동기 또한 평화와 질서 유지 같은 혜택(이익)에 기초한다."는 것이다.

# 10

# 애덤 스미스
# A. SMITH

1723–1790

· 자연적 조화와 이신론
· 자애(自愛)와 공평무사한 관찰자
· 공감 : 상상과 역지사지
· 스토아 철학의 금욕주의
· 자애(自愛) 또는 자기 이익, 사회적 유용성
· 국가의 부의 본질 : 보이지 않는 손, 완전한 자유의 체계

| 핵심 용어 |

⇒ 시장경제, 자본주의, 자연적 조화, '보이지 않는 손', 이신론, 자애
(自愛), 공평무사한 관찰자, 공감, 상상, 역지사지, 가슴 속의 내부
인, 자기 이익, 흄(유용성) 비판, 중상주의 비판, 자유무역, 분업, 정
부의 소극적 역할, 자유방임주의

‖ 애덤 스미스 ‖

- 다른 사람의 슬픔에 대한 우리의 동료의식(fellow feeling)을 나타내고
자 할 때 쓰는 말이 연민(pity) 또는 동정심(compassion)이다. 공감
(sympathy)을 사용해도 무방할 것이다.

- 다른 사람의 더 큰 이익을 위해 우리 자신의 것을 양보하는 것이 바람
직하다고 가르쳐주는 것은 공평무사한 관찰자이다.

- 보이지 않는 손(invisible hand)은 자신도 모르는 사이에 사회의 이익
을 증진시키고 인류의 번식에 적절한 수단을 제공한다.

# 자연적 조화와 이신론

▶ 신(神) 중심의 중세적 세계관과 가치관의 붕괴로 등장한 근대 시민 사회는 국가로부터 개인의 해방, 신으로부터 인간 정신의 해방이라는 개인주의와 자유주의 가치를 주요 원리로 하고 있다. 정치적인 측면에서 자유주의는 개인에 대한 정부의 자의적인 규제나 강제를 반대하고, 국민의 동의에 기초한 법을 어기지 않는 한 개인의 자유와 재산은 보장받아야 한다는 신념에 기초하고 있다. 또 경제적인 측면에서의 자유주의는 공정한 법에 근거하지 않는 모든 억압적 규제를 폐지함으로써 시장 경제 활동에서 개인의 자유를 완전하게 보장해야 한다는 믿음에 기초하고 있다.[267]

그렇지만 자유주의의 가치관이 사회를 이끄는 주요 원리가 되기는 했지만, 여전히 해결되지 않는 중대한 문제가 있었다. 그것은 세계(또는 사회)의 질서와 조화에 관한 것이었다. 사실 이것이 중세 사회에서는 문제가 되지 않았다. 왜냐하면 중세에는 신의 계획과 설계도 안에 사회의 질서와 자연적 조화가 이미 전제되어 있기 때문에 의심하거나 고민할 필요가 없었던 문제였다. 그렇지만 각 개인의 자유로운 선택과 활동을 강조하는 근대 자유주의 원리 안에서 사회의 질서와 조화가 어떻게 가능한가의 문제는 중요한 문제였다. 개인의 가치와 인격성이 강조되는 것에 비례하여 개인과 사회 공동체 사이의 질서와 조화는 그만큼 어렵게 되기 때문이다. 근대 서구인들은 이에 대한 하나의 답을 자

---

267) 이근식, 『애덤 스미스의 고전적 자유주의』, 서울 : 기파랑, 2006, 26~27쪽.

연과학의 발달에 따라 축적된 우주에 관한 과학적 지식에서 발견하였다. 즉 각각의 독립된 개체(또는 천체)들은 중력의 법칙에 의해 질서정연한 하나의 우주적 질서와 조화를 이루고 있다는 기계적 세계관이 이에 대한 결론이었다.

중세의 인격신(人格神)을 대체한 근대 기독교의 자연신학, 즉 이신론(理神論, deism 또는 natural theology)적 세계관에 따르면, 신은 인간 사회나 자연 현상에 대해 하나하나 직접 관여하는 것이 아니라 인간 사회나 자연이 따를 법칙을 만들었고, 이 법칙에 따라 인간 사회와 자연이 조화롭게 운행한다는 것이다. 즉 각각의 우주 만물에는 신의 섭리가 내재하고 있지만, 일단 창조된 이 우주 만물은 독자적인 법칙에 따라 질서 있게 운행한다는 주장이다.

> 시계의 톱니바퀴들은 모두 그 제조 목적, 즉 시간을 가리키도록 하기 위해 경이로울 만큼 정교하게 조정되어 있다. 모든 톱니바퀴들의 각종 다양한 운동들은 가장 정교한 방식으로 서로 협력하여 이 결과를 만들어낸다. 만약에 그 운동들이 이러한 결과를 염두에 둔 욕구나 의도를 갖고 그렇게 한다면, 오히려 그러한 목적을 더 잘 수행하지 못할 것이다. 다행히도 우리는 그와 같은 욕구나 의도를 시계 톱니바퀴들에게 돌리지 않고 시계 제조업자들에게 돌려놓았다. 그리고 우리는 용수철이 톱니바퀴들을 움직이지만, 용수철 자신은 자신이 만들어내는 결과에 대해 그 어떤 의도

나 목적도 갖고 있지 않다는 것은 톱니바퀴들과 똑같다. 268)

스미스가 '정부라는 기계'269)의 용어를 자연스럽게 사용할 수 있는 이유도 그가 이처럼 이신론적 세계관에 대한 믿음을 갖고 있었기 때문이다. 이신론적 관점에 볼 때, 이 세계 또는 우주의 각 부분들은 개체의 생명유지와 자기 종(種)의 번식이라는 본래적인 목적에 충실하도록 경이로울 만큼 정교하게 고안된 것이다. 따라서 각 개체는 어떤 궁극적인 목적을 염두에 두고 활동하지 않으며 단지 개체의 본래적인 성질에 따라 운행할 뿐인 것이다. 앞으로 전개될 스미스의 도덕 철학에서 중심을 이루는 자애(自愛, self-love)와 '공정한 관찰자', '공감' 등의 개념은 바로 이 이신론적 세계관에 기초하고 있다. 뿐만 아니라 마치 스미스의 상징처럼 되어 있는 '보이지 않는 손'의 원리 또한 이것에 근거함으로써 적절히 이해될 수 있다.

> 토지는 인간의 노동을 통해 자연적인 비옥함이 그 두 배가 되었고, 훨씬 더 많은 사람들을 먹여 살릴 수 있게 되었다. 거만하고 냉혹한 지주가 자신의 드넓은 땅을 보면서 그의 동포와 형제들의 궁핍에 대해서는 전혀 생각하지 않고, 그곳에서 재배된 수확물의 전부를 자기 혼자 소비하겠다고 상상하는 것은 헛된 일이다. (지주는) 자신이 소비할 적은 양의 양식을 (자기 땅을 경작한) 농민들에게, 자기 저택의 하인들에게, 자기 저택을 관리하는 일꾼들에

---

268) 애덤 스미스 지음, 박세일 외 옮김, 『도덕 감정론』, 서울 : 비봉출판사, 2009, 165쪽.
269) 위의 책, 349쪽.

게 나누어주지 않을 수 없다. 이런 사람들은 지주의 사치와 변덕으로부터 자신의 생필품을 얻어낸다. 이들이 이것들을 지주의 인간애(humanity)나 정의(正義)의 감정으로부터 얻어낼 것이라고 기대하는 것은 헛된 일이다. 그들은 보이지 않는 손(invisible hand)에 이끌려 생필품을 나누어주게 된다. 그리하여 자신도 모르는 사이에 사회의 이익을 증진시키고 인류의 번식에 적절한 수단을 제공하고 있는 것이다.270)

'눈은 위(胃)보다 크다'는 속담은 위의 지주에게 정확히 들어맞는 말이다. 욕망은 언제나 우리의 배[胃]보다 크지만, 지주의 배나 일꾼의 배는 큰 차이가 없다. 지주는 자신의 편익과 사치, 거만함의 욕망을 채우기 위해 일꾼들을 고용할 수밖에 없고, 일꾼들은 이를 통해 자신의 배를 채울 수 있게 된다. 전적으로 지주의 자애(自愛)가 그러한 행동을 하도록 결정했을 뿐이지만, 이를 통해 관련된 다른 많은 사람들의 배를 채울 수 있게 되며, 이것은 사회 전체적으로 볼 때 자신도 모른 사이에 자연적으로 질서와 조화를 이루게 하는 원리로 작용한다. 또한 스미스는 인간의 이러한 자애의 본성이 공공의 복지를 촉진하는 제도를 수립하게 만든다고 생각했다. 예를 들어 입법부가 면과 양모 관련 제조업을 촉진하기 위한 법을 만드는 목적은 제조업자나 상인들과의 공감(共感) 때문에 그런 것이 아니라 단지 상업과 제조업의 발전이라는 목적 때문일 뿐이다. 그렇지만 그 결과는 상인과 제조업자, 그와 관련

---

270) 위의 책, 345~346쪽.

된 사람들의 이익을 증진시킴으로써 사회적인 부(富)와 질서를 창출하는데 기여하게 된다. 정치·사회라는 기계의 바퀴는 이러한 방식으로 질서와 조화를 만들어내고 굴러간다.

## 자애(自愛)와 공평무사한 관찰자

▶ 무엇이 다른 사람들의 큰 이익을 위해 자신의 이익을 희생하도록 촉구하는가? 자애(自愛, self-love)라는 가장 강력한 충동에 대항할 수 있는 것은 인간애(人間愛, humanity), 즉 인도주의의 온화한 힘도 아니고, 조물주가 인간의 마음에 밝혀준 자애(慈愛, benevolence)도 아니다. 이 경우 작용하는 것은 더욱 강렬한 강제력 있는 동기이다. 그것은 이성, 천성, 양심, 가슴속의 동거인, 내부의 인간, 우리 행위의 재판관 및 조정자이다. 우리가 다른 사람들의 행복에 영향을 미칠 수 있는 일을 하려고 할 때마다 우리 마음속의 가장 몰염치한 정념을 향해 큰 소리로 외치는 사람은 바로 이 사람이다. 대중 속의 한 사람에 불과한 우리가 그처럼 수치심을 모르고 맹목적으로 자신의 이익을 우선한다면, 우리는 다른 사람들의 분노와 혐오, 저주의 대상이 될 것이라고 가르치는 것이 바로 이 사람이다. 우리는 오직 중립자적인 관찰자(spectator)로부터 자신과 관련된 것이 사소한 것이라는 사실을 배우고, 이 관찰자의 눈을 통해서만 자애(自愛)가 빠지기 쉬운 잘못된 생각을 바로 잡을 수 있다. 다른 사람의 더 큰 이익을 위해 우리 자신의

것을 양보하는 것이 바람직하고, 자신의 이익을 극대화하기 위
해 다른 사람의 사소한 이익까지 침해하는 것은 바람직하지 않다
는 것을 우리에게 가르쳐주는 것은 다름 아닌 공평무사한 관찰자
(impartial spectator)이다. 271)

　　스미스는 어떤 행위가 도덕적으로 바람직할 수 있는 이유를 '가슴속
의 동거인', '내부의 인간', '우리 행위의 재판관이자 조정자'의 판단에
서 찾는다. 유일자로서 신이나 도덕적 본성에서 찾으려는 일부 학자
들과 달리 그는 공평무사한 관찰자가 우리 마음속에 거주하고 있으며,
바로 그가 우리의 자애(self-love)에 대해 도덕적 정당성을 갖도록 지도
한다는 것이다. 스미스는 우리 감정이 갖고 있는 자연적 불평등, 다시
말해 자신의 이익을 우선하고 극대화하려는 자애의 감정이 언제나 공
정한 기준에 근거하도록 하는 역할을 이 공평무사한 관찰자, 보다 일
반적인 의미의 양심에서 발견하고 있다.
　　스미스는 '우리 자신의 눈도 아니고, 상대방의 눈도 아닌 제3자의 눈
과 입장에서 보는'272) 이 공정한 내부의 거주자(또는 가슴속의 가상의 인
간)273)에 대해 다음과 같이 말한다.

　　　　우리로 하여금 그와 같은 신성한 미덕을 행하도록 촉구하는 것은
　　　　우리의 이웃에 대한 사랑도 아니고 인류에 대한 사랑도 아니다.

---

271) 위의 책, 253~254쪽.
272) 위의 책, 251쪽.
273) 위의 책, 273쪽.

그것은 보다 강한 사랑, 보다 강력한 애정, 즉 명예롭고 고귀한 것에 대한 사랑, 자기 성격의 숭고함, 존엄성, 탁월성에 대한 사랑이다.274)

즉 다름 아닌 자애심(自愛心)이 우리로 하여금 자신의 이익을 다른 사람의 이익에 우선하지 못하도록 한다. 자신을 사랑하는 내부의 공정한 관찰자가 자신을 다른 사람들의 분노와 혐오의 대상이 되지 못하도록 조정해준다는 것이다. 뿐만 아니라 스미스는 한 개인이 숭고한 인격을 소유하고 명예를 존중하며, 스스로에 대해 자존감을 지닌 개인이 되도록 해주는 이 '내부의 인간'은 덕 있는 특별한 소수에게만 있는 것이 아니라 모든 사람들에게 공통적인 것이라고 주장한다.

## 공감 :
### 상상과 역지사지

▶ 스미스의 이러한 관점에 근거할 때, 도덕적 행위란 자애(自愛)에 기초한 행위가 우리 가슴속의 공평무사한 관찰자의 중재와 조정(또는 시인)을 거쳐 적정한 공감적 행위로 표현되는 것을 가리킨다고 할 수 있다. 이 경우 그에게 공감이란 다음과 같은 의미를 갖는다.

---

274) 위의 책, 254쪽.

다른 사람의 슬픔에 대한 우리의 동료의식(fellow feeling)을 나타내고자 할 때 쓰는 말이 연민(pity) 또는 동정심(compassion)이다. 본래 그 의미는 같겠지만 이제 여기서 모든 종류의 정념(passion)에 대한 우리의 동료의식을 나타내는 용어로 공감(sympathy)을 사용해도 무방할 것이다.275)

아무리 이기적인(selfish) 인간이라고 할지라도, 그 본성(principle)에는 이것과는 상반되는 무엇이 존재한다. 이 본성 때문에 인간은 다른 사람의 운명에 대해 관심을 가지며, 단지 다른 사람의 행복을 바라보는 즐거움 말고는 아무 것도 얻을 수 없더라도 다른 사람이 행복하기를 기대한다. 연민 또는 동정심이 바로 이러한 본성이다. 이 감정은 다른 사람의 고통을 보거나 생생하게 느끼게 될 때 우리가 느끼는 감정이다. 우리가 다른 사람의 슬픔을 보고 우리 또한 그 슬픔을 느끼게 되는 것은 증명할 필요 없이 확실한 것이다. 왜냐하면 이런 감정은 도덕적이고 인자한 사람에게만 있는 것이 아니라 인간이라면 갖고 있는 모든 본래적인 감정과 같은 감정이기 때문이다. 이러한 감정은 최고로 극악무도한 악인이라 할지라도 갖고 있는 감정이다.276)

스미스는 어떤 행위가 도덕적으로 바람직한 것인지를 판단하는 기준으로 이처럼 연민과 동정심을 포괄하는 개념으로서 공감을 채택하고

---

275) 위의 책, 7쪽.
276) 위의 책, 4쪽.

있다. 스미스는 이 공감의 정서는 누구에게나 공통된 것이기 때문에 굳이 증명할 필요가 없는 것이라고 강조하면서 공감이 행위의 도덕성 및 가치 판단의 가장 중요한 기준으로 작용한다고 주장한다.

> (우리와 마찬가지로) 다른 사람 또한 우리 마음속의 감정에 동료의 식을 느끼고 있음을 보게 되는 것 이상으로 즐거운 것은 없다. 또한 다른 사람이 우리가 느끼고 있는 것과 반대로 느끼고 있는 것을 보게 되는 것만큼 충격적인 일도 없다.277)

그런데 이 공감에서 중요한 것은 상상을 통한 역지사지의 능력과 이것에 기초한 행위가 제3자라는 가슴속의 내부인과 감정적 일치(coincidence of sentiments)를 일으키느냐 하는 것이다. 스미스는 이것을 다음과 같이 설명한다.

> 우리는 타인이 느끼는 것을 직접 체험하지 못하기 때문에 그들이 어떤 느낌인지를 알지 못한다. 그러나 우리는 상상을 통해서 우리가 그와 유사한 상황에 처해 있다면 어떻게 느끼게 될 것인지를 알 수 있다. 우리는 오직 상상을 통해 감각에 대한 어떤 관념을 형성할 수 있다. 우리가 다른 사람의 고통에 대해 동료의식을 느끼게 되는 원천은 바로 이것 때문이다.278)

---

277) 위의 책, 13쪽
278) 위의 책, 4~5쪽.

상상은 우리 자신을 다른 사람이 처한 상황에 놓고 다른 사람이 놓여 있는 감정 상태와 같거나 유사한 경험을 하게 한다. 그리고 우리는 이를 통해 감각에 관한 어떤 관념을 형성할 수 있게 된다. 예를 들어 누군가가 칼로 어떤 사람을 찌르려고 하는 상황을 본다면, 우리는 자신도 모르게 움찔하거나 팔을 피하는 동작을 하게 된다. 또 밧줄 위에서 줄을 타는 사람을 보면서 자신의 몸을 함께 비틀어 균형을 잃지 않으려고 한다. 이 모든 것은 자신 또한 그와 같은 상황이라면 그렇게 할 수밖에 없다고 느끼기 때문에 그런 것이다. 우리는 이처럼 우리가 다른 사람이 고통을 느낄 때 다른 사람의 몸속에 들어가 어느 정도 그와 같은 사람이 되어봄으로써 그와 동일한 어떤 감각 관념을 형성할 수 있게 된다. 이 점에서 '역지사지는 공감의 기초'[279]이다.

나아가 스미스는 역지사지가 사회를 조화롭게 하는데 중요한 요인임을 강조한다. 물론, 스미스가 이러한 주장을 할 때 그것은 공정한 관찰자 개념을 전제로 하고 있다는 것을 잊어서는 안 될 것이다.

> 사회를 조화롭게 하는 데에는 이것(즉 역지사지)이면 충분하다. 결코 완전한 상호일치는 아니지만 사회는 이것으로 조화를 이룰 수는 있다. 그리고 한 사회가 필요로 하는 것은 이것이 전부이다. 부단히 스스로를 관찰자의 입장에 놓음으로써 자신의 운명을 어느 정도 냉정하게 생각하게 된다.[280]

---

279) 위의 책, 30쪽
280) 위의 책, 31쪽

# 스토아 철학의 금욕주의

▶ 우리가 지금까지 검토한 스미스 도덕 철학에서 중심이 되는 질서와 조화, 상상과 역지사지에 의한 공감, 그리고 가슴속의 공정한 관찰자 개념들을 이해하기 위해서는 이러한 주장을 지탱하고 있는 세계관에 대한 파악 또한 중요한 과정이다. 스미스는 세계에 관한 스토아학파의 입장으로부터 이에 관한 영향[281]을 받았지만, 자신의 도덕 철학을 확립하는 과정에서 비판적으로 적용한다.

> 스토아 철학은 우리에게 완전한 무관심에 의해, 우리의 개인적이고 편향적이며 사적인 모든 감정들을 절제할 뿐만 아니라 근절시키기 위해 노력함으로써, 그리고 우리 자신과 친구들 및 우리 조국에 닥칠 수 있는 일체의 일들에 대해 심지어 공정한 관찰자가 느끼는 공감적이고 축소된 감정조차 느끼는 것을 허용하지 않음으로써, 스토아 철학은 우리를 조물주가 우리에게 우리 생활의 적절한 사업 및 직업으로 지시한 모든 것들의 성공이나 실체에 대해 냉담하고 무관심하게 만들려고 애쓴다. 하지만 우리 가슴속 내부인의 판단, 즉 위대한 가슴속의 동거자는 우리의 개인적이고

---

281) 위의 책, 523쪽 ; 스토아 철학의 창시자인 제논(Zeno)은 모든 동물의 공통된 본성은 자기 자신을 돌보는 것, 즉 자애(self-love)의 본성을 돌보는 것이라고 주장한다. 스미스는 이것을 인간에게 자애란 자신의 감각 능력을 통해 자신을 가장 최선의 상태로 보존하는 것이라고 해석한다. 스미스의 스토아 철학에 대한 해석에 기초하면서 동시에 스토아 철학에서 주장하는 인과 연쇄에 기초한 질서와 조화의 개념을 결합하면, 스미스가 주장하는 질서와 조화란 각 개인이 갖고 있는 자애(自愛)를 공정한 관찰자의 판단에 따라 추구할 때 가장 이상적인 조화와 질서가 실현된다는 것으로 해석할 수 있다.

편향적인 감정을 억압하여 어느 정도 완전한 마음의 평정을 유지
하려는 시도를 할 수 있다. 282)

스미스는 스토아 철학이 세계와 사건들에 대해 완전한 무관심과 무감
동을 요구함으로써 개인의 사적인 감정이나 욕망을 제거하려 했다고 지
적한다. 이 때문에 스토아 철학은 공감이나 사소한 감정까지도 인정하
지 않으려 했고, 그 결과 최종적으로 우리에게 현실적인 삶에서 냉담하
고 초연할 것을 요구한다는 것이다. 스토아 철학이 신적인 보편 이성에
기초하여 이 세계를 필연적인 인과관계라는 개념으로 설명하고 있지만,
사실 욕망과 혐오, 희망과 공포, 기쁨과 슬픔 같은 감정(결과)을 일으키
는 것은 각 개인이 갖고 있는 감정 상태(원인)라고 보는 것이 더 적절하
다. 따라서 이 세계가 신적인 인과필연의 연쇄라는 스토아 철학의 입장
을 인정하더라도, 행위의 도덕성은 우리 가슴속의 거주자가 내리는 판
단과 관련이 있다고 해야 할 것이다. 그리고 이 가슴속의 거주자는 상상
과 역지사지, 그리고 공감의 원리에 따라 편파적이고 공정하지 못한 사
적인 감정을 억압하여 마음의 평정을 유지하려고 할 것이다. 이렇게 볼
때, 우리 마음속의 조정자가 내리는 판단이 적정하도록 지도(즉 습관과
경험)하는 것이 모든 도덕 철학의 이념이 되어야 한다. 283) 그리고 이
모든 것들은 조물주(즉 신)의 위대한 목적인 세계의 질서와 인간 본성의
완성, 그리고 행복을 촉진하기 위해서 계획된 것이다. 284)

---

282) 위의 책, 558~559쪽.
283) 위의 책, 559쪽.
284) 위의 책, 313쪽.

# 자애(自愛) 또는 자기이익, 사회적 유용성

▶ 스미스의 스승인 허치슨(F. Hutcheson, 1694-1746)은 인류 전체의 행복을 자신의 목표로 삼는 감정285), 즉 이웃을 사랑하는 '도덕 감정'을 최고의 미덕286)으로 생각했다. 그렇기 때문에 그는 자애(自愛)로부터 나오는 모든 행동은 어떤 경우이든 유덕한 행위의 동기가 될 수 없다고 보았다.287) 그렇지만 스미스는 자애 또는 자기중심적인(self-interests) 동기에 기초한 행위에 대해 새로운 해석을 제시한다.

> 우리 자신의 개인적인 행복과 이익에 대한 고려 역시 많은 경우 매우 칭찬받을 만한 행위의 원칙이 되는 것으로 볼 수 있다. 절약, 근면, 신중, 한결같은 마음, 심사숙고의 습관은 통상 자신만을 고려하고 위하는 마음, 즉 자기중심적인 동기에서 배양된 것들이라고 간주할 수 있지만, 또한 동시에 이것들은 매우 칭찬받을 만한 특성들로서, 이러한 행위의 특성들은 모든 사람들의 존중과 시인을 받을 자격이 있는 것으로 이해되고 있다.288)

---

285) 위의 책, 579쪽.
286) 위의 책, 580쪽: 허치슨은 완전한 미덕이란 우리의 모든 행동을 가능한 최대의 이익이 되도록 이끌고, 우리의 모든 저급한 감정을 인류 공동의 행복을 추구하도록 종속시키는 것이라고 보았다. 따라서 어떤 행위는 자신의 번영이 전체의 번영과 일치할 때, 또는 전체의 번영에 기여하는 범위 내에서 자신의 번영을 추구하는 것을 미덕의 완전한 형태라고 이해했다.
287) 같은 쪽.
288) 위의 책, 582쪽.

스미스는 자애(慈愛)로부터 나온 행위일지라도 이기적인(selfish) 동기가 개입하게 되면 그 행위가 지닌 아름다움이 훼손당할 수 있는 것처럼 보이지만, 그렇다고 자애(self-love)가 결코 유덕한 행위의 동기가 될 수 없다는 뜻은 아니라고 보았다. 오히려 자애(慈愛)에 이러한 특수한 경우에 적용될 수 있는 적절한 의미가 결여되어 있다는 것이 문제라고 할 수 있다. 또 자애(自愛)로부터 나온 행동에 자애(慈愛)가 결합한다고 해서 그러한 행위가 지닌 미덕이 우리의 감각에 의해 과소평가되지도 않는다.

> 만약에 우리가 어떤 사람에 대해 그는 자기 가족이나 친구를 위해서가 아니라면, 자신의 건강이나 자신의 생명, 자신의 재산에 대해 적절한 관심을 보이지 않는다고 정말로 믿고 있다면(사실 자기 보존 본능이 있다면 누구나 자기 이익에 관심을 보일 것이지만), 그의 이러한 성품은 의심의 여지없이 하나의 결함이다. 이것은 오히려 그의 성품의 품위를 떨어뜨리고 남들로부터 존경 받을 가능성을 떨어뜨릴 것이다. 289)

만약에 이런 사람이 있다면, 우리는 그의 결함에 대해 오히려 연민의 감정을 품을지도 모른다. 이와 반대로 우리는 부주의하고 절약할 줄 모르는 성품에 대해 부정과 부인의 정서를 갖는데, 그 이유는 그것이 자애(慈愛)를 결핍해서가 아니라 자기 이익(self-interest)에 대한 적절한

---

289) 위의 책, 583쪽.

관심을 결여하고 있기 때문이다. 그러므로 유덕한 행위의 유일한 기준을 사회복지에 두어야 한다는 주장은 적절하지 못하다.[290]

한편, 흄처럼 미덕을 효용성 또는 유용성(utility)에 두려는 주장이 있다. 이 주장은 자신과 다른 사람들에게 유쾌한 감정을 일으키면 유덕한 것으로 시인을 받고, 그 반대의 감정을 일으키면 부인을 받는다고 주장한다. 그렇지만 감정의 유쾌함이나 효용성은 그러한 감정을 인정하는 정도에 달려 있는 것이다. 따라서 감정이 적절한 정도로 절제(즉 자기제어)[291]되지 않는다면 그 감정은 유용하지 못한 감정이 될 것이며, 또한 적절한 정도를 초과하더라도 유익하지 못할 것이다. 또 스미스는 감정의 적절한 정도의 기준을 다름 아닌 공감 또는 공정한 관찰자의 감정으로부터 찾고자 했다. 흄이 스미스처럼 '공감'을 자신의 도덕 이론에서 가장 중요한 개념으로 사용하고 있을지라도, 스미스는 흄의 공감이 (사회적) 효용성과 동일한 개념이라 해석하여 반대하는 입장을 취한다.[292]

스미스는 이타적인 행위뿐만 아니라 이기적인 행위 또는 자애심(self-love)에 기초한 행위일지라도 제3자, 즉 '우리 마음속의 이상적인 인간'으로부터 공감의 정서를 이끌어낼 수 있다면 행위의 도덕성을 충족할

---

290) 위의 책, 584쪽.

291) 위의 책, 353~357쪽: 스미스는 자기 제어 또는 신중함이 유용성은 물론 적정성의 측면에서도 적절하며, 우리의 행위에 영향을 미치는 관찰자의 감정과도 정확히 일치한다고 주장한다. 흄과 스미스 모두 시인의 감정을 중요하게 여기지만, 흄이 시인을 유용성과 관련된 어떤 아름다움(美)으로 보았던 반면, 스미스는 자기 제어와 관찰자의 감정과 관련된 아름다움으로 이해하고 있다.

292) 위의 책, 586쪽

수 있다고 보았다. 293) 그리고 도덕에 관한 그의 이러한 입장의 기반에는 세계(또는 사회)의 자연적 질서와 조화라는 이신론적인 관점이 전제되어 있었다. 이제 우리가 검토할 스미스의 경제학 이론 또한 이 두 가지 사상적 배경(즉 자애와 자연적 질서)에 기초하여 이해할 때 더 잘 이해될 수 있다.

## 국가의 부의 본질 :
### 보이지 않는 손, 완전한 자유의 체계

▶ 경제에 관한 스미스의 관점을 이해하기 전에, 먼저 '시장 경제'와 자본주의, 그리고 그가 비판했던 중상주의에 대해 검토하는 것으로 시작하자. 294) 일반적으로 시장 경제란 상품으로서 생산물이 주로 시장을 통해 매매가 이루어지는 경제를 말한다. 자본주의란 사유재산 제도에 기초하여 이윤 추구를 목적으로 하는 시장 경제로, 특히 자본가가 임금 노동자를 고용하여 상품을 생산하는 경제 체제를 말한다. 따라서 자본주에서는 크게 임금 노동자와 자본가라는 두 개의 계급 구분이 존재한다. 시장 경제에서 이들 두 계급의 존재와 사유 재산 제도는 필연적이기 때문에 이 두 가지는 현실적으로 같은 의미를 지닌다고 할 수 있다.

중상주의는 유럽에서 군사 및 경제적 경쟁이 치열했던 16~18세기를

---

293) 위의 책, 674쪽.
294) 이근식, 『애덤 스미스의 고전적 자유주의』, 서울 : 기파랑, 2006, 39쪽.

배경으로 전개되었다. 당시 유럽의 국가들은 여러 지방으로 분열되어 있었던 중세의 구조를 벗어나 민족 국가들로 통합되고 있었으며, 이를 위해 중상주의를 채택하고 있었다. 즉 각국의 정부들은 부국강병을 목적으로 수입 억제와 수출 지원, 중요 산업에 대한 인허가, 상품 가격과 임금에 대한 가격 통제 등을 강력하게 시행하고 있었다. 이런 보호주의와 중상주의 정책295)은 정부의 관리와 보호를 받는 대상공인들에게는 유리했지만, 그렇지 못한 중소상공인들에게는 불리하게 작용했다. 이 때문에 중소상공인들은 정부 규제 철폐를 통한 자유 방임적 경제 체제를 요구하게 되었다. 이를 경제적 자유주의 또는 경제에서의 자유방임주의라고 부른다.296) 근대 시민 혁명이 성공한 이후 사회 정치 영역에서 이들 중소상공인들이 주도권을 장악함으로써 중상주의는 몰락하

---

295) 영국의 경제 발전은 정치 발전과 함께 상응하면서 발전했다. 일찍이 국왕의 전횡을 제한했던 대헌장(1215년, 존왕이 귀족의 저항에 굴복하여 제정된 것으로 왕에 대한 신민들의 반란권, 세금에 대한 신민들의 동의권, 인신보호권 등을 규정하고 있음.)을 제정했다. 이후 이 내용을 재확인한 권리청원(1628년), 왕당파와 의회파의 내전인 청교도 혁명(1649년), 인신보호율 제정(1679년), 제임스2세를 추방한 명예혁명(1688년) 등 왕과 의회의 싸움에서 의회가 이미 승리했고, 왕은 군림하지만 통치하지 않는다는 입헌군주제가 이미 확립되어 있었다. 스미스가 국부론(1776)을 출판하기 거의 100년 전의 일이다. 즉, 영국은 명예 혁명 이후에는 중상주의로 대상공업자들이 의회의 주도권을 잡고 있었다. 그리고 스미스는 바로 이 의회를 중심으로 주도권을 행사하고 있었던 의회중상주의, 즉 대상공인들을 비판했던 것이다. 중상주의는 민족 국가의 형성기에 등장했던 경제적 민족주의였던 것이다. 이 시기의 각 국가는 치열한 경쟁에서 이기기 위해 부국강병을 위한 튼튼한 재정이 필요했다. 그리고 이것은 당시의 돈인 금과 은의 확보로 이어졌다. 그리고 금과 은의 확보는 대외 경쟁력 강화로 이어졌고, 이를 위해 독점 무역과 함께 정부 보호를 받는 보호무역주의가 등장한 것이다. 식민지 개척도 바로 이 금과 은의 확보를 위한 것이었다. 에스파니아와 포르투칼은 절대 군주정 아래 중남미 식민지를 개척하여 금과 은을 직접 채굴했다. 반면, 네델란드는 영국보다 앞서 이미 17~18세기 유럽에서 가장 빨리 합리적인 자유주의 경제(자유로운 경제 활동 보장) 정책을 실시함으로써 유럽 제일의 선진국으로 발전했다: 위의 책, 46~52쪽 참고.
296) 위의 책, 31~32쪽.

고, 경제적 자유주의, 즉 실질적인 의미의 자본주의가 지배적인 흐름을 형성하게 된다.297)

산업 자본주의(18세기 말과 19세기 초 영국에서 진행)는 상업이나 무역을 통한 이윤 창출이라는 상업 자본주의와 달리 제조업을 통해 이윤을 창출하고 자본을 축적하는 체제이다. 따라서 경제 활동에서 주도적인 역할을 담당하는 것은 제조업의 자본가이다. 산업 혁명은 기계 동력을 생산 활동에 끌어들이고, 임금 노동자로 하여금 그 기계의 동력을 사용하게 함으로써 공장에서 대량 생산을 가능하게 하였다. 그 결과 노동자와 자본가라는 계급의 등장, 상품 생산의 본격화, 무수한 중소기업들의 성장 등 공업 중심의 산업이 경제에서 지배적인 흐름을 형성하게 되었다. 이 점에서 산업 자본주의는 오늘날 우리가 말하는 전형적인 자본주의라 할 수 있다. 그렇지만 산업 자본주의는 전개 과정 속에서 대기업이 산업 전반을 지배하고, 금융 자본주의가 득세함으로써 독점 자본주의로 변질된다. 이렇게 볼 때, 19세기가 산업 자본주의 시대라면, 19세기 말 이후의 자본주의는 독점 자본주의 시대라고 할 수 있다.298)

---

297) 자유주의는 진보 또는 보수 반동이라는 상반된 평가를 받는다. 이것은 자유주의를 정치적 자유주의와 경제적 자유주의적 관점에서 파악함으로써 해결될 수 있다. 예를 들어 정치적 자유주의에서 말하는 '만민 평등'에 경제적 평등, 즉 분배에서의 평등은 포함되지 않는다. 경제적 관점에서의 자유주의는 빈부 격차를 인정하고 방치한다는 점에서 보수와 반동의 성격을 갖고 있다. 흔히 시장의 실패와 밀접한 관련성을 갖고 있다. 로크가 정치적 자유주의를 특히 강조했다면, 스미스는 경제적 자유주의를 완성했다고 할 수 있다. 스미스는 산업 혁명이 발생하기 전에 생존했기 때문에 시장의 실패를 목격하지 못했으며, 시장 경제의 장점만을 보았던 것으로 판단할 수 있다: 위의 책, 32~36쪽.
298) 위의 책, 40~41쪽.

스미스가 살았던 18세기 영국은 그 당시의 관점에서 볼 때, 매우 발달한 시장 경제를 갖춘 사회였다. 당시의 시장 경제, 즉 자본주의는 상업자본주의에서 산업 자본주의로 넘어가는 과도기에 있었기 때문에 자본주의의 대표적인 문제점들이라고 할 수 있는 빈부 격차, 계급 간의 갈등, 독과점, 주기적인 불황 등도 아직 사회 전면에 등장하지 않았던 시기이기도 하다. 이것은 스미스가 시장 경제의 진로를 자신의 이신론에 기초해 자연적 조화와 질서라는 관점에서 전망할 수 있게 하는 배경이 된다.

『도덕 감정론』과 함께 스미스의 대표적인 저서인『국부론』의 원래 제목은 '국가의 부의 본질과 원인에 관한 탐구(An Inquiry into the Nature and Causes of the Wealth of Nations)'이다. 이 책의 제목에서 드러나고 있는 것처럼, 스미스는 자유롭고 공정하며 경쟁적인 시장 경제를 확립하는 것이 경제를 발전시키고 국가를 부유하게 하는 최선의 길이며, 이를 위해서는 중상주의에 기초하고 있는 정부의 모든 규제를 철폐하여 경제적 자유주의299)를 확립해야 한다고 주장한다. 300)『국부론』에 나타난 그의 주요 경제 이론을 간략하게 정리하면 다음과 같다.

첫째, 부(富)의 본질은 노동에 있다는 노동가치설이다. 301) 스미스

---

299) 애덤 스미스, 위의 책, 554쪽: "보다 저렴하게 사들일 수 있는 것을 스스로 제조하는 것은 한 국민이나 한 개인으로서도 어리석은 짓이다."
300) 위의 책, 101쪽.
301) 위의 책, 103~110쪽. 한편, 그에게 자본주의 3대 계급은 노동자, 자본가, 지주라는 생산 요소이며, 상품 가격은 이들에게 지급되는 임금, 이윤, 지대 세 부분으로 구성된다고 보았다.

는 부를 돈이 아니라 노동이라고 생각했다. 당시 중상주의자들이 금과 은을 가치의 원천으로 생각했던 것과 달리, 스미스는 노동이 가치의 원천이라고 생각했다. 이에 따르면 상품 생산에 투입된 노동의 양이 상품의 교환 가치와 동일하다는 것이다.

> 노동은 교환가치의 진정한 척도이며, 모든 사람은 생필품 및 편의물품을 향유할 수 있는 정도에 따라서 부유하거나 가난하다. 그렇지만 일단 분업이 이루어지면 사람은 자신의 노동을 통해 자급할 수 있는 부분이 극히 적어지게 된다. 따라서 다른 사람들의 노동으로부터 필요한 부분들을 가져오지 않으면 안 된다. 그렇기 때문에 어떤 상품을 소유하고는 있지만, 자신이 그것을 소비하려고 하지 않고 다른 상품과 교환하려고 하는 사람이 있다면, 그 상품의 가치는 그가 구입하거나 지배할 수 있는 노동의 양과 같다. 그러므로 노동은 모든 상품을 교환할 수 있는 가치의 진정한 척도이다. 또한 노동은 모든 물품에 지불되는 최초의 가격이다. 모든 상품의 가치는 그것을 획득하려는 사람이 그것을 획득하기 위해 실제로 치른 그의 노동과 수고이다.302)

스미스는 자신의 노동가치설에 기초하여 금과 은(화폐)의 증가는 경제 성장의 결과일 뿐 원인이 아니라고 지적한다. 또 금과 은의 해외 유

---

302) 애덤 스미스 지음, 최호진 외 옮김, 『국부론(상)』, 서울 : 범우사, 2002, 50쪽. 58쪽: "노동이 유일한 보편적 기준이다."

출은 경제 쇠퇴의 결과일 뿐 원인이 아니라고 주장한다.303) 즉 화폐란 단지 재화와 재화 사이의 교환을 원활히 해주는 매개체일 뿐 그 자체가 부는 아니라는 것이다. 이것은 오늘날 신자유주의의 금융 독점 자본주의에 대한 엄중한 경고로도 받아들일 수 있는 통찰이다.

둘째, 분업과 노동 생산성 향상에 대한 강조이다. 스미스에게 생산성의 증대는 부와 경제의 성장 과정이기도 하다. 따라서 생산에 참여하는 노동자의 고용을 늘리고, 노동자의 생산성을 높이는 것은 국가의 부를 증대시키는 것과 같은 의미이다.

> 분업은 노동의 생산력을 증대시키는 가장 중요한 요소이다. 노동의 생산력을 가장 크게 개선하고, 숙련 및 기능을 향상시키는 것은 대부분 분업의 결과로 생겨난다. 분업은 일부 제조업에서 가장 완전하게 이루어질 수 있다. 핀을 제조하는 일은 대표적인 경우이다.304)

스미스는 분업화의 장점을 강조하기 위해 핀의 제조 공정을 분업화시켰을 경우 나타나는 높은 생산성을 제시한다. 그는 분업화를 통해 하루에 4만 8천 개의 핀을 제조하는 사례를 제시하는데, 이는 한 사람이 하루에 4천 8백 개의 핀을 만들어내는 것과 같다고 강조한다. 그렇지만 만약에 누군가가 이 모든 과정을 혼자서, 그리고 교육받지 않은 채 이 일을 수행했다면 하루에 20개가 아니라 단 1개도 생산하지 못했

---

303) 이근식, 위의 책, 106쪽.
304) 애덤 스미스, 위의 책, 20~21쪽.

을지도 모른다고 평가한다. 스미스는 이러한 분업의 효과가 모든 직업은 물론 국가와 국가 사이의 무역관계(즉 절대우위론)305)에도 그대로 적용된다고 주장하면서 자유 무역을 강조한다.

셋째, 자본 축적과 고용 증대에 관한 주장이다.306) 스미스는 낭비하는 사람의 행동은 근면한 사람의 빵으로 자신들을 부양하게 하는 것으로 자신은 물론 국가까지 가난하게 만든다고 비판한다. 이 때문에 순간적이고 우연적인 낭비에 대한 충동은 자신의 현재 삶을 개선시키고자 하는 절약과 저축의 본능으로 통제할 필요가 있음을 강조한다.

> 자본은 극도의 절약과 저축을 통해 증가되고, 낭비와 잘못된 행위를 통해 감소된다. 근면이 많은 것을 획득하게 해줄지는 모르지만, 극도의 절약으로 그것을 저축하지 않는다면 자본은 결코 증가하지 않는다. 낭비에 대해서 보면 지출을 촉진하는 사람의 본능은 눈앞의 향락에 대한 열정 때문이다. 그러나 저축을 촉진하는 본능은 자신의 삶을 개선하려는 욕망이고, 이것은 태내에서 무덤에 들어갈 때까지 결코 우리 곁을 떠나지 않는다.307)

스미스는 이처럼 자본주의 경제를 발전시키는 요인으로 분업과 이에

---

305) 예를 들어 영국은 모직물을 생산하는데 10단위, 포도주를 생산하는데 20단위의 노동이 필요한 반면, 프랑스는 모직물에 20단위, 포도주에 10단위의 노동이 필요하다고 가정하자. 이에 따라 영국은 모직물, 프랑스는 포도주 생산에서 절대적인 우위를 지녔기 때문에 이를 기반으로 국가 간 생산과 무역을 하는 것이 유익하다는 것이다.
306) 이근식, 위의 책, 114~118쪽 참고.
307) 애덤 스미스, 위의 책, 413~423쪽.

따른 생산성 향상, 그리고 지속적인 자본 축적 등을 제시한다. 그의 이러한 주장은 자연스럽게 국가와 관련된 공적인 낭비에 대한 비판으로 이어진다.

> 대부분의 나라는 비생산적인 분야를 유지하기 위해 국가의 수입을 사용한다. 예를 들어 화려한 궁정, 거대한 종교 사원, (전혀 비생산적인) 대규모의 육군과 해군 등이 여기에 속한다. 이들은 모두 다른 사람들의 노동 생산물에 의해서 부양된다. 절약과 선행만이 개인의 사적인 낭비와 잘못된 행위를 보상할 뿐만 아니라 정부의 공적인 낭비도 보상할 수 있다.308)

정부의 비생산성에도 불구하고, 스미스는 자신이 처해 있는 현재의 상황을 보다 개선시키려는 변함없고 끊임없는 노력만이 개인의 부와 국가의 부를 가능하게 하는 요인임을 강조하고 있다.

넷째, 자기 이익과 시장의 효율성에 대한 강조이다. 우리가 이미『도덕 감정론』에서 살폈던 '자기 이익'의 원리는 그의 경제 이론의 주요 원리이다. 즉 인간의 자기 이익 추구 본성이 분업과 교환을 낳으며, 분업의 효율성은 시장의 규모와 밀접한 관계를 형성한다. 다시 말해 도시화가 진행되고, 국가 간 무역이 발전한다는 것은 분업과 교환의 필요성이 그만큼 증가했다는 의미이며, 이것은 시장의 규모가 그만큼 커졌다는 뜻이기도 하다.

---

308) 위의 책, 424~425쪽.

인간은 거의 언제나 다른 사람의 도움을 필요로 하는데, 단순히 동포의 박애심에 의해 도움을 받을 수 있다고 생각하는 것은 소용없다. 그보다는 상대의 자애심(self-love)을 자극함으로써 자기 이익이 되게 할 수 있고, 자신이 필요로 하는 것을 자신을 위해 상대가 해주는 것이 상대에게도 이익이라는 것을 상대에게 표시할 수 있다면 그만큼 성공하기 쉬울 것이다. 다른 사람과의 거래에서 중요한 것은 '내게 필요한 것을 나에게 달라, 그러면 네가 원하는 것을 받게 될 것이다'라는 사실을 깨닫는 것이다. 우리가 상대방으로부터 기대하는 거의 모든 호의는 이와 같이 함으로써 이루어진다. 309)

문명사회에서의 인간은 다른 사람과의 협력과 도움에 의지해서 살아가야 하지만, 그렇다고 그것이 인간의 박애나 자애(慈愛)로부터 나오는 것은 아니다. 스미스에 의하면, 그것은 동물에게서는 발견되지 않고 오직 인간에게만 고유한 교환의 본능 때문이다. 우리가 돼지고기로 즐거운 저녁 식사를 할 수 있는 것은 정육점 주인의 자애(慈愛) 때문이 아니라 주인의 자애(自愛), 즉 자기 이익에 대한 관심 때문이다. 이것은 마치 활과 화살의 제작에 탁월한 기능을 가진 사람이 이것을 가지고 사냥을 해온 사람의 멧돼지 고기와 자신의 활과 화살을 맞교환하는 것과 같은 이치이다. 활과 화살을 만드는 제작자의 기능과 사냥꾼의 사냥 기술, 그리고 이들의 자기 이익 추구 욕망이 서로에게 이익이 되는 교

---

309) 위의 책, 31쪽.

환을 실현시킨 것이다. 이러한 교환 본능이 시장을 형성하게 하며, 시장의 규모가 커질수록 분업 또한 더욱 촉진된다. 시장은 인간의 본성에 충실한 자발적인 교환 공간이며, 이 점에서 최선의 경제 체제인 셈이다. 그러므로 제한을 가하거나 특혜를 주는 모든 제도가 완전히 철폐된다면, 분명하고 단순한 자연적인 '완벽한 자유의 체계'가 스스로 확립된다.310)

홉스는 인간이 이기적이고 탐욕스럽기 때문에 정부에 의한 법과 질서의 확립을 강조하며, 이를 위해 왕권강화, 정부의 규제를 정당화했다. 반면, 스미스는 정부의 규제가 없는 자유로운 활동 속에 자연적인 질서가 존재하며, 이 때문에 자연적인 조화가 이루어질 것이라고 보았다. 또 시장은 분업의 효율성과 자기애에 의한 동기 부여, 그리고 자발적인 교환을 통해 궁극적으로 사익과 공익이 조화(즉, 모두에게 이익)를 이루게 될 것으로 생각했다.

각 개인은 자기 자본과 노동을 가능한 한 자국의 근로 활동을 위해 사용하고, 그를 통해 생산물의 가치가 최고의 가치를 지니도록 노력하게 된다면, 그 개인은 자기 사회의 수입이 최고가 되도록 하는데 노력한 것이 된다. 물론, 그는 자신이 사회 공공의 이익을 위해 노력하지도 않았고, 자신이 공공의 이익을 위해 얼마나 촉진했는지도 모른다. 그가 그 생산물이 최대의 가치를 지니도록 운영하는 것은 오직 그 자신의 이익만을 목적으로 한 것이

---

310) 이근식, 위의 책, 122~123쪽.

다. 그리하여 이 경우 보이지 않는 손에 이끌려 그가 전혀 의도하지 않았던 어떤 목적을 촉진하게 된 것이다. 자신이 의도했던 것이 반드시 사회에 대해서 나쁜 것은 아니다. 311)

단지 자신의 이익만을 추구하는 개인의 행위가 사회 전체의 이익을 증진시키는 결과를 가져오는 것은 물론, 사회의 복지를 위해서 일하는 것처럼 목소리를 내는 사람들보다 훨씬 더 잘 사회 전체의 이익에 기여한다는 것이 스미스의 주장이다. 이 점에서 개인의 경제적 이익 추구 활동이 어떤 정치인이나 정책 입안자보다 올바른 판단을 한다고 할 수 있다.

다섯째, 중상주의와 같은 규제 중심의 보호무역주의에 대한 비판이다. 스미스는 어떤 사업 분야를 촉진하기 위한 규제이든, 억제를 위한 규제이든 상관없이 이러한 모든 규제는 사회의 진보를 가로막고 생산성을 떨어뜨리며, 자유 무역을 저해하는 비효율적인 것이라고 지적한다.

규제는 자유의 정신과 상반되며, (국가 간) 모든 규제의 목적은 이웃 나라의 제조업을 억압하는데 있다. 불쾌한 우리의 경쟁 상대를 소멸시킴으로써 우리의 제조업을 확장시키기 위한 것이다. 또 생산의 유일한 목적은 소비이지만 중상주의는 공업과 상업의 목적을 소비가 아니라 생산에 둠으로써 생산자의 이익만을 대변한다. 그 결과 소비자의 이익은 생산자의 이익을 위해 희생되고 있다. 수출

---

311) 애덤 스미스, 위의 책, 553쪽.

에 대한 장려금 또한 생산자의 이익만을 위한 것이다.312)

이와 함께 스미스는 고율의 수입관세와 강도 높은 수입 규제 법안 또
한 마찬가지로 상인과 제조업자의 배만 불릴 뿐313)이라고 비판한다.
  마지막으로 정부(또는 주권자)의 역할을 최소화하자는 주장이다. 스미
스는 완전한 자유의 체계 아래에서 주권자는 오직 세 가지에 한해서만
의무를 진다. 그것은 국방 및 사법제도, 그리고 공공토목 사업이다.

> 모든 특혜나 규제가 완전히 철폐될 때 자연적 자유의 제도가 스스
> 로 확립된다. 각 개인은 정의의 법을 침해하지 않는 범위 내에서
> 자신의 방식으로 자기 이익을 추구하고, 자신의 노동과 자본을
> 가지고 다른 어떤 사람 또는 다른 어떤 계급의 노동이나 자본과
> 완전히 자유롭게 경쟁하도록 방임된다. 그러면 주권자도 각 개인
> 의 노동에 대한 감독의 의무에서 완전히 자유롭게 된다. 자연적
> 자유의 체계에서 주권자는 오직 세 가지, 첫째, 사회를 다른 외
> 부 사회의 폭력과 침략으로부터 방어할 의무, 둘째 사회 한 구성
> 원을 다른 구성원으로부터 보호하기 위한 사법 행정을 수립할 의
> 무, 셋째 공공 목적의 토목 공사와 유지이다.314)

완전한 자유의 체계, 즉 자유방임주의(또는 고전적 자유주의) 아래서

---

312) 애덤 스미스 지음, 최호진 외 옮김, 『국부론(하)』, 서울 : 범우사, 2002, 222쪽.
313) 애덤 스미스, 앞의 책, 556쪽.
314) 애덤 스미스, 위의 책, 254쪽.

개인은 다른 사람의 이익을 부당하게 침해하지 않는 한 자유이며, 주권자(즉 정부)는 오직 이를 보장하기 위한 역할과 의무만을 진다. 스미스가 자연 질서 및 조화론에 근거하여 이와 같은 주장을 하고 있다는 사실은 더 이상 언급할 필요가 없을 것 같다. 그렇다고 스미스의 입장이 국가 또는 정부의 역할을 완전히 부정하는 것이라고 보아서는 안 된다. 왜냐 하면 위의 세 가지, 즉 국방, 치안, 공공 목적의 토목 사업에 대해서는 정부의 필요성을 강조하고, 더 나아가 국가에 의한 최소한의 의무교육(글쓰기와 읽기, 셈하기)315)에 대해서 언급하고 있기 때문이다.

『도덕 감정론』에서 『국부론』에 이르기까지 스미스의 사상에서 논리적인 일관성을 발견할 수 있다면, 그것은 자연조화와 질서, 이것을 가능하게 하는 공정한 관찰자와 자기 이익 추구 본성 및 공감일 것이다. 어떤 사람들은 스미스가 도덕 이론에서는 이타적 감정으로서 '공감'을 주장하면서도, 반대로 경제 이론에서는 '자기 이익 추구' 본성을 주장하는 등 일관성이 없는 주장을 했다고 말하기도 한다. 그렇지만 이것은 스미스의 사고를 일관되게 뒷받침하고 있는 원리에 대한 잘못된 이해로부터 비롯된 것이라고 할 수 있다. 스미스 자신이 갖고 있었던 세계관과 가치관을 올바르게 이해할 때 그에 대한 이러한 오해로부터 자유로워질 수 있을 것이다.

---

315) 스미스는 서민의 정신과 정서를 고양시켜 인간성의 불구를 치유하고, 국가 또한 이를 통해 큰 이익을 얻을 수 있다고 보았다. 또 상관과 국가에 대한 순종심을 함양할 수 있다고 보았다. 이 점에서 그의 국가에 의한 의무 교육론은 보수주의적 관점을 변호하고 있는 것이라 할 수 있다: 이근식, 위의 책, 166~167쪽.

# 11

# 스피노자
## BENEDICT SPINOZA

1632−1677

· 실체 : 신 즉 자연
· 자유와 필연, 그리고 인식
· 자유 : 정념의 상황을 넘어서

## | 핵심 주제 |

· 실체 : 신 즉 자연
· 자유와 필연, 그리고 인식
· 자유 : 정념의 상황을 넘어서

## | 핵심 용어 |

⇒ 『윤리학』, 범신론, 기계적 법칙, 기하학적 질서, 직관과 연역, 합리론, 신=실체=자연, 필연성의 인식, 영원의 상(像), 코나투스, 실체 일원론, 무한속성, 자유와 필연, 정신의 만족, 지복

## ‖ 스피노자 ‖

- 자연 안에는 동일한 본성이나 속성을 가진 두 개 이상의 실체가 존재할 수 없다.

- 인간은 이성의 지도에 따를 경우에만 언제나 본성과 필연적으로 일치한다.

- 자기만족은 이성으로부터 나오며 이성으로부터 나오는 이 만족만이 최고의 것이다.

사랑하는 여인과 결혼을 약속한 스무 살의 한 남자가 있었다. 그런데 이 남자에게 경쟁자가 나타났다. 그 경쟁자는 연인관계에 있는 여성에게 접근하여 값비싼 선물을 공세를 퍼부었다. 이에 여성은 자기 마음을 연인에게서 경쟁자에게로 돌려버린다. 이 때문에 정신적으로 큰 상처를 입은 이 남자는 '우리가 정념이나 외적인 조건에 지배되지 않고 오직 이성적일 수는 없을까?'라는 물음을 품고 인간과 세계에 대한 깊은 사색을 시작한다. 이후 이 남자는 유대교 목사를 꿈꾸면서 공부하던 중 이미 신앙에 대해서도 회의(예를 들어 어쩌면 신은 육체를 지니고 있는지 모른다, 영혼이란 단지 생명을 말하는 것이다)를 품어 당시로서는 사회·종교적 살인이라고 할 수 있는 파문 선고를 받는다. 엄격하고 엄연한 종교 심판이 있었던 시대였기 때문에 그는 자신이 쓴 책을 무려 십 년이 지나서야 출판해야 했다. 그렇지만 그의 책이 출판되자 종교계의 비판은 냉혹했다. 예를 들어 "신에 대한 모독과 무신론으로 가득 차 있기 때문에 지옥에나 던져버려야 할 책", "지구가 생긴 이래 이렇게 신앙심이 없는 책은 없었다."316)와 같은 것들이었다. 실제로 그의 책 『윤리학』은 신에 대해서 가장 강조하고 있지만 종교적인 관점에서 말하는 유일신은 전혀 아니기 때문에 당시의 시대 상황을 고려하면 이해되지 않는 것은 아니다. 그렇지만 이러한 비난에 대해서도 그는 자신의 책을 '오직 진리를 위해서 바친다.'는 흔들림 없는 신념으로 일관했다. 그가 바로 이제 우리가 살펴보려는 스피노자이다.

　그는 데카르트의 철학과 자연과학에 관심을 가졌으며, 데카르트의

---

316) 강성률, 『2500년 간의 고독과 자유』, 서울 : 푸른솔, 1996. 115-122쪽.

이원론을 극복하는 범신론적 체계를 확립했다. 그가 데카르트의 영향을 받았다는 말은 스피노자의 학문적 방법론이 연역적 · 수학적 · 기하학적인 원리를 따르고 있다는 뜻이다. 스피노자는 자신의 『윤리학』을 '정의 → 정리 → 증명 → 주석 → Q.E.D(이것으로 증명되었다.)'라는 연역적인 원리에 근거하여 설명했다. 또한 그는 인간과 자연 세계가 모두 거대한 기계적인 법칙이라는 필연성의 원리, 즉 인과성의 지배를 받는다고 생각했다.

> 우주 속에 우연한 것은 없다. 신적인 필연성에 의해 결정되어 있다(제1부 정리29).

스피노자의 『윤리학』(1661)은 '기하학적 질서에 따라 증명되고 다섯 부분으로 이루어졌으며, 그 안에서 다음과 같이 구성된다.'는 긴 문장의 부제를 달고 있다. 그의 주요 사상을 담고 있는 이 책에 대한 탁월한 평가는 다음과 같다.

> 『윤리학』의 어려움은 첫째, 철저히 연역적, 기하학에 가까운 문체로 쓰였기 때문이다. 그의 합리론은 논리적인 또는 수학적인 증명을 인식의 기본 틀로 간주하고 있다. 즉, 자명한 공리에서 정리와 명제들을 끌어낸다. 둘째, 『윤리학』은 이후에 전개될 용어나 개념들을 먼저 스피노자의 관점에서 소개하고, 이러한 정의들을 이후에 적용하기 때문에 논리적으로 자명한 것이지만, 그만큼 이해하기가 어려운 면이 있다. (그리고) 이 모든 체계를 인식함으로

써 얻게 되는 결과는 지적 만족이다.317)

실체(또는 신), 정신, 정서, 인간의 예속, 지성의 능력과 자유 등 전체 다섯 장으로 되어 있는 그의 『윤리학』을 중심으로 주요 내용들을 검토하기로 하자.

## 실체 :
## 신 즉 자연

▶ 먼저, 스피노자의 신, 즉 실체 개념에 대한 진술을 보기로 하자.

실체란 그 자체로서 존재하며 절대적으로 존재한다. 즉 실체란 자기 자신 안에 있으며 자기 자신에 의해서 인식된다(제1부 정의3).318)

자연 안에는 동일한 본성이나 속성을 가진 두 개 이상의 실체가 존재할 수 없다(제1부 정리5).319)

하나의 실체는 다른 실체에서 산출될 수 없다(제1부 정리6).320)

---

317) 로버트 애링턴 지음, 김성호 옮김, 『서양윤리학사』, 서울 : 서광사, 2003. 295-296쪽.
318) 스피노자 지음, 강영계 옮김, 『에티카』, 서울 : 서광사, 1990. 13쪽.
319) 위의 책, 17쪽.
320) 위의 책, 18쪽.

(왜냐하면 다른 실체를 인정한다는 말은 신의 무한 속성을 인정하지 않는다는 뜻이기 때문이다. 무한 속성을 지닌 신은 둘 이상일 수 없다.)

모든 실체는 필연적으로 무한하다(제1부 정리8). (왜냐하면 유한하다는 말은 동일한 본성을 지닌 다른 실체에 의해서 제약받는다는 뜻이기 때문이다.)

신 이외에 어떤 실체도 존재할 수 없고 또한 파악될 수도 없다(제1부 정리14). 321) (만약에 동일한 속성을 지닌 실체로서 신이 또 존재한다면 이것은 정리5에 의해서 부당하게 된다.)

신은 오직 자신의 본성(즉 본성의 필연성)에 따라서만 활동하기 때문에 다른 어떤 것에 의해서도 강요받거나 구속되지 않는다(제1부 정리17). 322)

이와 같은 신 개념에 근거하여 우리는 다음과 같은 타당한 명제를 도출할 수 있다.

전제1) 자연 안에는 동일한 본성(또는 속성)을 가진 두 개 이상의 실체는 존재할 수 없다(정리5).
전제2) 신은 절대적으로 무한한 속성(즉 모든 것이 가능한)을 지닌

---

321) 위의 책, 28쪽.
322) 위의 책, 35쪽.

실체이다(정리8).

전제1), 전제2) 만약에 신 이외의 다른 실체가 존재한다면, 그것
은 정리5와 정리8에 의해 부당하다.

결론) 그러므로 오직 신만이 유일한 실체이다.

한편 스피노자는 신의 무한한 속성에 대해서 제1부 정리25에서 다음
과 같이 증명한다.

[정리] 신은 사물이 존재하도록 하는 원인일 뿐만 아니라 사물의
본질을 이루는 원인이기도 하다.

[증명] 우리가 신이 사물의 원인이라는 사실을 부정한다면 이것
은 공리4(결과에 대한 인식은 원인에 대한 인식에 의존한다)를 부
정하는 것이 된다. 그렇지만 이렇게 되면 정리15(존재하는 모
든 것은 신 안에 있으며, 신 없이는 아무 것도 존재할 수 없고 파악
될 수도 없다)는 것을 부정하는 것이기 때문에 부당하다. 그러
므로 신은 사물의 본질을 이루는 원인이다. Q.E.D.(Quod erat
demonstraandum)323)

데카르트는 실체란 "존재하기 위해서 그 자신 이외에 어떤 것도 필요
로 하지 않는 것"이라고 정의한다. 이러한 정의를 따른다면 인간(정신
과 신체)과 물리적인 사물들은 모두 만들어낸 것이기 때문에 이것들이

---

323) 위의 책, 44쪽.

존재하기 위해서는 반드시 신에 의존하지 않으면 안 된다. 그렇더라도 데카르트는 정신과 신체(물체)를 절대적 실체인 신이 만들어낸 유한한 실체라는 점은 인정했다. 그리고 그 이유를 비록 정신과 신체가 신으로부터 창조된 것이기는 하지만 이것들이 존재하기 위해서 서로에게 의존하지도 않고 서로를 포함하지도 않으며, 스스로를 유지하기 위해 실체의 한 속성인 그것들만의 고유한 속성(정신은 사유의 속성, 물체는 연장의 속성)을 갖고 있기 때문이라고 했다.324) 그렇지만 스피노자는 실체에 관한 데카르트의 이와 같은 이원론적 구분을 거부하고 이처럼 일원론적인 관점을 일관되게 주장한다.

베이컨은 아리스토텔레스의 연역논증에 대해 새로운 사실을 밝혀내는 데에 아무런 도움을 주지 못하기 때문에 학문의 방법으로 적절하지 못하다고 비판했는데, 이것은 스피노자의 실체에 관한 논증에도 들어맞는 주장이라고 하겠다. 스피노자의 연역적 논증 구조는 사실 이미 대전제 속에 도출될 결론을 포함하고 있기 때문에 이 안에서 우리는 어떤 새로운 사실을 밝혀낼 수는 없다. 이러한 비판에도 불구하고, 그의 『윤리학』은 기계론적으로 잘 짜인 엄격한 결정론적 체계를 갖고 있기 때문에 스피노자 자신이 『윤리학』의 부제에서 밝힌 것처럼 '기하학적인 원리에 따라' 쓴 책이라는 점은 증명된 셈이다.

한편, 스피노자는 자신의 신 개념을 증명한 다음 추가적인 주석을 달아 보다 자세히 전개하는데, 이것이 '능산적 자연'과 '소산적 자연'325)이라는 개념이다. 능산적(能産的) 자연이란 그 자체 안에 존재하고(즉

---

324) 제임스, 콜린스 지음, 이성환 외 옮김, 『합리론』, 서울 : 백의, 1999. 71쪽.
325) 강영계, 위의 책, 47쪽.

스스로 그 자체로서 존재하며) 그 자신에 의해 파악되기 때문에 신의 영원하고 무한한 속성과 같은 의미이다. 따라서 이것은 자기 원인 또는 자유 원인으로서 신의 본성이라고 할 수 있다. 반면, 소산적(所産的) 자연은 신의 본성 또는 신의 속성인 필연성의 원리에 따라 생겨나는 모든 것을 말한다. 따라서 신 안에 존재하며 신이 아니면 존재할 수 없는 것으로 신의 무한한 속성이 다양하게 드러나는 양태(樣態)를 의미한다. 그런데 신은 본성상 '무한한 속성', 즉 모든 것이 가능한 존재이기 때문에 사유와 연장은 모두 신의 속성에 내재되어 있다.326)

> 사유는 신의 속성이며(제2부 정리1), 연장은 신의 속성이다(제2부 정리2).

이처럼 실체, 즉 신 개념을 통해 스피노자는 자신의 일원론을 연역적이며 기하학적인 논리에 따라 확립한다.


## 자유와 필연, 그리고 인식

▶ 자유란 오직 자신의 본성에 의한 필연성에 따라서만 존재하며, 즉 자기 자신에 따라서만 존재하고 행동하도록 결정되는 것을 가리키는 말이다. 그렇지 않고 다른 것에 의해 특정한 방식으

---

326) 위의 책, 69-70쪽.

로 규정되고 존재하며 행동하도록 결정되는 것은 구속되고 강제

되었다고 말한다(제1부 정의8).327)

　　스피노자는 자유(liberty)롭다는 말을 자기 내면의 법칙을 따른다는 뜻

으로 사용하고 있다. 또 내면의 법칙을 따른다는 말은 필연성의 원리

를 따른다는 뜻이기도 하다. 따라서 그에게 자유와 필연은 서로 대립

하는 개념이 아니라 서로 같은 의미를 지닌 개념이다. 반면 그에게 자

유와 대립하는 개념은 구속으로 이것은 외적 조건에 의해서 강제되거

나 제약을 받음으로써 존재하게 되는 것을 말한다. 그러므로 우리가

무엇에 대해 의지를 가지고 의욕한다는 의미를 지닌 "'의지'는 '자유'에

근거하는 '원인'일 수 없고 단지 (외적 요인)에 의한 필연적 원인(즉 강제

적 원인)이라고 할 수 있다(제1부 정리32)."328) 이렇게 볼 때 스피노자가

사용하는 '자유'의 의미는 우리가 일반적으로 사용하는 '의지의 자유' 또

는 '자유 의지'의 개념과는 다른 개념이라고 할 수 있다.

　　스피노자의 자유 개념은 인간에게만 적용되는 것이 아니라 신에 대

해서도 그대로 적용된다. 보다 정확히 말하면, 신에 대해서 적용되는

자유의 개념이 인간을 포함한 모든 존재하는 것들에 대해서도 똑같이

적용된다고 해야 한다. 이렇게 볼 때 '신적인 필연성'은 신의 본질이자

사물의 본질을 의미한다고 하겠다.

　　사물의 본성에는 어떤 것도 우연히 주어진 것이란 없으며, 모는

---

327) 위의 책, 14쪽.
328) 위의 책, 49쪽.

것은 일정한 방식으로 존재하고 작용하도록 신적인 필연성에 의

해 결정되어 있다(제1부 정리29). 329)

존재하는 모든 것들은 신적인 본성에 따라 일정한 방식으로 필연적
으로 존재하도록 되어 있기 때문에 신 안에서만 존재할 수 있다. 따라
서 그 어떤 존재도 우연적으로 존재할 수 있는 것은 없다.

마찬가지로 우리가 갖고 있는 인식이 참이기 위해서는 오직 신의 무
한한 본성과의 관계 속에서만 파악되어야 한다. 또 우리의 인식이 참
이라는 뜻은 우리가 신적인 필연성의 원리에 따라 인식하고 있음을 표
현하고 있다는 것과 같은 의미이다. 물론 우리가 오류를 범하고 있다
는 말은 신적인 본성으로서 필연성의 원리를 어기고 외적 요인에 의해
자의적으로 인식하고 있다는 뜻이다.

우리의 모든 관념은 오직 신과의 관련성 안에서만 참이다(제2부
정리32) 330)

(사물에 대한 타당하지 못한 인식으로서) 허위는 타당하지 못한 관
념이며 이것은 인식의 결핍에서 생긴다(제2부 정리35). 331)

이성의 본성은 사물을 우연에 의해서가 아니라 필연적으로 고찰

329) 위의 책, 47쪽.
330) 위의 책, 101쪽.
331) 위의 책, 102쪽.

하는 것이다(제2부 정리44). 332)

　우리의 이성이 사물을 참되게 인식한다는 말은 신적인 필연성의 원리에 따라 인식한다는 것을 의미한다. 스피노자는 이것을 가리켜 사물을 '영원한 존재(즉 신)의 형식에 속하는 것으로 파악하는[일반적으로 영원의 상(像, 본뜬 모습, 닮음) 아래서(viewing things under a species of eternity)라고 알려져 있다]' 것이라고 말한다333). 즉 현실적으로 존재하는 모든 것들은 신의 영원하고 무한한 속성을 표현하고 있기 때문에 우리는 이것들을 오직 신의 무한한 본질(또는 본성)에 따라서만 인식해야 한다는 것이다. 그리고 오직 이 경우에 한해서만 우리의 인식은 참(즉 타당한 인식)일 수 있고, 또 오직 이와 같은 이성적인 관조를 통해서만 평온한 행복에 이를 수 있다는 주장이다.

　　정신은 자기 자신과 함께 자신의 활동 능력을 인식할 때 기쁨을
　　느낀다. 그리고 자신의 활동 능력을 자신과 함께 보다 명확하게
　　인식하면 할수록 더 큰 기쁨을 느낀다(제3부 정리53). 334)

　스피노자는 우리의 인식 활동이 신적인 필연성과 하나가 되어갈수록 그 기쁨 또한 더욱 커지는 것이라고 생각했다. 그리고 여기서 그가 말하는 '기쁨'이란 인간이 더 작은 완전성에서 더욱 큰 완전성으로 옮겨가

---

332) 위의 책, 112쪽.
333) 위의 책, 113쪽.
334) 위의 책, 180쪽.

는 과정을 의미한다(정신의 능동). 반면 '슬픔'이란 그 반대이다.335) 이
것은 우리의 정신이 수동적인 상태, 즉 정서에 지배되어 예속되어 있
는 상황을 말한다(정신의 수동).


## 자유 :
### 정념의 노예 상황을 넘어서

> ▶ 우리의 정신은 작용을 하기도 하지만 작용을 받기도 한다. 정
> 신이 타당한 관념을 지닌 경우에는 필연적으로 작용하지만 타당
> 하지 못한 관념을 지닌 경우는 필연적으로 작용을 받는다(제3부
> 정리1).336)


스피노자가 위에서 말하는 '작용'이란 우리의 본성이 오직 내적인 원
인(즉 신적인 필연성)에 의해서만 활동한다는 뜻이다. 따라서 정신이 타
당한 관념을 지닌다는 것은 신의 본성(즉 자연)에 따르는 타당한 인식을
하고 있다는 뜻이고, 타당하지 못한 관념을 지닌다는 것은 부분적인
원인에 따르는 인식을 하고 있다는 뜻이다. 스피노자는 이것을 '정신의
능동'과 '정신의 수동'이라는 용어로 설명한다. 즉 정신이 능동적으로
작용을 하는 경우는 타당한 관념을 지니며 수동적으로 작용을 받는 경

---

335) 위의 책, 189쪽.
336) 위의 책, 132쪽.

우는 타당하지 못한 관념을 지닌다는 뜻이다.337)

> 모든 존재는 자신의 존재를 지속하려고 하며 이것이 사물의 본질
> 이다(제3부 정리7).

스피노자는 인간을 포함한 모든 존재하는 것들의 본성을 '코나투스
(conatus)', 즉 자기보존이라고 생각했다. 그리고 이러한 코나투스를 유
지하고 나아가 완성하는 삶을 이상적이고 행복한 삶이라고 생각했다.
만약에 우리가 타당한 관념을 지닌다면 우리는 그에 비례하여 자기보존
을 이룰 수 있을 것이다. 이 때문에 우리의 정신은 우리에게 '기쁨(스피노
자는 인간의 정신이 더 큰 완전성을 향해 나가는 것을 기쁨이라고 표현한다.)'338)
을 가져다 줄 것이라고 생각하는 것들에 대해서는 촉진시키려고 노력하
지만, 그와 반대되는 '슬픔(이것은 더 작은 완전성을 향해 나가는 것으로 양심
의 가책이라고도 할 수 있다.)'을 가져다 줄 것이라고 생각하는 것들에 대해
서는 회피하려고 한다. 물론 이 모든 것들은 '자연, 즉 신적인 본성과의
관계 내에서만'이라는 것을 전제로 하고 있다. 그리고 이 모든 과정은
우리의 정신이 보다 큰 완전성으로 이행해가는 과정이다.
　스피노자는 정신과의 관계 속에서 '정서(또는 정념)'을 정신이 수동적
인 상태에 놓여있는 것, 혼란한 관념을 지닌 정신339)으로 이해한다.
따라서 인간의 정신이 정서의 지배를 받고 있는 상황 또는 인간의 정신

---

337) 위의 책, 138쪽.
338) 위의 책, 189쪽.
339) 위의 책, 202쪽.

이 무능력하여 정서를 억제하지 못하는 상황을 두고 정신이 예속(또는 노예)의 상태에 놓여있다고 설명한다. 따라서 그에게 정신이 예속적 상황에 놓여있다는 말은 정신이 부당한 관념을 지니고 있거나 본성에 대한 인식의 결핍으로 오류에 빠져 있다는 뜻이다.340) 그러므로 악은 부당한 인식이다.341)

> 각각의 개인은 자신의 이익을 추구하면 할수록, 즉 자신의 존재를 유지하기 위해 노력하면 할수록 더욱 더 유덕하게 된다. 반대로 자신의 존재를 유지하려는 노력을 소홀히 하면 할수록 무력해진다(제4부 정리20).342)

그러므로 우리의 정신이 정념의 노예상태로부터 해방되기 위해서는 인간의 본질인 정신의 덕이 자기보존을 위해서 작용하도록 하는 노력이 반드시 필요하다. 즉 자신의 본성과 반대되는 외적인 원인에 지배되지 않도록 해야 한다. 예를 들어 금식이나 자살행위는 자신을 자신의 본성인 필연성의 원리에 따라 존재하지 못하게 하는 것이기 때문에 외적인 조건에 좌우되는 것이라고 할 수 있다.

> 그 어떤 덕도 자기를 보존하려는 노력보다 우선할 수 없다(제4부 정리22).

---

340) 위의 책, 213쪽.
341) 위의 책, 265쪽.
342) 위의 책, 228쪽.

참으로 덕 있는 행동이란 이성의 지도에 따라 자기 이익을 추구하는 것이다(제4부 정리24). 343)

인간 정신의 최고선은 신을 인식하는 것이다(제4부 정리28). 344)

모든 것은 자신의 본성과 일치하는 경우에만 필연적으로 선이다(제4부 정리31). 345)

인간은 이성의 지도에 따를 경우에만 언제나 본성과 필연적으로 일치한다(제4부 정리35). 346)

이미 보았던 것처럼 스피노자는 신, 즉 자연의 일부인 인간의 본성을 정신, 즉 이성으로 파악했다. 따라서 인간에게 가장 이상적인 삶이란 자신의 본성의 근거인 신(즉 자연)의 본성에 맞는 것이 무엇인지를 인식하고, 인식한 그대로 살아가면 되는 것이다. 그리고 이렇게 살아가는 것이 자신을 보존하려는 욕구와 정확히 일치하는 삶이며, 그렇기 때문에 자신의 이익에 가장 잘 부합하는 것이다. 이 점에서 모든 사물은 자신의 본성과 일치하는 활동을 하는 한 필연적으로 선인 것이다. 또한 정념과 열정에 복종하는 삶은 인간의 본성과 대립하는 삶이다.

그렇다면 우리 인간은 이성의 지도에 따르는 삶의 결과로서 무엇을 얻게 되는가? 스피노자는 간명하게 '자기만족'이라고 주장한다.

---

343) 위의 책, 229쪽.
344) 위의 책, 231쪽.
345) 위의 책, 233쪽.
346) 위의 책, 236쪽.

자기만족은 이성으로부터 나오며 이성으로부터 나오는 이 만족만
이 최고의 것이다(제4부 정리52).

겸손이나 후회는 이성에서는 나오지 않기 때문에 덕이 될 수 없다
(제4부 정리53, 54).

오직 자신의 이성적 본성에 따라서만 인식하는 행위는 결과나 조건
을 염두에 두지 않는 행위이다. 왜냐 하면 목적이나 결과를 염두에 둔
다는 것은 외적인 조건이나 상황 아니면 자신의 본성과는 어긋나는 세
속적인 그릇된 가치에 예속되어 있다는 의미이기 때문이다. 마찬가지
로 우리가 오직 신적인 필연성에 따라서 이성에 의해서만 인식하고 행
위한다면, 적어도 자신이 무능력이나 나쁜 욕망 때문에 주어지는 겸손
이나 후회 또한 하지 않을 것이다. 이성은 자연에 반대되는 그 어떤 것
도 요구하지 않으며 단지 자신의 본성에 충실하기만 할 뿐이다.

가장 유익한 삶이란 지성 또는 이성을 완전하게 하는 삶이다. 인간
은 오직 이것을 통해서만 최상의 행복, 즉 지복(至福)에 이를 수 있
다. 물론 지복이란 신을 직관적으로 인식함으로써 오는 정신의 만
족일 뿐이다. 즉 신의 본성과 신의 본성으로부터 나오는 필연성의
내용들을 파악하는 것에 불과하다. 그러므로 이성에 의한 인도만
이 모든 것을 타당하게 파악하도록 한다(제4부 부록 제4항).

결론적으로 인간이 자연의 일부가 아닐 수 있다는 것은 완전히 그릇
된 인식이다. 그렇기 때문에 인간은 자연의 공통된 질서를 반드시 따

라야 한다. 선이란 이성의 이러한 활동을 촉진하는 것을 의미하며, 악이란 이성의 이와 같은 활동을 방해하는 것을 말한다. 우리의 이성은 이로써 자유에 이를 수 있게 된다.

> 자유인의 지혜는 그가 죽음에 대해 생각하지 않고 삶을 성찰한다는 것에 있다(제4부 정리67).
> 자신과 자신의 (기쁨의) 정서를 명확하게 인식하는 사람일수록 신을 한층 더 사랑한다(제5부 정리15).
> 신에 대한 사랑은 정신을 가장 많이 소유함으로써 가능하다(제5부 정리15).347)
> 신 안에는 인간의 본질을 영원한 상(像) 아래서 표현하는 관념이 필연적으로 존재한다(제5부 정리22).348)

자유인은 오직 이성의 명령에만 따르기 때문에 죽음이 주는 공포나 세속의 일반적인 칭찬이나 분노에 좌우되지 않는다. 그는 오직 이성에 따라서만 행위할 뿐이기 때문에 또한 자유롭다. 또 그는 자신의 원인이자 자기 본성의 원인인 신 속에 자신을 표현하는 관념이 필연적으로 존재한다는 것을 이성을 통해 관조한다. 이것은 다음과 같은 명제를 함의한다.

> 우리의 정신은 자신과 신체를 영원한 상 아래에서 인식하는 경우

---

347) 위의 책, 301쪽.
348) 위의 책, 302쪽.

에만 신에 대한 인식을 필연적으로 소유하게 되며, 이러한 인식은 자신이 신 안에 있으며 또한 신에 의해서 자신이 파악된다는 것을 아는 것이다(제5부 정리30). 349)

스피노자는 인간을 포함하여 각각의 사물이란 자연의 일부로서 저마다의 고유한 본질과 속성을 지니며, 그러한 속성은 각각의 사물들을 저마다의 고유한 질서와 법칙 아래에 놓이게 한다고 생각했다. 그런데 각각의 사물들이란 개별적으로도 자연(nature)이지만 종합해서 말한다면 전체로서의 자연(Nature)이기도 하다. 각각의 사물들이 저마다의 고유한 질서와 법칙에 따라 존재하듯이 전체로서 자연 또한 질서와 법칙에 따라 이루어진 필연성의 원리를 따른다. 마치 거대한 하나의 기계처럼 잘 짜 맞추어진 전체로서의 자연은 상호 필연적인 인과성을 지니면서 운영된다.

그런데 자연의 일부로서 인간인 인간의 본성은 이성이기 때문에 인간은 이러한 전체로서의 자연(스피노자는 이것을 그 자체로서 존재하며 무한한 속성을 지닌 자, 즉 신이라 한다 : 신 즉 자연)에 내재하는 필연성의 원리를 오직 이성에 의해서 관조하지 않으면 안 된다. 왜냐하면 각각의 사물은 저마다 지니고 있는 본성을 보다 완전한 모습, 즉 전체로서 자연의 본성과 하나가 됨으로써 자신을 가장 완전하게 보존할 수 있기 때문이다. 따라서 인간은 자신의 본성인 이성을 통해 자연의 본성이자 신의 본성 안에 내재하는 필연성의 원리를 인식하고, 이에 따름으로써

---

349) 위의 책, 310쪽.

자신의 본성을 완전히 실현해야 한다. 신적인 본성을 인식하려는 인간의 이와 같은 노력을 스피노자는 신에 대한 인간의 지적인 사랑이라고 표현한다. 그리고 이러한 지적인 사랑의 결과는 자기만족이자 지적인 만족(또는 구원)이다. 그에 의하면 우리에게 진정한 의미의 자유란 바로 이 지점에 존재한다. 이를 통해 인간은 자신이 도달할 수 있는 최고의 경지, 즉 평온한 행복에 이르게 된다. 이는 또한 정념의 예속 상황에서 해방된 자유인의 경지이기도 하다. 물론 이러한 단계는 스피노자 『윤리학』의 마지막 문장처럼 그렇게 쉽게 이루어지는 것은 아니다.

> (지극한 행복), 즉 모든 고귀한 것은 어려울 뿐만 아니라 드물다
> (제5부 정리42 주석). 350)

---

350) 위의 책, 321쪽.

# 12

# 칸트
## I. KANT

1724–1804

## | 핵심 주제 |

· 선의지
· 도덕법칙 : 정언명령 대 가언명령
· 자유와 목적의 왕국

## | 핵심 용어 |

⇒ 의무론적 윤리, 형식주의, 경건주의, 엄숙주의, 도덕형이상학, 도덕
법칙, 선의지, 보편적 법칙, 이성, 실천이성, 정언명법, 가언명법,
목적의 왕국, 의지의 자율성, 자유의지,

### ‖ 칸트 ‖

- 내가 그것들을 더욱 자주, 그리고 더욱 진지하게 생각하면 할수록 언제
나 새롭고, 한층 높아지는 경이로움과 감탄을 자아내어 나의 마음을 가
득 채우는 두 가지가 있다. 하나는 별이 빛나는 내 위의 하늘과 다른 하
나는 내 안에 있는 도덕 법칙이다. 우리는 후자를 통해서 우리의 인격성
과 가치를 높이며, 나의 인격성 안에 있는 이 도덕 법칙은 우리를 동물성
과 감각계 전체와는 전혀 다른 세계를 제시한다.

의무론적 윤리는 그리스어로 'to deon', 즉 '필연적인 것', '도덕적으로 필연적인 것 또는 도덕적 의무로 부여된 것'이라는 어원과 관계가 깊다. 칸트에게 이것은 도덕법칙을 따르는 실천이성 또는 정언명법과 같은 용어로 표현된다. 반면 목적론적 윤리는 그리스어로 '목적'을 의미하는 'to telos'와 관계가 깊다. 이것은 아리스토텔레스가 모든 기능과 모든 탐구, 모든 행위와 결정은 어떤 선을 목적으로 한다고 했을 때의 목적(또는 선)을 의미한다.351) 우리는 의무론적 윤리의 역사적 배경을 더 이상 근거를 제시할 필요없이 무조건 지켜야 할 것으로 제시하는 그리스도교의 황금률에서 찾을 수 있다. 반면 목적론적 윤리학은 인간 행위의 궁극적인 목표 또는 최고선을 행복(eudaimonia)이라고 보았던 그리스인들의 윤리에서 발견할 수 있다. 행복을 쾌락과 동일시하며 행위의 결과를 중시하는 벤담과 밀의 공리주의 또한 목적론적 윤리의 대표적인 예이다.

태어날 때부터 허약했기 때문에 신체적으로 건강하게 살아가는 것이 무엇보다 중요했던 칸트는 주위의 염려에도 불구하고 80세까지 장수하다가 독신으로 삶을 마감한다. 그가 자신의 타고난 신체적 불리함을 극복할 수 있었던 가장 중요한 방법 중의 하나는 엄격한 규칙과 질서있는 생활이었다. 칸트는 매일 새벽 5시에 일어났고, 오전에는 학문 연구를 하고, 점심때는 사람들을 초청하여 대화를 즐겼으며, 오후 3시 30분이 되면 어김없이 정해진 산책길, 이른바 '철학자의 길'을 여덟 번

---

351) 프리도 릭켄 지음, 김용해 옮김, 『일반윤리학』, 서울 : 서광사, 2006, 374쪽.

오르내렸다. 그의 이러한 규칙적인 삶의 모습은 자신의 윤리 사상에도 그대로 반영되어 있다. 우리가 칸트의 윤리를 말할 때 엄격한 형식주의, 경건주의, 엄숙주의, 의무주의와 같은 용어를 사용하는 것은 그의 이러한 삶의 모습과도 무관하지 않을 것 같다.

이제 그의 윤리를 가장 잘 요약하여 진술하고 있는 『도덕 형이상학』(1785)을 중심으로 그의 핵심적인 가르침을 검토하기로 하자.


## 선의지


▶ 칸트는 보편적인 자연법칙, 즉 도덕법칙은 모든 이성적인 존재에게 필연적인 법칙이 되어야 한다고 생각했다. 따라서 이것은 이성적인 존재라면 반드시 바라야만 하는 이상적인 원리라고 생각했다. 이에 따라 칸트는 객관적이고 보편적인 이 실천법칙에 대해 '도덕 형이상학'352)이라고 이름 붙였다. 이렇게 해서 붙여진 그의 『도덕 형이상학』의 첫 문장은 다음과 같이 시작하고 있다.

> 이 세계 안에서 뿐만 아니라 이 세계 밖에서조차도 무조건적으로 선하다고 할 수 있는 것으로서 선(한)의지 이외에 다른 어떤 것도 생각할 수 없다. 지성이나 위트, 판단력 같은 정신적 재능도 선하고 바람직할 수 있으나 이런 것들은 오직 '의지'가 '선'하지 않다면

---

352) 임마누엘 칸트 지음, 이원봉 옮김, 『도덕형이상학을 위한 기초 놓기』, 서울 : 책세상, 2002, 80쪽.

극도로 해로울 수도 있다. 선의지는 오직 그 자체만으로도 보석처럼 빛을 내며, 자기 자신 안에 완전한 가치를 품고 있다.… 이성의 진정한 사명은 다른 의도를 위한 수단으로서가 아니라 그 자체로서 선한 의지를 만들어내는 것이어야 한다.353)

칸트에게 선의지란 우리의 의지가 어떤 의도했던 목적을 달성하거나 실현하는데 도움을 주기 때문에 선한 것이라고 말하는 것이 아니다. 그에게 선의지는 단지 인간의 욕망 또는 인간이 자연의 일부분이기 때문에 지닐 수밖에 없는 경향성(즉 자연적인 본성)을 본능적으로 따르는 의지와는 완전히 구별되는 의지이다. 칸트의 선의지는 무조건적으로 또는 그 자체로서 가치를 지니는 것이기 때문에 욕구를 실현하는데 도구적으로 유용한 것이라는 의미가 아니다. 오히려 칸트는 자신의 선의지를 욕구와 경향성을 따르려는 본능적이고 자연적인 의지와는 철저하게 구별지었다. 선의지는 오직 이성에 의한 실천 능력을 전제로 하는 의지이다. 즉 이성은 어떤 목적을 실현하기 위해서 도구적으로 의지를 만들어내는 것이 아니라 오직 그 자체로서 선한 의지를 만들어내는 것이다. 그리고 이러한 선의지는 우리가 태어날 때부터 타고나는 것이기 때문에 일깨워주기만 하면 되는 것이다.

칸트는 선의지를 보다 잘 이해하도록 하기 위해 선의지를 더욱 빛나게 해주는 의무라는 개념을 끌어들인다.

---

353) 위의 책, 27-31쪽.

의무란 법칙에 대한 존경심 때문에 어떤 행위를 할 수밖에 없는 것을 말한다. 무조건적인 최고선은 오직 이성적 존재로서 의지 안에서만 발견될 수 있다. (의무란) 법칙을 따르겠다는 준칙(maxim, 주관적인 원칙)이다. 나의 준칙이 (행위에 관한) 보편적인 법칙이 되어야 한다고 나 자신 또한 그렇게 바랄 수 있도록 오직 행위해야 한다. 354)

　칸트는 '오직 의무이기 때문에' 하는 행동과 '경향성에 따르는 행동', '의무에 맞는 행동'을 구별한다. 그가 도덕적인 행동이라고 할 수 있는 것은 오직 의무이기 때문에 행위로 옮기는 것뿐이다. 예를 들어 가게의 주인이 어른이나 아이 손님을 가리지 않고 가격을 정직하게 받고 물건을 파는 경우를 생각해보자. 이 경우 가게 주인의 행동은 도덕적인 것이라고 할 수 있는가? 칸트는 가게 주인의 이와 같은 행동만으로는 도덕성을 판단하는데 충분하지 못하다고 주장한다. 왜냐하면 물건의 가격을 정직하게 받고 파는 행위는 주인으로서 자신의 이익에 맞는 행위이기 때문이다. 또 가게 주인은 자신이 갖고 있는 동정심 같은 경향성에 기대지 않고 모든 손님들에게 같은 가격으로 물건을 파는 것이라고 할 수 있기 때문이다. 이렇게 본다면 주인의 행동은 사랑의 동정심(경향성)에 따르는 것도 아니고 오직 의무이기 때문에 그렇게 한 것은 더욱 아니다. 단지 자기이익에 충실한 행위일 뿐이라고 할 수 있는 것이다. 따라서 그의 행위가 도덕성을 지닌 행위라고 말하기는 어렵게 된다.

---

354) 위의 책, 38-40쪽.

반면 어떤 사람이 하는 일마다 실패함으로써 깊은 절망에 빠져 삶에 대한 희망을 완전히 잃었음에도 불구하고, 또 어떤 사람이 사랑하는 애인의 죽음으로 삶에 대한 더 이상의 의욕을 잃었음에도 불구하고 오직 의무이기 때문에 살아간다면, 그의 행위는 도덕적 가치를 갖는다. (비록 그가 자신의 삶을 사랑해서 살아가는 것이 아닐지라도.) 칸트는 이처럼 자신의 행복을 성취해야겠다는 경향성이나 욕망으로부터 나온 행위가 아니라 의무로부터 나온 행위만을 도덕성의 판단 기준으로 삼았던 것이다. 이런 이유 때문에 자신만을 고려하는 모든 '자기애의 원칙'에 따른 행위는 도덕적으로 정당화될 수 없다. 칸트는 오직 이성이 발견한 도덕법칙만을 마땅히 따라야 할 의무로서 받아들였다. 달리 표현하면 오직 도덕 법칙에 대한 존경심으로부터 비롯된 행위만을 도덕성의 기준으로 삼았다.

> 의무란 '실천적인 도덕법칙에 대한 순수한 존경심 때문에 행위하
> 지 않을 수 없다(즉 행위의 필연성)'는 것이다. 또한 동시에 가치
> 있는 것들 중에서 가장 중요한, 다시 말해 그 자체로서 선한 의지
> 가 따라야 하기 때문에 경향성이나 욕구에 우선한다.355)

예를 들어 갚으려는 마음 없이, 단지 현재의 난처한 상황을 피하기 위해 친한 친구에게 곧 갚겠다는 거짓말을 하고 돈을 빌리는 행위는 정당화될 수 있는 행동인가? 칸트의 관점에 따른다면 이러한 거짓 행동

---

355) 위의 책, 42-43쪽.

은 정당화될 수 없다. 왜냐하면 칸트는 어떤 행위가 도덕적 의미를 지니기 위해서는 이성이 발견한 보편적 도덕법칙만을 자신이 마땅히 따라야 할 의무로서 받아들이고, 이러한 의무로부터 나오는 선한 의지에 의한 행동만이 도덕적인 의미를 지니기 때문이다. 결국 한 개인의 거짓 의도를 지닌 거짓 행위로서 주관적 준칙은 이것이 모든 사람들에게 보편적으로 적용되어야 한다는 보편적인 도덕법칙이 되는 그 순간 곧바로 누구도 받아들여서는 결코 안 될 자기 파괴적인 명제가 되어버리기 때문이다. 이 점에서 선한 의지는 욕구나 경향성에 무조건 우선해야 한다.

> (그러므로) 도덕성이란 경험으로부터 도출되어서는 안된다. (왜냐하면) 도덕성이라는 개념은 모든 이성적인 존재에게 적용되어야 하고, 또한 예외적으로 적용되는 것이 아니라 절대적이고 필연적으로 적용되어야 하는 것이기 때문이다. 356)

## 도덕법칙 :
## 정언명령 대 가언명령

▶ 생활 속에서 일어나는 인간의 수많은 경험들은 저마다의 사정에 따라 다양한 의미를 지니고 정당화될 수 있기 때문에 각각의 행동들을

---

356) 위의 책, 50-52쪽.

객관적으로 판단할 만한 기준을 설정하는 데에는 어려움이 있다. 무엇보다 어떤 하나의 행동이 도덕적으로 가치 있는지를 검토하기 위해서는 보편적인 기준의 존재를 전제로 해야 하지만 경험을 통해서는 이러한 기준을 마련할 수 없기 때문이다. 칸트는 도덕성의 전제가 되는 보편적인 도덕법칙의 근거를 이성으로부터 발견한다.

> 자연의 모든 것은 법칙에 따라 운영된다. 그런데 오직 이성적인
> 존재만이 법칙을 표상할 줄 알고, 이 표상한 원칙에 따라 행위(실
> 천)할 수 있는 능력을 갖고 있다. 그리고 이러한 실천 능력을 의지
> 라고 한다.357)

즉 이성적인 존재는 자신이 따라야 할 법칙으로서 원리가 되는 것이 무엇인지를 이끌어낼 수 있고, 또한 이 원리에 따라 실천할 수 있는 능력을 갖고 있다. 그런데 이러한 원리와 행위 능력은 모두 인간이 이성적인 존재라는 점을 전제로 하고 있기 때문에 이를 실천하기 위해서는 (선)의지를 이끄는 이성, 즉 실천 이성이 필요하다는 뜻이다. 칸트는 이것을 이성의 명령이라 부르고, 이러한 명령은 무조건 따라야 할 명령이기 때문에 '명령법(즉 명법)'이라고 이름 붙인다.

> (행위와 관련된) 모든 명법은 가언적이거나 정언적이다. 가언명법
> 은 우리가 어떤 행위를 해야 하는 이유가 다른 어떤 것에 이르기

---

357) 위의 책, 58쪽.

위한 수단으로서 반드시 필요하다는 것이다. 반면 정언명법은 행위가 다른 어떤 목적과는 상관없이 그 자체로서 객관적으로 필연적이라는 것이다. 358)

　어떤 행위가 목적을 위한 수단으로서 좋은 것이라면 그것은 가언적이다. 반면 어떤 행위가 그 자체로서 선하며 스스로 이성을 따르는 의지로부터 나온 필연적인 것, 즉 의지의 원칙에 의한 것이라면 그것은 정언적이라고 할 수 있다. 즉 행복 또는 목적 달성을 위해서 무엇을 '해야 하는가'와 관련된 물음은 가언적이라고 할 수 있고, 목적이나 의도와 상관없이 어떤 행동을 직접적으로 명령한다면 그것은 정언적이다. 예를 들어 더 좋은 대학에 들어가거나 훌륭한 운동 선수가 되기 위해 도구 과목을 학습하거나 신체의 운동 기능을 숙달해야 한다고 생각하고 그렇게 했다면 이것은 가언적이다. 마찬가지로 경제적으로 더 부유해지려는 실용적인 목적에 따라 공부를 한다거나 어떤 기능을 익혔다면 이것 또한 가언적이다. 이 모든 것이 개인적인 차원의 목적이었든지 아니면 사회전체와 인류의 행복 또는 복지를 위한 것이었든지 상관없이, 칸트의 관점에서 본다면 이것은 모두 가언적이다. 칸트에게 선 또는 도덕성은 오직 행위 그 자체가 정언명법의 형식을 따르고 있는가와 관련이 있다. 따라서 그것은 목적이나 결과는 무관한 것이며 전적으로 '마음의 태도', 즉 행위자의 동기에 달려있다. 칸트에 의하면 행복이란 이성의 이상이 아니라 단지 경험에 기초한 상상력의 이상일 뿐이

---

358) 위의 책, 60쪽.

다. 그러므로 행복을 목적으로 하는 명령법은 존재할 수 없으며 정언적 명령법은 선험적 실천(즉 무조건적) 명제라고 할 수 있다.

> 정언명법은 하나뿐이다. 그것은 그 준칙을 통해 네가 그것을 동시에 보편적인 법칙으로 삼으려고 할 수 있는 그러한 준칙에 따라서만 행위하라는 것이다. 359)

이것은 주관적인 행위의 준칙은 보편성에 맞아야 하며 이것은 오직 정언명법을 통해서만 가능하다는 뜻이다. 의무에 관한 보편적인 명법으로서 정언명법은 다음과 같이 달리 표현할 수도 있다.

> 마치 네 행위의 준칙이 네 의지에 의해 보편적인 자연법칙이 되어야 할 것처럼 그렇게 행위하라. 360)

칸트는 자기 행위의 기준이 되는 주관적인 준칙을 어느 경우에나, 누구에게나 똑같이 적용되어도 바람직한 것인지, 즉 보편적인 자연법칙이 될 수 있는가에 맞추어야 한다고 주장한다. 예를 들면 취업이나 사업에 실패하여 생명을 스스로 끊는 것이 차라리 현재의 절망을 극복하는 가장 좋은 선택이라고 판단한 사람이 자신을 사랑하는 원칙, 즉 '자기애의 원칙'에 따라 생명을 마감하는 것은 도덕적으로 바람직한 결정이 되지 못한다. 왜냐하면 자기애의 원칙에 따라 생명을 마감

---

359) 위의 책, 70쪽.
360) 위의 책, 72쪽.

하는 것이 옳다고 판단하는 것은 삶 자체를 파괴하는 것을 정당화하고 있기 때문이다. 다시 말해 자기 파괴적인 선택이 이성을 통해 의무로서 받아들여야 할 보편법칙이 될 수는 없기 때문이다. 마찬가지로 거짓이나 속임수를 사용하여 돈을 빌리는 행위, 자신의 재능을 자기 성장이 아니라 오락이나 감각에 끌려 허비하는 행위, 모든 사람은 하늘의 뜻에 따라 자신의 몫을 갖기 때문에 다른 사람들의 복지에 관심을 가질 필요가 없다고 생각하는 이러한 모든 것들은 보편적 자연법칙(즉 보편적 도덕법칙)이 되어야 한다고 바랄 수 없는 것들이다. 왜냐하면 이 모든 것들은 자기 파괴적이고 자기 모순적인 원리에 기초하기 있기 때문이다.

이제 우리는 자기애에 기초를 두고 있는 의지가 아니라 이성에 기초를 두고 있는 의지에 대해서 검토하려고 한다. 즉 의지는 오직 이성에 의해 결정될 때 도덕적 의미를 지니게 된다. 왜냐하면 (도덕적) 의지란 어떤 행동을 하도록 결정하고 이끄는 힘을 말하는데 이것은 이성이 발견한 도덕법칙의 이념에 기초할 때에만 도덕성과 관계하기 때문이다. 만약에 의지가 제멋대로 설정한 목적에 기초하게 된다면 이것은 앞에서 살폈던 것처럼 자기 파괴적인 결과를 초래하게 된다는 것이 칸트의 생각이었다. 이로부터 칸트는 우리의 행동을 이끄는 의지가 어떤 성격을 지녀야 하는지에 대해 다음과 같은 정언명법을 제시한다.

너의 인격 안의 인간성은 물론 모든 사람의 인격 안의 인간성까지
단지 수단으로서만 사용하지 말고, 언제나 (수단과) 동시에 목적

으로도 사용하도록 행위하라.361)

즉 이성적 존재인 인간은 그 자체 목적으로서 존재하는 것이지 다른 사람의 의지의 지배를 받는 도구적 의미로 존재하는 것이 아니다. 따라서 이성적 존재인 인간은 자신의 이성을 자기 자신에 대해서 사용할 때는 물론 다른 사람에 대해서 사용할 때에도 언제나 동시에 목적으로서 사용하지 않으면 안된다. 예를 들어 나는 인격으로서 목적 그 자체인 나에 대해서 상처를 입히거나 치명적인 위해(즉 자살)를 가해서는 안된다. 그와 같은 행위는 내가 나를 인격 그 자체가 아니라 단지 어떤 목적을 위한 수단으로서만 나를 이용하는 것이기 때문이다. 우리 모두는 이성적 존재로서 자기의 주관적인 준칙이 언제나 보편적인 법칙과 일치하도록 해야 한다.

(다시 말해) 우리 각자의 의지는 자신의 준칙이 동시에 보편적 (자연) 법칙이 될 수 있다는 관점에서 행위해야 한다.362)

너의 준칙이 동시에 (모든 이성적인 존재의) 보편적인 법칙이 되어야 할 것처럼 행위하라.363)

이로써 이성적인 존재인 인간은 목적 그 자체이며 또한 스스로를 보

---

361) 위의 책, 84쪽.
362) 위의 책, 92, 97, 98쪽.
363) 위의 책, 99쪽.

편적 법칙을 형성하는 자, 즉 입법자로서 간주할 수 있게 되었다. 이것은 자신의 준칙이 동시에 보편적인 도덕법칙과 일치하는 판단과 행위를 할 수 있다는 뜻이다. 이로써 이성적 존재인 인간이 거주하는 세계는 동시에 목적 그 자체인 인격들이 거주하는 세계가 될 수 있는 가능성이 되었다. 따라서 우리는 이들이 거주하는 나라(또는 왕국)를 '목적의 나라'라고 부를 수 있다. 이러한 목적의 나라는 스스로 부과한 규칙인 준칙(즉 자율적 시민의 준칙)에 따라 이루어지며, 여기서 준칙이란 동시에 보편적 법칙과 일치하는 준칙이다. 또한 의지는 타율성에 의해서가 아니라 자율성을 통해서 도덕성의 가장 중요한 원칙인 보편적 도덕법칙을 마련할 수 있게 되었다. 다시 말해 가언 명법의 의지는 만약에 신용을 지키고자 한다면 거짓이나 낭비를 하지 않아야 한다고 가르치지만, 정언 명법의 의지는 자기 이익이나 손해와 관계없이 거짓이나 낭비하지 말라고 명령한다. 이처럼 가언적이며 타율성과 경향성에 기초한 명법들은 주로 경험과 긴밀한 관계를 갖는데 이러한 원칙들은 모두 도덕 법칙의 근거로 적절하지 못하다. 또한 이들 명법은 차별 없이 무조건 적용되어야 한다는 실천적 필연성을 충족시키지 못하기 때문에 보편 법칙의 근거로 적절하지 못하다.

　이제 칸트 윤리의 마지막 주제인 자유에 대해서 검토하기로 하자. 칸트 윤리에서 자유란 의지의 자율성을 설명하는 가장 중요한 개념이다. 우선 칸트의 말을 보기로 하자.

　　　의지란 이성적인 존재가 갖는 일종의 인과성이다. 따라서 자유란
　　　이성적 존재인 인간이 바깥의 외적 조건(즉 원인)에 의해 결정되

지 않고 (자기 스스로) 결정할 때 갖는 속성이다. 이것은 마치 이
성 없는 존재가 자신이 아닌 다른 조건에 의해 영향을 받는 인과
성과 비슷하다.364)

　인과성이란 법칙의 의미를 포함한다. 이성이 없는 존재들은 자기 스
스로가 아닌 타율적이며 자연적인 법칙의 지배를 받는다. 그렇지만 이
성적 존재인 인간은 자기 스스로의 자발적 의지에 따라 이성이 마련
한 준칙을 보편적인 법칙으로 삼아 실천에 옮길 수 있는 존재이다. 이
점에서 자유란 '자기 의지의 인과성'365)이라고 할 수 있다. 또한 자유
의 이러한 속성 때문에 자유는 감각이나 감성의 영역과는 독립된 지성
의 영역에 속한다고 할 수 있다. 즉 감성계는 욕망과 경향성이라는 자
연법칙이라는 타율성의 지배 아래 놓이지만, 지성계는 이러한 자연에
서 독립하여 오직 이성에만 근거하는 (도덕) 법칙 아래에 있기 때문이
다.366) 그러므로 자유는 오직 이성의 이념이며,367) 우리의 어떤 행
위가 이성적인 한 그 행위는 순수한 의지의 자율성에 부합하는 행위라
고 할 수 있다. 또한 그러한 모든 행위는 결과나 목적과 관계없이 언제
나 도덕적 의미를 지닌다.

　칸트의 윤리는 자연계에 일정한 법칙이 있듯이 자연과 독립된 이성
적 존재인 인간에게는 인간이 따라야 할 행위에 관한 법칙이 있다는 신

---

364) 위의 책, 113쪽.
365) 위의 책, 123쪽.
366) 위의 책, 같은 쪽.
367) 위의 책, 128쪽.

념에 토대를 두고 있다. 그리고 마땅히 따라야 할 법칙이라는 점에서 그것은 인간이 어떤 행위를 해야 할 것인지를 규정하는 법칙이다. 칸트는 이것을 달리 도덕법칙이자 정언명법이라고 부른다. 한편 인간에게 이성이란 인간이 존엄하며 절대적 가치를 지니게 되는 근거가 된다. 인간의 가치 근거를 이처럼 이성에서 발견한 칸트는 이성에 의해 발견된 도덕법칙을 하나의 지상명령으로 받아들이게 하는 개념으로 의무를 끌어들인다. 즉 의무란 이성이 발견한 도덕법칙을 스스로에게 자발적으로 강제하는 것을 말하는데 이것은 법칙에 대한 존경에서 비롯되는 의무의식(따라서 도덕법칙은 우리에게 절대적 의무이다)에서 비롯된다. 이 모든 것은 인간이 이성적 존재라는 전제로부터 도출된다. 이처럼 칸트에게 인간이 자연과 구별되는 이성적 존재라는 말에는 도덕행위를 위한 법칙의 발견 가능성, 발견한 도덕법칙을 실천하고자 하는 의지로서 자유의지, 도덕 행위는 도덕법칙으로부터 나온다는 도덕성의 판단 기준, 도덕법칙에 대한 존경심으로서 의무의식과 이를 규정하는 정언명법 등이 두루 함의되어 있다.

## 자유와 목적의 왕국

▶ 마지막으로 칸트가 인간과 동물의 관계에 대해 어떻게 이해했는지를 간략하게 살펴보기로 하자. 결론부터 말한다면 칸트는 우리가 동물을 어떻게 대우해야 하는가의 문제를 인간의 인간성이라는 관점에 근거하여 파악했다.

> 우리는 동물에 대해서 직접적인 의무를 지니지 않는다. 동물은
> 자의식을 갖고 있지 않기 때문에 단지 목적을 위한 수단으로서
> 만 의미를 지닌다. 그리고 이 경우 목적이란 인간을 말한다. 동
> 물에 대한 우리의 의무는 인간성에 관한 의무와의 관계 속에서
> 만 성립하기 때문에 단지 간접적인 것일 뿐이다. 동물에 대한 인
> 간의 의무는 인간성에 대한 우리의 의무에 근거할 경우에만 의
> 미를 지닌다.368)

예를 들어 주인을 오랫동안 섬기던 개가 나이가 들어 더 이상 주인
을 섬길 수 없게 되었다면 그 개는 충분한 보상을 받을만한 가치가 있
다. 그리고 개의 주인 또한 개를 마지막까지 마땅히 지켜주어야 한
다. 그런데 이 경우 주인의 이러한 의무는 인간성에 대한 의무라는 관
점에서만 정당화된다. 다시 말해 우리의 모든 행동은 인간으로서 인
간에 대한 의무와 언제나 조화를 이루어야 한다. 따라서 더 이상 봉사
할 능력이 없는 개를 총으로 죽였다면 주인은 개에 대한 의무를 게을
리 한 것이 아니라 자기 자신에게 해악을 끼쳤다는 의미에서 비인간
적인 행위를 한 것이다. 즉 인간성에 대해 자신이 표현해야 할 자신의
의무를 스스로 이행하지 않은 것이다. 동물을 잔인하게 대하는 사람
은 마찬가지로 다른 사람을 대할 때에도 어려움을 겪을 것이다. 결론
적으로 우리가 동물에 대해 갖는 의무, 그리고 생명이 없는 대상들에
대해 갖는 모든 의무는 인간에 대한 우리의 의무라는 관계에 비추어

---

368) I. Kant, *Lectures on Ethics*, Indianapolis : Hackett Publishing
Company, 1963, 239쪽.

서만 의미를 지닌다.

일반적으로 칸트의 윤리는 도덕 판단의 근거가 되는 형식(또는 구조)과 보편성만을 강조함으로써 우리가 어떤 행동을 해야 하는지에 대한 구체적인 지침을 제공하지 못한다는 비판을 받는다. 다시 말해 우리가 하는 어떤 행위가 도덕적인지를 판단하려고 할 때 특정 행위가 가져올 결과를 전혀 고려하지 않은 채 행위가 단지 형식 그 자체(즉 도덕법칙)로부터 비롯되었는지에만 매달린다는 지적이다. 뿐만 아니라 구체적인 우리의 삶을 현실적으로 지배하고 있는 일련의 법제도들은 행위의 동기보다는 행위의 결과를 기준으로 옳고 그름을 판단하는 것이 지배적이다.

다음으로 칸트의 윤리는 도덕성을 판단할 때 개인적인 감정(욕구)이나 경향성은 배제하라고 요구한다. 그렇지만 인간이 다른 사람과 상호작용하고 관계를 맺는데 가장 중요한 요소 중의 하나인 감정이나 경향성의 배제를 요구하는 것은 비현실적인 것으로 보인다. 거리의 노숙자나 홀로 노년을 쓸쓸히 어렵게 보내고 있는 노인을 위해 우리가 어떤 봉사와 관련된 행동을 한다고 할 때, 그러한 행동은 반드시 이성에 의한 도덕법칙을 따르려는 의무의식으로부터 나와야 한다고 주장하는 것은 설득력이 약해 보인다.

이러한 현실적인 어려움에도 불구하고 칸트의 윤리는 과학기술 문명이 낳은 인간성 상실과 인간의 가치에 대한 경시가 만연한 현대 사회, 동시에 이러한 비인간화 현상에 비례하여 더욱 더 절실히 강조되고 있는 도덕적 성찰에 대한 요구를 검토하는데 매우 중요한 가치를 지닌다고 할 수 있다. 시장의 원리와 경제적 가치에 충실한 인간, 그리고 경쟁에서 승리하는 인간이 모든 것을 갖는다는 승자독식의 가치가 지배하는 우리 사회에서 인간의 인격성에 대한 절대적 가치와 존엄성을 최고의 가치로 강조하는 칸트의 윤리는 인간성의 본질을 되돌아보게 하는 의미있는 가르침이 될 것이다.

# 13

# 카를 마르크스
# K. MARX

1818–1883

## | 핵심 주제 |

· 시대적 배경
· 『공산당 선언』: 계급투쟁으로서 역사, 소외 및 유물론
· 이데올로기와 지배 계급, 국가
· 공상적 사회주의 대(對) 공산주의

## | 핵심 용어 |

⇒ 산업혁명, 『공산당 선언』, 『자본론』, 계급투쟁으로서 역사, 소외, 유물론, 『포이어바흐에 관한 명제』, 생산관계와 생산수단, 부르주아지와 프롤레타리아트, 자본주의의 비효율성과 내적 모순, 혁명적 계급, 노동, 변증법적인 발전, 물질적 생활양식, '사회적 관계의 총체', 경제적 토대와 상부구조, 이데올로기와 지배계급의 이념, 연합체 또는 공산주의, 사적 소유의 폐지, 국가의 소멸, 프롤레타리아트 독재, 공상적 사회주의(생시몽, 푸리에, 오언), '각자의 능력에 따라 일하고, 필요에 따라 분배받는', '자유의 왕국', 역사발전의 법칙성

### ‖ 카를 마르크스 ‖

- 지금까지 사회의 모든 역사는 계급투쟁의 역사이다. (계급 간의) 투쟁은 항상 전체 사회의 혁명적인 개조나 투쟁하는 계급들의 공동몰락으로 귀결되었다.

- 철학자들은 지금까지 세계를 다양한 방식으로 해석해왔을 뿐이다. 중요한 것은 세계를 변화시키는 것이다.

- 화폐는 무엇이든 살 수 있는 속성을 갖고 있다. 화폐는 우리에게 또 다른 인간이다. 내가 인간으로서 할 수 없고, 이룰 수 없는 것도 화폐를 통해서라면 할 수 있다.

## 시대적 배경

▶ 마르크스(K. Marx, 1818-1883)의 가장 절친한 동료이자 그의 든든한 재정적 후원자이기도 했던 엥겔스(F. Engels, 1820-1895)는 20대의 젊은 시절을 매리 번즈라는 무지한 노동자 계급의 여성과 함께 동거하면서 맨체스터의 빈민굴을 그녀와 함께 자주 들렀었다. 그리고 이때 목격했던 순간들을 자신의 『영국 노동자 계급의 실태』(1845)에서 다음과 같이 기록하고 있다.

> 사방에 널려 있는 물이 고여 있는 웅덩이들에는 온갖 폐기물과 음식찌꺼기, 더러운 오물들이 쌓여 있다. 주변은 이것들이 내뿜는 악취로 숨이 막힐 지경이고, 공장 굴뚝에서 나오는 연기 때문에 하늘은 어두컴컴하다. 무리를 지어 여기저기 모여 있는 누더기 차림의 여성과 아이들은 음식 찌꺼기와 흙구덩이 속에서 자라는 돼지처럼 지저분했다. 창문이 다 깨진 이런 누추한 판잣집에서, 어둡고 축축한 지하에서 불결함과 악취 속에 살아가는 이들이 어쩌면 가장 비천한 계급의 사람들일 것이다. 기껏해야 방 두 개와 다락방, 지하실을 가진 빈민굴의 2층집에는 보통 20여명이 함께 살고 있다. 369)

엥겔스는 산업혁명이 가장 먼저 일어났던 18세기 영국의 산업 노동

---

369) 폴 스트레턴 지음, 김낙년 외 옮김, 『세계를 움직인 경제학자들의 삶과 사상』, 서울 : 몸과 마음, 2001, 229쪽.

자들이 도시의 변두리에서 어떤 삶을 살아가고 있었는지를 이렇게 묘사하고 있다. 당시 빈민을 구제한다는 명분으로 시행되었던 '신빈민구제법(1834년 빈민을 돌보는데 소용되는 비용을 절감하고, 거리의 거지를 없애며, 빈민 스스로 자립할 수 있도록 독려하기 위해 수용 시설을 설치한다는 내용의 법안)'의 문제와 허구성을 폭로하는 사회 비판 소설로 잘 알려진 찰스 디킨스(Charles Dickens, 1812-1870)의『올리버 트위스트』(1838) 또한 이 시기에 쓰인 작품이다.

19세기 영국의 런던은 거리에 이미 가스등을 켜는 한편, 세계 최초로 인구 100만이 넘는 대도시로 성장했지만, 그 저변에서는 동시에 빈민가가 넓게 형성되고 있었다. 또 1851년 여름 런던에서 모든 문명국가들이 참가하는 만국박람회가 열리기는 했지만, 거리의 잡상인들에게 가장 인기가 높았던 물건은 하이드파크의 서펜타인 호수를 가득 메운 쓰레기에서 나오는 악취를 막아주는 향수가 묻은 손수건이었다고 한다.370) 마르크스는 초기 산업혁명이 진행되고 있는 자본주의 사회에서 이처럼 노동자 계급들의 비참한 삶을 목격하고 있었다.

우리가 이제 검토할『공산당 선언』(1848) 또한 이와 같은 시대적 배경을 하고 있다. 즉 마르크스와 엥겔스는 1847년 12월 공산주의자 동맹 제2차 대회에서 동맹의 원칙을 밝히는 선언문 작성의 임무를 받고 작업에 몰두한다. 그리고 1848년 2월 런던에서『공산당 선언』을 출간한다. 프랑스와 벨기에, 독일로 추방과 망명을 계속하던 마르크스는 1849년 영국으로 건너가 정착하여 대영 박물관에서『자본론』(1867) 집

---

370) 위의 책, 236쪽.

필에 전념한다. 그렇지만 이때부터 1883년 죽을 때까지 인생의 절반을 보낸 그곳에서의 생활은 평탄하지 못한 것을 넘어 참으로 가혹한 것이 었다. 예니와 마르크스는 1850년과 1856년 사이에 아이 셋을 잃었다. 그들은 거의 기아 상태에 있었으며, 빚을 갚지 못해 채권자들에게 괴롭힘을 당하고, 제 때에 집세를 거의 내지 못해 쫓겨 다녀야 했다. 예니는 훗날 이 시절을 '큰 시련과 지속된 지독한 궁핍, 뼈에 사무치는 비참한 세월'이었다고 기록했다. 적어도 마르크스는 1850년대의 런던에서 외롭고, 친구가 없고, 유럽의 활기찬 분위기로부터 완전히 격리되어 있었다. 그렇다고 영국의 상황이 혁명적인 분위기도 아니었다. 당시 영국의 노동자들은 합법적인 노동조합을 갖게 되었으며, 이를 통해 더 높은 임금과 더 나은 노동 조건을 요구할 수 있게 되었다. 이에 따라 급진적인 선동이 갖는 호소력은 그 만큼 힘을 바랠 수밖에 없었다.

## 『공산당 선언』:
## 계급투쟁으로서 역사, 소외 및 유물론

▶ 『공산당 선언』은 40여 쪽에 이르는 작은 팸플릿의 성격을 지녔지만 『정치경제학 비판』(1859), 『자본론』과 함께 마르크스의 핵심 사상을 담고 있는 주요 저작물이자, 한때 성서와 함께 전세계적으로 가장 많이 읽힌 책 중의 하나이다. 이 책은 자신의 『포이어바흐에 관한 명제』(1845)의 마지막이자 열한 번째 주장, 즉 "철학자들은 지금까지 세계를 다양한 방식으로 해석해왔을 뿐이다. 중요한 것은 세계를 변화시키는

것"371)이라는 주장의 당위성을 가장 명쾌하게 제시하고 있는 공산주의 사상의 핵심 문헌이기도 하다.

이제 이 문헌을 중심으로 그의 주요 사회 정치사상을 검토하기로 하자. 유럽의 여러 나라들이 유럽을 배회하고 있는 공산주의라는 유령을 퇴치하기 위해 서로 동맹을 맺고 있다는 문장으로 시작하는 『공산당 선언』의 서문에 이어지는 제1장의 첫 문장은 마르크스의 역사에 관한 인식을 정확하게 담고 있다.

> 지금까지 존재한 모든 사회의 역사는 계급투쟁의 역사이다. 자유민과 노예, 귀족과 평민, 영주와 농노, 길드 장인과 직공, 한마디로 억압자와 피억압자 사이의 대립, 이 대립과 투쟁은 언제나 사회 전체가 혁명적으로 재구성되거나 아니면 서로 투쟁하는 계급의 공동 몰락으로 끝이 났다. 봉건 사회의 몰락으로 등장한 부르주아 사회는 낡은 계급적·사회적 모순을 극복하지 못한 채, 단지 새로운 계급, 새로운 억압 조건, 새로운 투쟁 형식으로 바꾸어 놓은 것에 지나지 않았다. 단지 부르주아 시대는 사회 전체를 두 개의 적대적 계급, 즉 서로 대립하는 부르주아와 프롤레타리아로 분리시켜 놓았다는 점이 다를 뿐이다.372)

---

371) 알렉스 캘리니코스 지음, 정성진 외 옮김, 『마르크스의 사상』, 서울 : 북막스, 2002. 122쪽.

372) 칼 마르크스, 프리드리히 엥겔스 지음, 박재희 옮김, 『공산당 선언』, 서울 : 청년사, 1989. 34~37쪽.

마르크스에게 계급이란 첫째, 생산관계와 생산수단에서 각자가 차지하는 지위이며, 둘째 사회·경제적인 부(富)에서 각자가 차지하는 몫의 크기와 이것을 차지하는 방식이 구별되는 집단을 말한다.373) 각 계급은 자신들이 차지하고 있는 사회·경제적 제도 속에서 서로 차별적인 지위를 지니기 때문에 서로 다른 계급을 형성하게 되는데, 이것은 인간의 모든 역사 과정에서 착취자와 피착취자의 형태로 나타난다. 고대 사회의 자유민과 노예, 봉건 사회의 영주와 농노, 그리고 자본주의의 부르주아지와 프롤레타리아라는 지배와 억압의 구조는 이름만 바뀌었을 뿐 역사 발전의 원리인 계급투쟁의 근본 속성을 그대로 유지하고 있는 것이다.

(봉건 사회의 자리를 대체한 것은) 자유 경쟁과 이를 지탱하는 사회 정치 제도, 즉 부르주아 계급의 경제적·정치적 지배였다. 그렇지만 부르주아가 마치 마술사의 주문으로 만들어낸 것은 감당할 수 없는 강력한 생산력과 생산 및 소유 관계이다. (그렇지만 이것이 지닌 힘은 너무나 강력한 것이어서) 부르주아의 존립 자체를 위태롭게 하는 공황을 초래하게 된다. 부르주아는 이러한 상황을 새로운 시장을 개척하거나 보다 철저하게 착취함으로써 극복하려고 시도한다. (그렇지만 이제) 부르주아 계급이 봉건 제도를 전복시킬 때 사용했던 바로 그 무기가 이제는 부르주아 자신을 겨누게 된다. 부르주아는 자신의 죽음을 가져올 무기를 스스로 발전시켰

---

373) 알렉스 캘리니코스, 위의 책, 134쪽.

을 뿐만 아니라, 이제 그 무기를 자신을 향해 겨눌 사람들, 즉 프롤레타리아도 함께 만들어냈다. 부르주아, 즉 자본가 계급이 발전하는 정도에 비례하여 프롤레타리아트, 즉 노동자 계급도 발전한다. 노동자들은 하나의 상품일 뿐이다. 따라서 다른 상품과 마찬가지로 시장의 변동에 맡겨진다.374)

마르크스는 자본주의를 근본적으로 불공평한 체제로 이해했다. 왜냐하면 자본주의가 존립하는 근본 토대는 노동자에 대한 착취이며, 또한 자본가가 생산수단의 핵심이 되는 모든 기계와 장치를 완전히 소유하고 있기 때문이다. 비록 공장의 노동자가 원재료를 가공하여 상품의 가치를 한층 높여준다고 할지라도 그가 높아진 상품의 가치에 해당하는 임금을 더 받지는 못한다. 왜냐하면 자본가는 자유 시장 경제체제 속에서 다른 자본가들과 벌거벗은 경쟁을 해야 하는데, 이를 위해 새로운 기계의 도입이 필수적이기 때문이다. 그런데 새로운 기계의 도입과 분업화는 노동자의 지위를 위협할 뿐만 아니라 공장 노동자의 임금 하락을 더욱 촉진하게 된다. 시장에서의 경쟁이 격렬해지고 기계화가 빠르게 진행될수록 노동자의 실업화 속도 또한 더욱 빨라진다. 결국 상품을 소비할 능력이 없는 실업자가 급속하게 증가하는 상황 속에서도 기계화에 따른 상품의 생산량은 계속해서 빠르게 증가하는 모순 상황에 빠지게 된다. 이것이 마르크스가 지적하는 자본주의의 비효율성과 내적 모순이다. 즉 자본주의가 발전할수록, 그리고 소수 자본가의

---

374) 칼 마르크스, 프리드리히 엥겔스, 위의 책, 48~51쪽.

시장 독점이 강해질수록 노동자의 실업화 속도 또한 이에 비례하여 빨라지는 데, 이것이 자본주의 그 자체의 모순이라는 것이다. 마르크스는 이것을 가리켜 자본가 계급이 바로 자신들을 무너뜨릴 노동자 계급을 등장 및 발전시켰다고 지적한다.

마르크스는 무엇보다 자신들의 이익만을 지키기 위해서 대자본가와 투쟁하는 중소 자본가가 아니라 자본가로부터 가장 많이 착취당하는 노동자 계급에 주목한다. 왜냐하면 노동자 계급은 자본주의의 발달과 함께 그 숫자 또한 증가할 뿐만 아니라 자본가 계급을 무너뜨릴 보다 강력한 힘으로 성장할 것이기 때문이다.

> (이 점에서) 오늘날 부르주아지에 대립하고 있는 모든 계급들 중에서 오직 프롤레타리아트만이 진정으로 혁명적 계급이다. 다른 모든 계급은 산업의 발달과 함께 몰락하지만 프롤레타리아트는 본질적으로 산업 사회의 산물이기 때문이다. 375)

마르크스에게 본래 노동이란 인간에게 자신의 미적(美的) 본질의 실현이라는 의미를 지녔다. 그렇지만 자본주의 사회에서 노동자의 노동은 몇 가지 형태로 소외된 노동이 된다. 376) 자본주의 사회에서 노동자는 첫째, 자신의 노동으로부터 소외된다. 자본주의에서 노동자의 노동은 자신을 성장하고 성숙하게 만드는 노동이 아니라 단조롭고 분업화된 노동이기 때문에 견디기 힘든 고역이 된다. 둘째, 자신이 생산한

---

375) 위의 책, 61쪽.
376) 박찬국, 『현대철학의 거장들』, 서울 : 철학과 현실사, 2005, 33~39쪽 참고.

결과물(즉 생산품)로부터 소외된다. 기계는 노동자가 만든 것임에도 불구하고 기계가 발전할수록 노동자는 자신의 지위를 위협받게 되며, 결국 실업자로 전락하게 된다. 셋째, 사람들로부터 소외된다. 자본주의는 경쟁 사회이기 때문에 노동자는 일자리를 두고 다른 사람과 서로 경쟁할 수밖에 없는 처지에 놓이게 되는데, 이것이 타인들로부터의 소외이다. 자본가 또한 다른 자본가와 경쟁해야 한다는 점에서 마찬가지로 소외를 겪는다. 마지막으로 인간의 본질로부터 소외된다. 인간의 노동은 예술·문화·과학기술 등 인류의 창조적 능력을 실현할 때 의의를 지니지만 자본주의에서 인간의 노동이란 생존 욕구를 실현하는 수단으로 전락하게 된다.

기계의 사용과 노동의 분업이 증대함에 따라 프롤레타리아의 노동은 독특한 개성(individual character)을 상실하게 되었으며, 결과적으로 노동자로서 지녀야 할 모든 매력을 잃게 되었다. 프롤레타리아에게 요구되는 것은 가장 단순하고, 가장 단조로우며, 가장 쉽게 배울 수 있는 동작뿐이었고, 이로써 프롤레타리아는 기계의 단순한 부속품이 되고 말았다. 이 때문에 노동자에게 지출되는 생산비용은 거의 전적으로 자신의 생존과 자손을 번식하는 데 반드시 필요한 수단을 위한 것으로만 엄격하게 제한받는다. 그런데 상품의 가격은 노동에 대한 가격이기 때문에 혐오스런 노동이 증가할수록 이에 비례하여 임금은 하락한다. 또 기계와 분업이 증가할수록 기계의 운전 속도가 빨라지기 때문에 노동의

양도 그만큼 증가한다. 377)

　마르크스는 자본주의 사회에서 노동자의 노동이 고유한 매력을 상실하게 되는 이유를 생산수단과의 관계 속에서 찾았다. 즉 각 계급은 자신이 생산 수단과 어떤 관계를 맺느냐에 따라 지배계급이 되기도 하지만 피지배 계급이 되기도 한다는 것이다. 따라서 생산 수단을 소유하고 있는가, 그렇지 못한가의 조건이 자신의 계급 지위는 물론 자신의 삶과 가치관을 결정하게 된다. 또 생산 수단과 다른 사람과의 사회적 관계는 역사적 시기에 따라 계급 간의 갈등으로 변화하고 발전하게 되는데, 마르크스는 이것을 변증법적인 발전이라고 해석했다.

　우리는 역사가 생산 수단 및 사회적 관계에 따른 계급투쟁에 의해서 변화와 발전(즉 변증법적 발전 : 고대 노예제 → 중세 봉건제 → 근대 자본주의 → 공산주의)을 한다는 마르크스의 역사적 관점을 검토하였다. 그런데 역사에서의 이와 같은 계급투쟁을 철학적으로 지탱하고 있는 것은 유물론이다. 이제 『공산당 선언』에 나타난 유물론적 관점과 이것의 이차적 결과물인 의식과 정신에 대해서 살펴보기로 하자.

　　인간의 물질적 생활양식(material existence)과 사회적 관계, 그리고
　　사회적 삶의 변화와 함께 인간의 의식 또한 변화한다는 것을 이해
　　하는데 깊은 통찰이 필요할까? 사상의 역사는 지적이고 정신적인

---

377) 위의 책, 50~53쪽: 마르크스에게 분업은 "노동자의 입장에서 볼 때 가난의 도구"이다. 또 "기계의 도입은 사회 분업을 심화시키고, 공장 노동자의 과업을 단순화시키며, 자본을 한 곳에 집중시켜 인간을 더욱 도막내는 것이다."

생산물이 변화시킨다기보다는 물질적인 생산물의 변화에 비례하여 그 특성이 변화한다는 것 이외에 무엇을 증명할 수 있을까? 각각의 시대를 지배해 왔던 각각의 사상은 언제나 그 시대를 지배했던 계급들의 사상이었다.378) 노동력은 그 소유자인 임금 노동자가 살기 위해 자본(가)에게 파는 하나의 상품이다.379)

마르크스는 인간을 독립적인 원자적 존재가 아니라 '사회적 관계의 총체'380)로 규정한다. 따라서 인간의 본질은 고정적이고 불변하는 것이 아니라 구체적이고 역사적인 관계 속에서 변화하고 규정되는 것이다. 그렇기 때문에 한 개인의 정체성은 자신만의 것이 아니라 사회적 관계와 상호성이라는 성격을 지닌다. 인간의 이러한 특성 때문에 마르크스는 관념론자인 헤겔381)과는 정반대로 인간의 의식을 물질적인 생활양식과 독립된 것으로 파악하지 않았던 것이다. 왜냐하면 인간의 사회적 존재가 인간의 의식과 세계관을 결정짓는다고 믿었기 때문이다.

---

378) 위의 책, 81쪽.

379) 칼 마르크스, 김문현 옮김, 『경제학 철학 초고, 자본론』, 서울 : 동서 문화사, 2014. 525쪽.

380) 손철성 외 지음, 『인간 본성에 관한 철학이야기』, 서울 : 아카넷, 2007, 158쪽

381) 헤겔의 근본 사상들 중에서 하나를 제외한 모든 것들이 마르크스에게 계승되어 그의 사상의 핵심을 이루고 있다. 첫째, 실재는 역사적 과정이라는 사고, 둘째 이 역사적 과정은 변화와 발전이라는 변증법적이라는 사고, 셋째 이 변증법적인 과정은 특정 목적을 갖고 있다는 사고, 넷째 이 목적은 갈등없는 사회라는 사고, 다섯째 이것이 실현되기 전까지 우리는 소외 상태에 있을 수밖에 없다는 사고 등은 모두 헤겔로부터 가져온 것들이다. 반면 헤겔이 이러한 모든 과정이 정신적이고 관념적인 것에서 일어난다고 보았던 반면, 마르크스는 물질적인 어떤 것(생산력과 생산관계, 생산수단)에서 일어난다고 보았다. 이를 통해 마르크스는 헤겔을 거꾸로 세워놓을 수 있었다: 브라이언 매기 지음, 수선철학회 옮김, 『위대한 철학자들』, 서울 : 동녘, 2004, 242~243쪽.

보다 일반적인 표현을 빌린다면, 각자가 세계와 물질적으로 어떻게 관계를 맺느냐에 따라 각자의 삶이 결정된다는 것이다. 마르크스는 이러한 유물론적 사유를 자신의 『정치경제학 비판』 서문에서 다음과 같이 명쾌하게 밝히고 있다.

> 인간은 자신의 삶을 사회적으로 생산하는 데 있어 자신의 의지와는 독립된 일정한 관계들을 맺게 된다. 즉 그들의 물질적 생산력의 특정한 발전 단계에 조응(照應, 원인에 따라서 결과가 생김)하는 생산관계를 맺게 된다. 이들 생산 관계의 총체는 사회의 경제적 구조로서 사회의 현실적 토대를 형성하며, 이 위에 하나의 법적 정치적 상부구조가 세워지고, 또 이 토대에 일정한 사회적 의식 형태가 조응한다. 물질적 생활양식이 사회적 · 정치적 · 정신적 생활 과정 일반을 제약한다. 인간의 의식이 그들의 존재를 규정하는 것이 아니라 반대로 그들의 사회적 존재가 그들의 의식을 규정하는 것이다. 사회의 물질적 생산력이 일정한 단계까지 발전하면 소유관계와 모순을 일으키게 된다. 이때부터 사회 혁명의 시기가 시작된다. 경제적 토대의 변화와 함께 거대한 상부구조 전체가 천천히 혹은 급격하게 변화하게 된다.382)

---

382) 알렉스 캘리니코스, 위의 책, 133~134쪽.

# 이데올로기와 지배 계급, 국가

▶ 마르크스에게 이데올로기(ideology, 세계에 관한 체계적인 지식)는 단지 계급투쟁 과정에서 수행하는 역할이라는 관점에서만 이해되어야 한다. 다시 말해 이데올로기는 지배적인 생산관계를 유지하는 데 도움이 되는가, 그렇지 않은가라는 관점에서만 이해되어야 한다. 이데올로기는 착취당하는 계급에게 자신들이 살아가고 있는 사회에서 자신들의 지위를 곡해하도록 만듦으로써 계급사회를 지탱하는 버팀목 역할을 한다. 즉 이데올로기는 특정한 계급사회의 특정한 단계에 불과할 뿐인 사회적 관계를 마치 자연적이고 필연적인 것처럼 보이게 함으로써 그 본질을 은폐한다. 그 결과 이데올로기는 특정 계급의 이해관계를 마치 보편적인 이해관계인 것처럼 보이도록 조작한다.383) 즉 자본주의 사회에서 지배 계급인 자본가의 이윤추구 방식을 마치 모든 계급의 보편적인 이윤획득 방식인 것처럼 왜곡하여 전파하는 것이 바로 이데올로기의 역할이다. 이렇게 이데올로기는 특정한 역사발전 단계에 존재하는 사회의 성격과 본질을 왜곡하여 인식하게 함으로써 기존의 사회질서와 생산양식을 유지하는데 봉사하는 역할을 한다. 마르크스는 이데올로기의 이러한 허구성을 다음과 같이 예리하게 통찰한다.

> 모든 시대에 걸쳐 지배계급의 사상(또는 이념)이 지배적인 사상이 된다. 사회의 물질적인 힘을 지배하는 계급은 동시에 사회의 정

---

383) 위의 책, 137-138쪽 참고.

신적인 힘도 지배한다. 384)

지배계급은 자신들이 갖고 있는 경제적  정치적 힘을 이용하여 생산
수단을 통제하고 국가를 통제하는 수단들을 만들어내며, 이를 통해 자
신들의 가치관과 신념이 보편적인 것처럼 노동자와 대중을 상대로 정
당화한다.

> 정치권력이란 하나의 계급이 다른 하나의 계급을 억압하기 위해
> 서 조직화한 것에 지나지 않는다. 만약 프롤레타리아트가 부르주
> 아지와의 투쟁에서 혁명을 통해 스스로 지배계급이 되고, 또 낡
> 은 생산관계를 폭력적으로 제거하게 된다면, 계급 대립의 조건과
> 계급도 폐지하게 될 것이며, 결국 자기 자신의 계급 지배까지도
> 폐지하게 될 것이다. 그것은 계급과 계급의 대립이라는 낡은 부
> 르주아 사회가 아니라 각자의 자유로운 발전이 전체의 자유로운
> 발전의 조건이 되는 하나의 연합체(association)일 것이다. 385)

마르크스에게 국가와 통치 권력은 부르주아지의 공동 업무와 이익을
처리하는 하나의 위원회에 지나지 않은 것이다. 이 때문에 자본주의와
이를 지탱하고 있는 통치 권력에 대한 타도를 의미하는 폭력 혁명은 필
연적인 것이 되어야 하며, 그 주체는 자본주의에서 가장 피억압적 지
위에 놓인 노동자들이어야 한다는 것이 마르크스의 생각이다.

---

384) 위의 책, 139쪽.
385) 칼 마르크스, 프리드리히 엥겔스, 위의 책, 87쪽.

그렇지만 프롤레타리아 계급이 폭력 혁명을 일으켰다는 것이 곧바로 '능력에 따라 일하고, 필요에 따라 분배받는', 그리고 '각자의 자유로운 발전이 전체의 자유로운 발전의 조건이 되는 하나의 연합체(association)' 라는 이상적이고 자유로운 공동체(즉 공산주의)를 형성하지는 않는다. 이러한 이상적인 사회로 진입하기 위해서는 과도기로서 사회주의 단계가 필요하며, 이 단계에서는 자본주의의 잔재를 청산하기 위해 프롤레타리아트에 의한 독재가 실시된다.

> 공산주의자들의 즉각적인 목표는 모든 프롤레타리아 당(party)들의 목적과 같다. 그것은 프롤레타리아트를 하나의 계급으로 형성하고, 이들이 정치권력을 장악하도록 하는 것이다.[386] 무엇보다 노동자 계급에 의한 혁명의 제1단계는 프롤레타리아트를 지배 계급의 지위로 올려놓는 것이어야 한다. 프롤레타리아트는 자신의 정치적 지배 권력을 이용하여 부르주아지로부터 모든 자본을 차례차례 빼앗고 모든 생산수단을 국가의 수중, 다시 말해 지배계급으로 조직된 프롤레타리아트의 수중에 집중시키며, 그리고 가능한 한 빠르게 생산력을 증대시키게 될 것이다.[387]

이처럼 노동자 계급의 해방은 노동자 계급 자신들에 의해서 이루어져야 하며, 계급의 폐지만이 노동자 계급의 해방을 위한 진정한 조건이 된다. 프롤레타리아트 독재 단계, 즉 사회주의 1단계에서는 토지

---

386) 위의 책, 66~69쪽.
387) 위의 책, 85쪽.

소유의 몰수, 고율의 누진세 도입, 상속권의 폐지, 운송수단의 국가적 소유, 모두에게 동등한 노동의 의무, 도시와 농촌의 격차 해소, 모든 어린이에 대한 무상 교육, 아동에 대한 공장 노동 폐지와 같은 조치들이 시행된다. 이러한 조치들이 실현되는 과정 속에서 계급적 차이 또한 소멸하게 될 것이고, 나아가 모든 생산이 연합체에 의해 이루어지면 공권력 또한 그 정치적 성격을 잃게 될 것이다. 결론적으로 생산관계의 변화와 함께 진행되는 계급 대립의 조건이 사라지면 억압 도구였던 국가의 존재 또한 (폐지가 아니라) 소멸하게 되며, 궁극적으로 각자의 자유로운 발전이 곧 모두의 자유로운 발전이 되는 우리들의 연합체가 실현되리라는 것이 마르크스의 주장이다.[388] 이렇게 볼 때, 프롤레타리아트에 의한 혁명적 독재는 노동자 계급이 생산수단을 갖게 됨으로써 임금노동과 자본이 초래하는 문제의 고리를 끊고 공산주의로 넘어가는 과도 체제라 할 수 있다.

## 공상적 사회주의 대(對) 공산주의

▶ 한편, 마르크스는 자신의 이러한 주장을 다른 사회주의자들과 구별 짓고, 자신의 주장에 대해 역사적 당위성과 필연성을 부여하기 위한 설명도 빠뜨리지 않는다.

---

388) 위의 책, 88~89쪽

생시몽(Saint-Simon), 푸리에(Fourier), 오언(Owen) 등의 사회주의
또는 공산주의 체계는 프롤레타리아트와 부르주아지 간의 투쟁이
충분히 발전하지 못한 초기에 등장했다. 계급 대립은 산업의 발
전과 함께 성장하기 때문에 그들은 프롤레타리아트의 해방을 위
한 물질적 조건을 발견할 수 없었다. (이 때문에) 그들 각자의 창
의적 활동이 역사적 행동을 대신했다.389)

 마르크스는 생시몽과 푸리에, 오언과 같은 초기 사회주의자들의 주
장을 발명가의 창의적 사고 활동에 비유하고 있다. 이들의 주장은 자
본주의가 미성숙한 단계에서 제시된 것들이기 때문에 혁명 주체 세력
으로서 프롤레타리아트의 독자성을 정확히 통찰하는데 실패했다는 것
이 마르크스의 진단이다. 마르크스에게 공산주의란 혁명 활동을 부정
하는 평화적인 방법을 통해서는 실현될 수 없는 공상에 지나지 않는 것
이었다. 따라서 그들의 공상적 사회주의의 특성은 역사의 발전, 즉 계
급투쟁의 발전과 함께 그 정당성을 상실할 수밖에 없다는 것이 마르크
스의 주장이다. 실제로 공상적 사회주의자들은 혁명이 폭력성과 파괴
성, 그리고 빈부격차를 더욱 초래한다는 이유 때문에 반대했다.
 또한 공상적 사회주의자들은 인간의 이성이 지속적으로 진보하는 계
몽의 과정을 통해서 궁극적으로 완전히 실현될 것이라는 기대를 갖고
있었다. 이 점에서 그들은 인간의 정신(또는 사상)이 역사의 발전을 이
끄는 원동력이라는 생각을 하고 있었다. 예를 들어 푸리에와 생시몽은

---

389) 위의 책, 109쪽.

계급의 폐지를 반대했는데, 특히 푸리에는 이상적인 공동체에 재정적인 지원을 아끼지 않는 자발적이고 계몽된 사업가가 나타나기를 기대했다. 이 사업가는 자신이 투자한 것에 알맞은 대가를 가져갈 것이지만, 공동체는 나머지 이익을 사회적  문명적 악들을 제거하는데 사용하게 될 것이다. 푸리에는 이와 같은 이상적인 공동체가 하나씩 늘어갈 때마다 사회에는 그만큼 조화가 실현되어갈 것이라고 기대했다. 이러한 기대를 품고 그는 자신의 이상적인 계획에 더 많은 것을 알고 싶은 자본가가 있다면 자신이 매주 같은 시간에 특정 카페에 있을 것이니 찾아달라는 광고를 신문에 싣기도 했다. 물론 어떤 사업가도 푸리에를 찾지는 않았다. 390)『공산당 선언』은 공상적 사회주의자들의 이와 같은 한계를 다음과 같이 지적하고 있다.

> 그들(즉 공상적 사회주의자들)은 사회의 모든 구성원들의 조건을 개선하려고 한다. 심지어 가장 좋은 처지에 있는 사람들까지 개선시키려고 한다. 따라서 그들은 계급을 구분하지 않고, 습관적으로 사회 전체에, 아니 그중에서도 특히 지배계급에게 호소한다. 일단 사람들이 우리들(즉 공상적 사회주의자)의 체계를 이해하게 된다면, 그 체계는 있을 수 있는 체계들 중에서 가장 좋은 계획이라고 인정하게 될 것이다. 391)

마르크스의 공산주의가 주장하는 가장 중요한 목표는 사적 소유를

---

390) 알렉스 캘리니코스, 위의 책, 70~72쪽.
391) 위의 책, 75쪽

폐지하는 것이다. 왜냐하면 그에게 사적 소유는 모든 계급투쟁과 불평
등, 억압과 피억압의 근본 원인이었기 때문이다.

> 공산주의의자들의 이론을 한 문장으로 요약하여 말한다면, 그것
> 은 사적 소유의 철폐이다.392) 오늘날의 소유는 자본과 임금 노
> 동자 사이의 대립에 기초하고 있다. (자본주의 사회에서) 임금 노
> 동자가 자신의 노동의 결과로 얻는 것은 자신의 생명을 재생산할
> 만큼에 지나지 않는다.393) 공산주의 혁명은 과거로부터 내려오
> 는 소유 관계와 근본적으로 결별하는 것이다.394)

  이처럼 마르크스는 사적 소유를 모든 사회악의 근원으로 파악했기
때문에 공산주의에서 사적 소유의 철폐는 필연적이라고 생각했다. 그
리고 마르크스는 사적 소유가 사라진 공산주의 사회의 모습을 『고타강
령비판』에서 다음과 같이 묘사한다.

> 공산주의 사회에서 개인들은 더 이상 분업에 종속되지 않으며,
> 정신노동과 육체노동 사이의 대립도 사라지고, 노동은 삶을 위한
> 수단일 뿐만 아니라 삶에서 가장 필요한 것이 된다. 또 개인의 전
> 체적인 발전에 따라 생산력도 향상되고, 부르주아적인 편협한 권
> 리 주장도 사라진다. 사회는 '각자로부터는 자신의 능력에 따라,

---

392) 칼 마르크스, 프리드리히 엥겔스, 위의 책, 69쪽.
393) 위의 책, 71쪽.
394) 위의 책, 85쪽.

각자에게는 자신의 필요에 따라!' 운영된다. 395)

즉, 공산주의 사회에서 개인은 분업과 기계화라는 획일화되고 표준화된 하나의 기준이 요구하는 원칙에 지배는 것이 아니라 자신의 능력과 필요에 따라 자신을 실현할 수 있게 된다. 공산주의 사회는 각 개인이 다른 사람이나 외적인 힘에 주저하지 않고 달라질 수 있는 사회이다.

> 공산주의 사회에서는 어느 누구도 하나의 배타적인 활동영역(예를 들면 육체와 정신노동의 구분)을 갖지 않으며, 자신이 원하는 어떤 분야에서든지 자신을 조형할 수 있으며, 사회가 전체적인 생산을 조절하게 되고, 이를 통해 오늘은 이 일을, 내일은 저 일을 하며, 사냥꾼이나 어부 또는 목동이나 비평가가 되지 않고도, 마음이 하고 싶은 대로 아침에는 사냥을 하고, 오후에는 물고기를 잡고, 저녁에는 소를 치고, 저녁식사 후에는 토론을 하는 것이 가능하게 된다. 396)

마르크스가 자신의 『독일 이데올로기』에서 그려내고 있는 공산주의의 이와 같은 모습에서 우리는 공산주의에서 각 개인의 삶이 소외되고 분업화된 기계적 노동에서 해방되어 자신을 주저함이 없이 실현하는 자유로운 삶이라는 것을 발견할 수 있다. 즉 인간은 공산주의라는 '자

---

395) 알렉스 캘리니코스, 위의 책, 238쪽
396) 위의 책, 242쪽.

유의 왕국'397)에서 인간의 본성에 가장 알맞은 역할을 수행할 수 있다는 사고이다. 한편, 마르크스는 이 '자유의 왕국'을 실현하기 위한 구체적인 방법으로 당시 영국 사회의 정치 경제적인 측면에서의 변화를 반영하면서도 그것과는 거리가 먼 주장을 하는데, 그것은 노동자의 단결과 그들에 의한 극단적인 폭력 혁명이다.

> 공산주의자들은 자신들의 목적이 현존하는 모든 사회 질서를 폭력적으로 전복함으로써만 달성될 수 있다고 공언한다. 지배계급들로 하여금 공산주의 혁명 앞에서 전율하게 하라. 노동자 계급은 쇠사슬만을 잃을 뿐 아무 것도 잃는 것이 없다. 노동자 계급은 승리함으로써 세계를 갖게 될 것이다.
> 전세계 노동자들이여 단결하라!398)

비이성적이고 극단적인 폭력 혁명이 지닌 위험성 때문에 이를 부정하고 비판했던 같은 시대의 진보적 자유주의자였던 밀(J. S. Mill, 1806-1873)과는 반대로 마르크스는 이처럼 노동자에 의한 폭력 혁명과 전면적인 사회 변혁을 주장하였다. 즉 혁명이 인간의 자발성을 박탈함으로써 개인의 자유를 심각하게 침해할 것이라고 판단했던 밀과는 대조적으로 마르크스는 혁명을 통해서만 소외와 억압으로부터의 완전한 해방이 실현될 수 있을 것이라고 믿었던 것이다. 그리고 마르크스의 이러한 주장의 밑바탕에는 역사의 발전과 법칙에 대한 자신의 일관된 입

---

397) 위의 책, 244쪽
398) 칼 마르크스, 프리드리히 엥겔스, 119쪽.

장, 즉 변증법과 유물론이 있었다.

『공산당 선언』은 그 영향력만큼이나 많은 비판에 직면해야 했다. 첫째, 그의 주장처럼 변증법적인 역사발전 법칙과 그에 따라 프롤레타리아트에 의한 폭력 혁명이 '필연적인' 것이라면 무엇 때문에 굳이 '전세계의 노동자들의 단결'과 인위적인 폭력혁명이 필요하다고 주장하는가에 대한 비판이 있다. 다시 말해 혁명이 필연적이며 법칙적으로 이루어질 수밖에 없는 일임에도 불구하고 노동자에게 특별한 역사적 사명을 부여하고 이를 수행하도록 요구하는 것은 그의 주장과 달리 '과학적'이지도 않고 논리적이지도 않다는 지적이다.

또 마르크스는 이데올로기를 특정 계급의 이해관계가 마치 모든 계급의 보편적인 이해관계인 것처럼 왜곡하여 받아들이도록 하는 신념체계라고 규정하고 있다. 그렇다면 자신이 주장하는 공산주의 이론 또한 마찬가지로 프롤레타리아트의 이해관계를 보편적인 것으로 치장하여 이를 정당화하고 있다는 비판이 가능해진다. 즉 그의 주장 또한 하나의 이데올로기라는 것이다. 물론, 이에 대해 마르크스가 그 어떤 논리적 해명을 한 적은 없다.

마지막으로 마르크스가 1800년대의 영국 자본주의와 당시 사회 변화의 큰 흐름을 적절하게 진단하지 못한 상태에서 자신의 혁명론을 정당화하고 있다는 비판이다. 당시 영국의 산업 노동자들은 자본가의 타도와 혁명이라는 극단적인 방식이 아니라 자본가와의 타협 또는 점진적인 사회 개선이라는 방식을 선택하고 있었다. 왜냐하면 마르크스의 주장처럼 국가는 전적으로 부르주아의 이익만을 집행하는 도구도 아니었고, 오히려 산업노동자 자신들의 이익을 합법적으로 보장받을 수 있는 현실적인 장치이기도 했었기 때문이다. 예를 들어 노동조합을 탄압하던 결사금지법이 폐지되고(1825) 노동조합이 합법화되었으며, 아동의 공장 노동 금지 및 여성의 공장 노동을 하루 10시간 이내로 제한하는 공장법이 제정되었고, 전국적인 노동조합이 구성(1834)되는 등 노동자의 사회적 권익과 사회 개혁이 국가적인 차원에서 시행(마침내 1877년 노동자와 농민에 대해서도 선거권이 인정되었다.)되고 있었던 것이다. 이는 마르크스의 생각처럼 자본가 계급의 힘이 그만큼 강력한 것도 아니며, 국가 또한 자본가 계급의 이익만을 대변하지 않는다는 것을 보여준다. 따라서 정치 · 경제 · 사회에서 일어나고 있는 거시적인 측면에서의 커다란 변화의 흐름을 마르크스가 적절하게 통찰했다고 보기 어렵다는 비판이 가능하다.

이러한 한계와 약점에도 불구하고 그가 자본주의의 토대가 되는 사적 사유와 이 때문에 필연적으로 발생할 수밖에 없는 경제적 불평등과 빈곤의 문제를 근본적으로 해결하고, 궁극적으로 소외가 사라진 '자유의 왕국'인 공산주의를 실현하기 위해 자신의 생애를 헌신했다는 점, 그리고 오늘날 노동자들이 서로 단결하여 자신들의 권익을 주장할 수 있는 이론적인 틀을 마련해 준 점은 의미 있는 것으로 평가받아야 할 것이다.

# 14

# 프래그머티즘
# PRAGMATISM

C. S. Peirce(1839-1914),
W.James (1842-1910),
J. Dewey (1859－1952)

· 프래그머티즘 : 진보 또는 성장
· 퍼스
· 제임스
· 듀이

## | 핵심 주제 |

· 프래그머티즘 : 진보 또는 성장
· 퍼스
· 제임스
· 듀이

## | 핵심 용어 |

⇒ 프라그마(pragma), 경험주의, 공리주의, 진화론, 다원주의

⇒ 퍼스 : 관념이 가져올 결과, 조작적, 행동적, 실험적, 행위중심적, 관념과 의미, 믿음(신념), 과학적 방법과 절차, 신념의 확정, 오류가능주의, 확률적 진리

⇒ 제임스 : 프래그머티즘, 행태주의, 실용주의, 개방적, 변화, 생성, 과정, 개선, 현금가치, 도구, 근사적, 도구적 진리관, 유용성과 만족스런 경험, 작동가능성, 검증=진리

⇒ 듀이 : 현실 참여, 유기체와 환경의 상호작용, 경험, 문제상황, 보증된 언명 가능성, 도구주의, 공적인 테스트, 과학적 탐구와 방법, 도구적 진리관, 성장-진보, 사회의 개선, 습관과 경험의 질적 변화, 개선가능성

## ‖ Pragmatism ‖

- 실재하는 것의 성질은 그것이 산출할(낳을) 수 있는, 그리고 그 결과를 감각할 수 있는 고유한 결과에 의해 결정된다.

-C. S. Peirce-

- 프래그머티스트들은 구체적인 것, 정확한 것, 사실, 행동, 힘 등을 중요하게 생각한다.

-W. James-

- 삶(생명)이란 환경에 대해 작용하는 행동을 통해 자기를 새롭게 해나가는 과정이다.

-J. Dewey-

# 프래그머티즘 :
## 진보 또는 성장

▶ 우리에게 실용주의로 알려진 미국의 프래그머티즘(pragmatism)은 그리스어 pragma(행동 · 행위, 실행 · 실천 · 사실 · 사태)에 어원을 두고 있으며, 이것은 영어 practice(실천), practical(실제적, 실질적, 실천적)399) 의 어원이기도 하다. 400) 프래그머티즘에 관한 생각을 처음으로 고안해낸 사람은 퍼스(C. S. Peirce, 1839-1914)이며, 제임스(W. James, 1842-1910)는 퍼스의 이 개념을 널리 보급했고, 듀이(J. Dewey, 1859-1952)는 이를 사상적으로 확립하였다. 흔히 이 세 사람의 입장을 가리켜 고전적 프래그머티즘이라 한다.

프래그머티즘이 현대 미국의 사상인 만큼 프래그머티즘을 이해하기 위해서는 미국의 시대적 배경과 상황에 대한 선행적 이해가 필요하다. 프래그머티즘은 미국 사회가 전통적인 농업사회에서 산업사회로, 노예제 사회에서 시민 사회로, 종교적인 가치에 기초한 사회에서 과학적 세계관에 기초한 사회로 변화하는 시기에 등장했다. 401) 따라서 실

---

399) 실천(practice)은 사전적 의미로 자연이나 사회에 작용하여 그것들을 변혁시키려고 하는 인간의 의식적 능동적 활동을 말한다: http://www.doopedia.co.kr.

400) M. 화이트 지음, 신일철 옮김, 『20세기의 철학자들』, 서울: 서광사, 1987. 186쪽

401) 이유선, 『실용주의』, 서울: 살림, 2009. 25쪽; 1830년대 이후 시작된 서부 개척과 영토 팽창의 시기를 맞아 건설되는 운하와 철도와 같은 교통망의 확충, 그리고 주식회사의 등장과 산업 혁명은 미국 사회를 빠른 속도로 변화시켰다. 공동사회에서 이익사회로의 변화와 사회 개혁운동으로서 노예제도 폐지 운동은 남북 전쟁(1861-1868)으로 이어졌으며, 상공업을 기반으로 하고 있던 북부의 승리는 미국 사회를 더욱 빠르게 산업화하는 계기로 작용했다. 그렇지만 노예제 폐지와 산업화에도 불구하고 흑인에 대한 차별은 여전하였을 뿐만

용주의는 미국 사회의 이러한 변화를 설명하는 동시에 새로운 미국 사회가 지향해야 할 방향, 사회적 갈등의 극복과 통합 등을 모색한 지적 운동이었다고 할 수 있다. 즉 프래그머티즘은 기존의 사회제도와 틀을 정당화하고 있었던 이론들에 대해 실험과 실질적인 결과에 근거하여 검증하고 비판함으로써 미국 사회가 나아갈 방향과 진보의 논리를 발견하고자 하였다.

한편 프래그머티즘은 사상적 측면에서 영국의 경험주의와 공리주의 전통402)은 물론, 특히 생물학으로서 진화론의 영향을 크게 받은 사상이다. 이에 따르면 인간이란 본질적으로 자연의 일부이며, 환경을 떠나 독립적인 생활이 불가능한 존재이다. 또 인간은 환경의 자극에 대해 반응하기도 하지만, 환경에 대해 능동적으로 작용하기도 한다. 이와 같은 진화론적 관점에서 인간 사회를 이해하게 되면, 인간과 환경 사이의 연속적인 과정이 인간과 사회를 지속적인 성장과 진보로 이끈다는 입장에 서게 된다. 프래그머티즘이 끊임없는 변화와 성장을 강조하는 열린 세계관을 갖게 된 데에는 진화론의 이러한 입장이 영향을 준 것으로 보인다.

이러한 배경에서 일어난 미국의 프래그머티즘에는 일반적으로 다음과 같은 성격이 보인다. 403)

---

아니라 1893년 발생한 공황은 미국 사회를 더욱 불안하게 하였다: 김동식, 『프래그머티즘』, 서울: 아카넷, 2003. 35-37쪽 참고.

402) 프래그머티즘은 공리주의가 강조하는 과학적 계산과 실증적 방법을 중시하며, 과학적 방법을 통해 사회의 개선과 발전을 도모한다. 그렇지만 프래그머티즘은 공리주의처럼 모든 가치의 근거를 쾌락과 고통에서 찾고자 하는 쾌락주의는 아니다.

403) 이유선, 위의 책, 10-19쪽 참고.

(1) 사상적으로 생물학으로서 진화론의 영향을 많이 받은 사상으로서 프래그머티즘.

인간은 신이 창조한 특별한 존재가 아니며, 오랜 진화에 의한 우연적 산물이다.

(2) 역사주의로서 프래그머티즘.

인간은 진화 과정의 역사적 우연적 산물이다.

(3) 천상의 진리보다 현실의 삶을 중시하는 이념으로서 프래그머티즘.

반플라톤주의로서 프래그머티즘은 실험과 실천을 강조한다.

(4) 다원주의로서 프래그머티즘

절대적인 진리를 부정하기 때문에 현실 문제 해결에서도 절대적으로 옳은 최상의 대안이 아니라 주어진 상황에 적용가능한 차선의 해결방안을 강조한다.


프래그머티즘에 관한 이와 같은 이해에 기초하여 세 명의 대표적인 고전적 프래그머티스트들을 순서대로 살펴보기로 하자.


## 퍼스


▶ 퍼스(C. S. Peirce)는 하버드대학의 수학 교수였던 아버지의 영향으로 하버드대학에서 화학을 공부했으며, 물리 천문 논리 수학 철학처럼 다양한 영역들에 대해서도 폭넓은 관심과 지식을 갖고 있었다.

그는 40대 후반에 와서야 비로소 본격적인 철학을 하였지만, 개인적인 불행으로 펜실베니아에서 가난과 빚 질병으로 삶을 마감했다.

프래그머티즘에 관한 퍼스의 근본적인 관점은 그의 두 편의 논문인 「신념의 확정화」와 「우리의 관념을 명확하게 하는 방법」(1878)에서 구체적으로 드러난다. 그는 후자의 논문에서 프래그머티즘적 준칙(pragmatic maxim)을 아래와 같이 선언한다.

> 다른 모든 성질과 마찬가지로 실재하는 것의 성질은 그것이 산출할(낳을) 수 있는, 그리고 그 결과를 감각할 수 있는 고유한 결과에 의해 결정된다.404)
>
> [어떤 개념(용어)을 사용할 때] 그 개념의 대상이 갖고 있을 것으로 생각되는 어떤 실질(실제)적인 결과(즉 실질적으로 나올 것이라고 생각되는 결과)를 생각해 보라. (예상되는 그) 결과들에 대한 우리의 생각(개념)이 바로 그 대상에 대해 우리가 갖고 있는 개념(내용)의 전부이다.405)

다시 말해 어떤 대상이나 사물에 대해 우리가 갖고 있는 관념(개념, 생각)은 그 사물이 실제로 낳을, 그래서 우리가 그 결과를 실제로 감

---

404) M. 화이트, 위의 책, 173쪽; 사고를 구별할 수 있는 진정한 기준은 그것이 가져올 구체적이고 실제적인 결과이다: 168쪽.

405) Bryan Magee, The Great Philosophers, Oxford University Press, 1987. 281쪽; 오트프리트 회페 엮음, 이진우 외 옮김, 『철학의 거장들』, 서울: 한길사, 2001. 78쪽. 81쪽: 퍼스는 자주 "너희들은 그것들의 열매를 가지고서 그것이 무엇인지를 알리라"라고 말했다고 한다.

각 가능한가에 대한 관념이라는 것이다. 따라서 우리가 갖고 있는 관념들은 모두 조작이 가능한 형태로 바뀔 때(즉 실제 행위로 옮겨졌을 때), 비로소 의미를 지니게 된다. 예를 들어 '설탕의 용해성'에 대한 우리의 관념이 무엇인지를 명확하게 하고자 한다면, 우리는 설탕을 물에 직접 넣는 조작적 행위를 함으로써 실제로 설탕이 물에 녹는지(dissolve)를 확인하면 되는 것이다. 우리는 이와 같은 실험적, 행동적, 조작적(operational) 과정을 통해 '설탕의 용해성'에 관한 우리의 관념을 관찰 가능한(observable) 형태로 바꾸어 그 결과를 명확하게 검증할 수 있다. 마찬가지로 '단단한 망치', '연약한 두부'라는 관념 또한 실제로 '긁는 행위'를 하거나 '위에서 떨어뜨리는 행위'를 해봄으로써 그 개념이 가져올 결과를 확인해볼 수 있을 것이다. 즉 만약에 누군가 망치를 긁어 흠집을 내고자 한다면, 그는 그렇게 할 수 없을 것이다. 이렇게 볼 때, 프래그머티즘은 가설적(If~, then~), 실험적(또는 조작적), 그리고 실천적(행위중심적) 측면을 중시하는 사상이라 할 수 있다. 달리 말해 실제로 있는 모든 것은 경험될 수 있어야 하고, 경험되는 모든 것은 어딘가에 실제로 있어야 한다는 것이다. 퍼스에게 '지식은 행위'이고, '실천이 곧 아는 것'인데,[406] 이것이 그가 말하는 '프래그매틱(pragmatic)'의 뜻이다. 결론적으로 어떤 개념이나 용어가 의미를 지니기 위해서는 그것이 구체적으로 가리키는 바가 있어야 하며, 그 개념이 바르게 사용되었는지를 가리키는 바를 실험적으로 검증할 수 없다면, 그 개념은 어떤 의미도 지닐 수 없다는 것이 실용주의적 입장이다.

---

406) Bryan Magee, The Story of Philosophy, New York: DK Publishing, 2001. 186-187쪽.

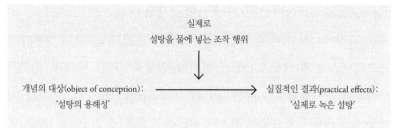

▲ 개념(관념)과 의미의 형성

이렇게 볼 때, 퍼스의 의미론은 플라톤의 이데아 개념이나 근대 데카르트의 정신적 사유하는 실체로서 자아라는 생득 관념과는 완전히 상반된다. 데카르트는 지식의 확실성과 '명석판명한 관념'을 이성의 사유 활동과 직관, 본유 관념(innate ideas, 출생과 함께 인간 정신에 내재하고 있는 관념)에서 찾고자 했다. 그렇지만 퍼스는 인간의 사고활동은 반드시 상황과 관련되어 있으며, 언제나 상황 안에서 일어나기 때문에 실험적 경험적 검증 과정이 반드시 필요하다고 생각했고, 이것이 불가능한 관념은 가치와 의미를 지닐 수 없다고 보았다.

한편, 실재하는 사물이 낳는 실질적인 결과를 우리가 감각하게 되면, 우리는 그 사물이 어떤 속성을 지니는가에 대해서 특정한 믿음(belief, 신념)을 갖게 된다. 퍼스에 의하면, 그 신념이란 과학적인 방법과 절차에 따라 형성되고 확정화(fixation)되어야 하며, 그렇지 않은 방식으로 형성된 신념은 배제되어야 한다고 주장한다. 퍼스는 경험과 행동이라는 조작적 방식을 결여한 채 잘못된 신념을 형성하는데 중요한 영향을 미치는 것들로 고집(tenacity), 권위(authority), 형이상학적 철학자들의 방법을 지적한다. 407) 예를 들어 중세의 에리우게나(J. S. Eriugena)는 소크라테스가 독배를 마신 이유에 대해 헬레보르스와의 토론에서 소크라테스가 패하여 그 분노를 이기지 못해 죽었다는 것이다. 이처럼 임의적이고 제멋대로인 자신만의 신념이 고집에 해당한다. 권위는 처벌을 두려워하게 함으로써 잘못된 신념을 강요하는 것이다. 그리고 플라톤 데카르트 헤겔처럼 형이상학적 철학자들은 관념이 '이성(reason)'과 부합하는지를 근거로서 신념을 주장한다. 그렇지만 이 모든 방법들은 공통적으로 실제 사물에 기초하지도 않으며, 이 때문에 과학적 탐구 방식을 결여하고 있다. 신념 그 자체는 탐구가 충분히 진행된 결과여야 한다. 또 어떤 문제에 대해 충분히 탐구가 이루어졌다고 하더라도 해결책을 제시하지 못한다면 그것은 비철학적이다. 408) 그렇더라도 그가 '확실성'의 진리를 확신하고 있었던 것은 아니다. 오히려 그는 '오류가능주의(fallibilism, 과학에서 바뀌지 않는 것은 없고, 바뀌지 않을 수 있는 것도 없다.)'409)라는 새로운 용어를 만들어 '어떤 것이 그럴지도 모른다(혹은 틀릴 수도 있다)'는 과학적 확률적 진리관을 전개하였다.

407) 새뮤얼 이녹 스텀프 지음, 이광래 옮김, 『서양 철학사』, 서울: 열린책들, 2005. 592쪽.
408) M. 화이트, 위의 책, 176-177쪽: 명확한 신념이란 어떤 사물이나 사태에 대한 명확한 이해를 의미한다. 신념은 세 가지 특성을 갖고 있다. ①신념이란 우리가 알고 있는 어떤 것이고, ②의심 때문에 일어나는 불안을 진정시켜주며, ③행위의 규칙, 즉 습관(habit)을 확정지어준다:166쪽.    퍼스는 신념은 습관을 형성하며, 같은 행동을 하게 할 수 있는 규칙을 산출하여 의심에 따른 불안을 진정시켜준다고 보았다.
409) Bryan Magee, 위의 책, 189쪽, Bryan Magee, 앞의 책, 285쪽; 어떤 명제도 의심할 여지가 없는 것은 없다는 주장.

# 제임스

▶ 제임스(W. James)는 퍼스가 의도했던 것은 아니지만, 그의 '프래 그매틱'을 '프래그머티즘(pragmatism)'으로 규정하고 이를 일반화하기 위해 노력했다. 그는 전통에 얽매이지 않는 자유로운 분위기를 지닌 뉴욕의 부유한 가정에서 태어나 성장했다. 그는 한 때 화가가 되려고도 했지만, 화학과 의학을 전공한 다음, 하버드대학에서 박사학위를 받았다. 이후 그는 같은 대학에서 해부학, 심리학, 철학 교수가 되었으며, 그의 유명한 제자로는 행태주의 심리학의 창시자인 왓슨(J. B. Waston)이 있다. 410) 제임스는 『심리학의 원리』(Psychology, 1890), 『실용주의』(Pragmatism, 1907), 『진리의 의미』(The Meaning of Truth, 1909) 등을 지었다.

제임스 또한 진화론의 영향을 받은 '실용주의자'였기 때문에 우주를 항상 새롭게 태어나는 개방적인 관점, 즉 계속되는 변화 생성 과정의 관점에서 이해하였다. 따라서 인간의 의지와 노력을 통해 세계는 지속적으로 변화와 발전이 가능하며, 인간의 행위는 이를 통해 세계와 우주의 역사에 기여할 수 있다고 믿었다. 제임스에게 우주와 세계란 결정론적이고 확정된 것이 아니라 개선 가능한 것이었다. 411)

하지만 우리가 실용주의자로서 제임스에게 더욱 주목해야 할 것은 그의 이러한 우주 및 자연관이 아니라 그가 사용하는 '현금 가치(cash value)'라는 용어와 프래그머티즘에 대한 그의 정의이다.

---

410) 오트프리트 회페, 위의 책, 88쪽.
411) 김동식, 위의 책, 148쪽.

프래그머티스트(pragmatist)들은 추상적인 것, 선천적인 이성, 고 정된 원리, 폐쇄된 체계, 절대자 또는 근원 등의 개념을 중요하게 생각하지 않는다. 프래그머티스트들은 구체적인 것, 정확한 것, 사실, 행동, 힘 등을 중요하게 생각한다. 이것은 경험주의자적인 성향이 강한 반면, 합리주의자적인 성향은 포기했음을 의미한다. 이것은 개방성과 함께 자연의 가능성을 추구한다는 것을 의미한 다. 이와 동시에 프래그머티즘은 어떤 특별한 결과를 옹호하려는 것이 아니다. 단지 방법일 뿐이다. 따라서 이론이란 수수께끼에 대한 해답이 아니라 도구이다. 412)

이점에서 프래그머티즘은 전통적인 주지주의적인 사상에 반대하며, 고정적이고 절대적인 진리 우주관도 거부한다. 또 프래그머티즘은 특별한 결과가 아니라 지향성을 추구하기 때문에 '최초의 것(근원)', '원리', '필연성'을 부정하고, '결과', '사실', '근사적(approximate)' 지식을 추구한다. 프래그머티즘은 문제 상황을 해결하기 위한 방법이자 도구이기 때문에 어떤 관념이 다른 유사한 상황에서도 만족스런 결과를 가져오도록 도움을 준다면, 그것은 가치를 지닌다고 주장한다.

관념은 그것이 우리가 경험하는 다른 것들과도 만족스런 관계를 이루는데 도움을 준다면, 그런 한에서 참이다. 즉 관념은 우리를 어떤 경험에서 다른 경험으로 만족스럽게 옮겨갈 수 있게 해주고 활동할 수 있

---

412) M. 화이트, 위의 책, 189쪽.

게 해준다. 또 노동을 단순하게 해주고, 노동을 절약하게 해준다면, 그런 모든 관념은 진리이다. 다시 말해 도구적으로 진리이다. 이것이 듀이가 주장하는 도구주의적 진리관이다. 413)

　제임스는 어떤 신념이 현금 가치를 지녔다고 하더라도, 그것은 '우리가 경험하는 다른 것들과도 만족스런 관계'이루지 않으면 진리로서 인정받기 어렵다고 말한다. 414) 예를 들어 어떤 광신도의 믿음이 자신에게는 심리적인 위안을 주었다고 할지라도, 우리의 경험 일반이나 과학적인 신념 체계와 만족스런 양립이 불가능하다면, 그것은 진리의 범주에서 배제되어야 한다는 것이다. 또 프래그머티즘은 개념(관념)이 문제 해결에 도움을 주는 한 가치(진리)를 지닌다고 주장하는데, 바로 이것이 제임스가 말하는 '현금 가치'라는 용어이다. 그에게 현금 가치란 '좋음의 한 종류(one species of good)'인데, 이것은 개인과 사회에 유용하고 삶을 개선하도록 촉진한다는 의미로 해석할 수 있다. 415) 우리의 신념을 참이게 하는 것은 다름 아닌 그 신념이 지닌 '현금 가치'라는 뜻이다. 따라서 우리는 "책 속에서 개념들이 지닌 현금 가치를 뽑아내야 하며, 그런 다음 그 용어들이 우리의 경험의 흐름 속에서 잘 작동(workability)하도록 해야 한다." 416)그에게 '진리는 참이기 때문에 유용하며, 유용하기 때문에 진리'인 것이다. 이것은

---

413) 위의 책, 191쪽.

414) 김동식, 위의 책, 141쪽.

415) 오트프리트 회페, 위의 책, 92쪽.

416) 김동식, 위의 책, 138쪽.

종교의 경우도 마찬가지이다.

> 프래그머티즘은 신학에 대해 본래적으로 편견을 갖고 있지 않다.
> 만약에 종교(신학)적인 관념(개념)이 우리의 구체적인 삶(생활)에
> 도움이 된다는(유용하다는) 의미에서 가치 있다고 증명된다면, 프
> 래그머티즘은 그것을 진리로서 받아들인다. 종교적 관념이 진리
> 인가의 문제는 전적으로 그것이 맺고 있는 관계에 달려있다. 417)

제임스는 진리를 만족스런 경험 또는 경험적으로 만족스런 결과의
산출이라는 맥락에서 이해했기 때문에 종교적인 믿음(신념) 또한 삶의
활력과 용기, 행복, 종교를 통한 위안(즉 마음의 평온함)이라는 유익함의
가치를 증진시켜주는 한에서 그것은 진리로서 인정받을 수 있는 것으
로 보았다. 한마디로 그에게 진리란 '믿음으로써 (다른 더 큰 이익과 충돌
하지 않는 한) 우리에게 더 좋은 것'418)이었다. 또 목적에 비추어 유용
성이 검증(검사)되면 이는 곧 진리로서 인정받는다는 입장을 취함으로
써 '검증=진리'를 동일시했다는 평가를 받는다. 그렇지만 가설의 검증
이 행위자에 의해 철저히 검증될 수 있는가에 대한 비판은 그의 관점이
지닌 중요한 문제로 지적받는다.

---

417) M. 화이트, 위의 책, 198쪽.
418) 위의 책, 199쪽.

# 듀이

▶ 듀이(J. Dewey)는 자신이 태어난 버몬트주의 버몬트 대학에서 공부하였고, 존스 홉킨스 대학에서는 퍼스에게서도 교육을 받았는데, 그는 이곳에서 철학박사 학위를 받았다. 듀이는 이후 미시간대와 시카고 대학에서 철학 교수로서 생활을 했는데, 특히 시카고대학에서는 아동을 위한 실험학교의 책임자가 됨으로써 미국 초등 교육의 개혁에 중요한 역할을 해냈다. 현실 참여적 지식인으로서의 그의 삶은 철학, 심리학, 교육학, 사회 정치 참여와 개혁 등 거의 모든 영역에 걸쳐 중요한 기여를 했다. 이제 검토할 듀이의 주요 입장은 주로 『확실성의 탐구』(1929)와 『논리학: 탐구의 이론』(1938)과 『철학의 재구성』(1950)에 기초하고 있다.

일반적으로 퍼스의 프래그매틱한 의미론은 제임스에 의해 프래그머티즘의 진리 이론으로 바뀌었으며, 듀이에 와서 프래그머티즘의 윤리 도덕이론으로 발전했다고 평가받는다.[419] 듀이 또한 진화론의 영향을 받았기 때문에 인간을 생물학적 관점에서 이해했다. 즉 인간은 하나의 유기체로서 환경과의 끊임없는 역동적인 관계에 놓여 있다. 그리고 이 환경과의 관계에서 인간은 환경이 인간에게 부과하는 다양하고 복잡한 문제 상황에 대해 해결하면서 적응하는 노력을 하지 않으면 안 된다. 듀이는 환경에 적응하지 않으면 안 되는 인간의 이와 같은 모든 노력,

---

419) 위의 책, 208쪽; 한편, 듀이는 베이컨을 지식에 관한 한 프래그머티즘적인 개념의 예언가라 할 만한데, 이것은 제임스가 프래그머티즘을 낡은 사유 방식에 대한 새로운 이름이라고 말한 것과 같은 것이라고 주장한다: 듀이 지음, 이유선, 『철학의 재구성』, 서울 : 아카넷, 2014. 81쪽.

즉 행위의 연속적인 과정을 '경험(experience)'이라고 해석한다.

> 삶(생명)이란 환경에 대해 작용하는 행동을 통해 자기를 새롭게
> 해나가는 과정이다. 420)

듀이는 유기체로서 인간이 '처음에 혼란을 느끼고 골치 아픈 상황'에 부딪치게 되는데, 이러한 상황을 '문제 상황(problematic situation)'이라고 말한다. 인간은 자기 앞에(pro=forward) 내던져진 장애물(bleme=to throw)을 극복하고 해결하려는 활동을 하게 되는데, 이것이 사고(탐구)와 행동이다. 즉 인간에게 사고와 행동은 문제 상황과 서로 긴밀한 관계 속에서 함께 일어난다. 그리고 이러한 과정의 끝에 이르게 되는 하나의 결론, 즉 문제 상황을 성공적으로 해결하는 방법에 도달하게 되는데, 이것이 바로 지식이자 관념이며 이론이다. 듀이는 이렇게 '마지막에 깔끔해지고 통합되는 정립된 상황'421)을 가리켜 '보증된 언명 가능성(warranted assertibility)'이라고 부른다. 그는 프래그머티즘에 대한 자신의 이와 같은 견해를 '도구주의(instrumentalism)'라고 명명하는데, 이것은 우리의 사고와 행동은 문제 상황의 해결을 지향하기 때문에 언제나 '도구적(방법적)'이라는 뜻이다. 422)

---

420) 김동식, 위의 책, 158쪽.
421) 새뮤얼 이녹 스텀프, 위의 책, 608쪽.
422) 듀이, 위의 책, 236쪽. 듀이는 자신의 프래그머티즘을 도구주의 또는 실험주의라고 불렀다. 이것은 다윈의 진화론적인 관점에서 인간의 지식, 이론, 학문을 모두 인간이 환경에 적응하기 위해 만들어낸 도구라고 보는 견해이다. 문제 또는 탐구의 절차는 다음과 같다. (1) 탐구의 선행조건 : 미결정의 상황, (2) 문제의 설정 : 상황을 인식하고 문제를 설정하는 단계,

전통적인 경험론이 인식론에만 집중했다면, 듀이의 도구주의는 문제 해결을 위한 수단으로서 지식을 강조한다. 문제 해결 또는 환경에 대한 적응 능력에 도움이 되지 않는 지식이나 개념은 언제나 비판적으로 검토와 수정을 거쳐야 하고, 새로운 '도구'에 의해 대체되어야 한다. 따라서 도구주의로서 실용주의는 전통적인 절대적이고 영원불변하는 진리관이나 기계적 필연성을 거부하며, 환경에 대한 성공적인 적응이라는 유용성의 테스트 과정을 강조한다. 그리고 인간은 테스트 과정을 거쳐 행동을 위한 하나의 '습관'을 형성한다. 물론, 이 경우에도 습관은 인간의 행위에서 고정불변의 형태가 아니라 유기체와 환경과의 상호관계 속에서 대체와 수정 가능성의 의미를 지닌다.

듀이의 도구주의에서 말하는 '도구'란 유기체가 환경에 적응하기 위해 활용하는 모든 것을 말한다. 423) 이것은 진화론에서 주장하는 자연선택설의 영향을 반영하는 것이기도 하다. 또 듀이가 과학적 방법과 탐구(inquiry)를 문제 해결 방식으로 강조하는 것에서 퍼스와의 관련성도 발견할 수 있다. 아무튼 듀이는 이와 같은 도구적 진리관에 기초하여 지성424)의 사회적 역할(creative intelligence)을 강조하였으며, 이를 통해 유기체와 사회의 성장 및 진보(개선)를 주장하였다.

---

(3) 문제 해결의 결정 : 가능한 해결책을 찾는 단계, (4) 추론 : 좋은 해결책을 생각하는 단계, (5) 사실의 의미가 가지고 있는 조작적 성격 : 관찰된 사실과 생각들은 모두 조작적 성격을 가짐, (6) 상식과 과학적 탐구 : 상식과 과학은 동일한 패턴을 가짐.
423) 김동식, 위의 책, 160쪽.
424) 듀이에게 지성이란 관조적 지성이 아니라 무엇인가를 만드는 기술적 지성이며, 삶에 도움을 주는 봉사적 지성이며, 인간에게 위대한 수단을 제공하는 행동적 지성이다: 김동식, 같은 쪽.

듀이는 성장과 진보의 용어를 확장하여 자신의 도덕 윤리적 입장에도 적용한다. 유기체로서 인간은 환경과의 작용 속에서 지식의 재구성이라는 끊임없는 과정에 있는데, 이 과정은 곧 인간에게 습관이 형성되는 과정이기도 하다. 따라서 습관의 형성이란 자아의 형성이며, 습관의 변화란 자아의 변화를 의미한다. 이 점에서 도덕적 선이나 악은 모두 환경과의 작용 속에서 형성된 습관의 문제가 된다.

> 도덕은 행위의 일람표도 아니고 약국의 처방전이나 요리책의 요리방법처럼 적용해야 할 일련의 규칙도 아니다. 도덕에서 필요한 것은 탐구와 고안, 즉 특정한 탐구 방법이다. 다시 말해 악이나 문제의 소재를 파악하기 위한 탐구 방법, 그리고 이것들을 다루기 위한 유효한 가설로 활용될 계획을 세우기 위한 고안 방법에 관한 것이다. 한마디로 효과적인 탐구 방법을 개발하는 것이다.[425]

이처럼 듀이의 도구주의는 도덕에 대해서도 탐구와 발견의 중요성으로 나아간다. 즉 그의 탐구와 발견의 중요성은 자연과학에서와 마찬가지로 도덕에 대해서도 그대로 적용된다. 따라서 행위의 과정을 정당화하는데 있어 과거의 낡은 입장과 원리는 정당화 근거를 상실하게 된다. "하나의 목적은 결과가 올바른 것으로 확정되기 전까지는 단지 가설로만 여겨져야 한다. 실수는 더 이상 속죄하고 용서해야 할 도덕적

---

425) 듀이, 위의 책, 197쪽.

죄가 아니다. 그것은 지성을 사용하는 잘못된 방법에 대한 교훈이면서 더 나은 미래를 위한 과정이 무엇인지에 대한 가르침이다. 그것은 개선, 발전, 재조정의 필요성을 나타내는 것이다. 목적은 성장이며, 판단 기준은 개선이다. 인간은 자신이 갖고 있는 기준과 이상을 양심적으로 사용할 의무와 함께 가장 발전된 기준과 이상을 개발할 의무를 갖고 있다.

따라서 도덕적 삶이란 완고한 형식주의나 고집스런 반복에 빠지지 않는 것이다. 도덕적인 삶이란 유연하고, 생생하며, 성장하는 것이다."426) 따라서 "어떤 개인이나 집단도 고정된 결과에 도달했는지 아니면 도달하지 못했는지에 의해서 판단되어서는 안 되며, 그들이 움직이고 있는 방향에 의해서 판단되어야 한다. 나쁜 사람은 지금까지 아무리 그가 좋은 사람이었다고 할지라도 현재 타락하고 있거나 선을 상실해가고 있는 사람이다. 좋은 사람은 그가 지금까지 아무리 도덕적으로 무가치한 사람이었다고 할지라도 점점 나아지는 방향으로 움직이고 있는 사람이다. 우리는 이런 생각을 통해 스스로를 판단할 때에는 엄격한 사람이 되고, 다른 사람을 판단할 때는 인간적인 사람이 된다."427)

그러므로 도덕에서 중요한 것은 "정적인 성과나 결과보다는 성장, 개선, 진보의 과정이 의미 있는 것인가이다. 최종적으로 고정된 목적으로서 건강이 아니라 필요한 건강을 위한 지속적인 개선이 목적이자 선인 것이다. 따라서 목적은 더 이상 도달해야 할 종착점이나 한계가 아

426) 위의 책, 202쪽
427) 위의 책, 203쪽.

니다. 그것은 현존하는 상황을 변화시키는 능동적인 과정이다. 즉 최종적인 목표로서의 완성이 아니라 완성시키고, 성숙해지며, 다듬어가는 끊임없는 과정이 삶에서 의미를 지닌 목표가 된다. 건강이나 부, 학식과 마찬가지로 정직, 근면, 절제, 정의도 획득해야 할 고정된 목표가 아니라 경험의 질적인 변화 방향이다. 왜냐하면 성장 자체가 도덕의 유일한 '목적'이기 때문이다."[428]

전통적으로 강조되어 왔던 절대선/절대악의 개념은 듀이에게 무의미한 것이다. 각 개인이 부딪치는 환경(상황)이란 특수한 것이며, 따라서 상황에 대한 대응과 탐구의 논리 또한 다를 수밖에 없다. 자신 앞에 놓인 최악의 상황을 제거하고 가장 시급한 욕구를 만족시켜줄 수 있는 것은 그에게 좋은 것이다. 그리고 계속해서 부딪치게 되는 새로운 상황은 인간에게 계속해서 더 나은 해결책을 탐구하게 한다. 인간은 환경과의 이와 같은 지속적인 (때로는 시행착오) 과정을 통해 도덕적으로 성장하고 진보하는 것(즉, 더 나은 해결 방안을 탐구하여 더 좋은 습관을 형성하는 것)이며, 인간 사회 또한 이와 함께 성장하고 발전하는 것이다.

요컨대 듀이에 의하면, '개선론'이란 어느 순간에 존재하는 특정한 조건이 상대적으로 악하든, 상대적으로 선하든 상관없이 더 나아질 수 있다는 믿음이다. 그것은 선의 적극적인 수단과 그 수단의 실현에 방해가 되는 것을 탐구하고, 조건을 개선하기 위한 노력을 경주하는 지성을 장려한다. 따라서 이미 이 세상이 최상의 세계라는 '낙관주의'와는 전혀 다른 것이다. 개선론으로서 도구주의는 '더 나아지리라'는 확

---

428) 같은 쪽.

신과 정당한 희망을 품게 하지만 낙관주의는 너무나 쉽게 이 세상에 이미 완전한 선이 실현되어 있다고 믿어버린다. 하지만 "행복은 성공 속에서 발견되며, 이런 성공은 성취, 앞으로 나아가는 것, 전진하는 것을 의미한다. 그리고 이것은 수동적인 것이 아니라 능동적인 과정이다. 그렇기 때문에 그것은 장애의 극복, 결함과 악의 근원을 제거하는 것을 포함한다."429)

도구주의는 공리주의와과 구별된다. "공리주의는 근본적인 점에서 낡은 사고방식에 의해 여전히 영향을 받고 있었다. 즉 공리주의는 고정된, 최종적인, 최상의 목적이라는 관념을 결코 문제 삼지 않았다. 이 때문에 공리주의는 고정된 목적의 자리에 쾌락 및 쾌락의 가능한 최대량을 추가했을 했을 뿐이다." 그 결과 공리주의는 덕(德)은 물론, 예술, 시, 종교, 국가마저도 쾌락을 얻기 위한 천박한 수단으로 만들어 버렸다는 비판을 피할 수 없게 되었다고 듀이는 지적한다. 뿐만 아니라 듀이는 공리주의가 자본주의 자신의 새로운 사회적 악(惡)을 수반했고, 이를 가리거나 옹호하려는 경향을 보였다고 비판한다. 즉 쾌락의 획득과 소유에 대한 강조로 부(富)를 쾌락과 결합시켜 방대한 추한 욕망을 정당화하는데 기여했다는 것이다.

마지막으로 듀이는 교육에 대해서도 성장 또는 경험의 끊임없는 재구성이라는 관점에서 자신의 주장을 전개한다. 그에 따르면, "시기와 상관없이 한 사람이 성장하는 과정에 있다면, 교육은 나중에 올 어떤 것에 대한 준비가 아니라 현재로부터 얻어질 수 있는 정도와 종류의 성

---

429) 위의 책, 205쪽.

장 바로 그곳에 존재해야 한다."430) 따라서 일반적으로 교육에서 강조하는 기술의 습득이나 지식의 소유, 교양의 획득이 중요한 것이 아니라 이것들은 단지 성장하고 있다는 것의 징표이며, 성장을 지속적으로 해나가기 위한 수단일 뿐인 것이라고 생각해야 한다는 것이다.

결론적으로 듀이에게 "모든 (탐구와) 도덕성은 사회적이다."431) "우리가 더 많이 상호작용할수록 우리는 문제 상황을 더 잘 알게 된다."432)그리고 이를 통해 우리는 '경험의 질적인 변화'와 인간의 성장, 그리고 이에 기초해 사회에 대한 지속적인 개선을 기대할 수 있게 되리는 것이 그의 일관된 관점임을 확인하게 된다.

430) 위의 책, 209쪽.
431) 위의 책, 342쪽.
432) Bryan Magee, 앞의 책, 191쪽.

15

# 사르트르
# J. P. SARTRE

1905 – 1980

· 사르트르의 삶
· 실존주의는 휴머니즘이다
· 인간 : 자유로울 운명

| 핵심 용어 |

⇒ 자유, 불안, 개인적 체험, 레지스탕스, 공산주의 비판, 『구토』, 『존
재와 무』, 『실존주의는 휴머니즘이다』, 부조리하게 실존으로 내던져
짐(被投), 무(無), 기투(企投), 무신론적, 주체성, 가치 형성자(창조
자), 선택, 결단, 자유로울 운명, 앙가제, 우연, 부조리, 휴머니즘,
'자유의 도덕'

‖ 사르트르 ‖

- 실존은 본질에 앞선다. 인간은 인간 스스로가 구상하는 그 무엇이며, 또
  인간 스스로가 원하는 그 무엇일 뿐이다.

- 인간은 무엇보다 미래를 향해 스스로를 던지는 존재이며, 미래를 향해
  자기 자신을 던지는(企投) 일을 의식하는 존재이다. 인간은 주체적으로
  삶을 살아가는 기투적 존재이다. 인간은 스스로를 선택하는 존재이다.

# 사르트르의 삶

▶ 사르트르의 어머니는 알베르트 슈바이처와 사촌관계에 있는 안네 마리 슈바이처이고, 그의 아버지는 해군 소위였다. 아버지는 프랑스 령 인도차이나에서 근무하던 중 사르트르가 15개월 되었을 때 질병으로 죽는다. 이후 사르트르는 엄마와 함께 친정집으로 들어가 생활하게 된다. 그곳에서 사르트르에게 비친 엄마의 삶은 전통 사회에서 대부분의 가정이 그랬던 것처럼 실질적인 가정부로서 삶이고, 전통적 권위에 구속된 삶이었다. 그의 어머니는 용돈을 받아 생활했고, 외출은 허락을 받고 밤 10시 이전에는 돌아와야 했다. 할아버지 샤를 슈바이처는 프랑스 모든 중등학교에서 사용하는 독일어 교과서의 유명한 저자이자 개신교 신학자였지만, 자신의 딸에게는 이처럼 냉정하고 사무적이고 권위적이었다. 어린 사르트르는 어머니의 이러한 삶에서 자본주의 사회의 위선과 노동력 착취, 자유주의로 위장한 부르주아의 이기심을 목격하였다. 이렇게 통제된 삶과 부르주아의 위선이 사르트르에게 완전히 부정적인 것만은 아니었다. 왜냐하면 할아버지는 자신의 과시적이고 귀족적인 이기적 동기를 성취하기 위해 사르트르에게 가정에서 사교육을 받도록 해주었기 때문이다. 그렇지만 사르트르에게 이러한 5년 동안의 생활은 같은 또래의 아이들과 뛰어놀 수 있는 기회의 박탈로 받아들여졌다. 또 할아버지가 사르트르 자신에 대해서 보여준 이러한 위선적 관심은 자신의 오른 쪽 눈의 종양을 제 때에 치료받지 못하게 하는 원인이 되었고, 결국에는 자기 눈이 사시가 되어 시력을 잃게 되었다고 생각했다. 그는 이것 또한 무관심과 이기심을 은폐하면서 타자에

게 관심을 보인다고 주장하는 부르주아의 위선이라 생각했다. [433]

사르트르가 열한 살 때 그의 어머니는 재혼했고, 사르트르는 엄마를 따라 새 아버지 집에서 생활했다. 그렇지만 그곳에서의 생활도 자유롭고 활기찬 것은 아니었다. 그의 어머니는 사르트르가 조금이라도 소란을 피우거나 장난을 치면 "조용히 해라. 이곳은 우리 집이 아니란다.", "그것은 만지지 마라! 우리 것이 아니란다."라는 말로 자주 타일렀다고 한다. 사르트르의 실존주의에서 '불안' 또는 '자유'와 같은 개념이 중요한 자리를 차지하게 된 배경에 자신의 개인적인 체험도 일부분 영향을 미쳤으리라 생각을 가능하게 하는 부분이다. [434]

이러한 생활 속에서도 사르트르의 학업은 계속되었고, 마침내 그는 파리고등사범학교를 1등으로 졸업하지만, 교사 자격시험에서는 떨어지고 만다. 재수 끝에 사르트르는 1등을 차지하고, 시몬 드 보봐르(Simone de Beauvior)는 2등을 차지한다. 그와 그녀는 시험을 치르기 전 극장에서 영화를 본 다음, 사르트르의 제안에 따라 2년 동안의 동거로 시작되어 사르트르가 죽음을 맞이하는 나머지 50년 동안 계속된다. 그녀는 사르트르가 죽을 때까지 학문적 동지이자 철학과 정치의 동반자

---

433) T. Z. 레빈 지음, 김기찬 옮김, 『방송강의 철학사』, 서울 : 현대지성사, 1997, 364-366쪽 참고.

434) 리하르트 다비트 프레히트 지음, 백종유 옮김, 『나는 누구인가』, 서울 : 21세기북스, 2010, 425-426쪽: 우연이지만 사르트르에게 영향을 미친 실존주의자 하이데거 또한 사르트르와 비슷한 유년 시절을 보냈다. 하이데거는 아버지를 일찍 여읜 후 어린 시절을 조부모 집에서 보냈으며, 그곳에서 그는 하루 8시간 독서와 학습에 집중했다. 조부모집에서 대가족의 일원으로 살면서 그는 자신이 쓸데없이 남아도는 존재라는 생각을 하게 되었고, 마찬가지로 인간 또한 우연히 남겨진 존재에 불과하다는 믿음을 갖게 되었다. 이렇게 볼 때, 인간 실존이란 '삶에 내던져진 것'에 불과한 것이라 할 수 있는데, 이는 사르트르의 개인적인 삶과도 유사한 것이었다. 그리고 사르트르 또한 하이데거의 이러한 관점에 공감한다.

이기도 했다. 50년의 동거 기간에도 불구하고 그들이 결혼을 하지 않은 것은 두 사람의 '부르주아적 결혼'435)에 대한 저항의 표현이었다.

2차 대전이 일어나자 그는 이등병으로 소집되었지만, 독일군의 포로가 되었다. 1940년 그는 눈이 사시(斜視)였기 때문에 민간인들과 함께 석방되었다. 이후 그는 즉시 독일군을 겨냥한 레지스탕스 운동에 참여하여 독일군의 악마적인 집단 대학살을 고발한다. 또 그와 그녀는 공산주의에 대해 부분적으로 긍정적인 입장을 취하긴 했지만, 공산당에 입당하지는 않았다. 그 이유는 자신이 부르주아 출신이고, 공산주의가 자유로운 비판을 허용하지 않기 때문이었다.

그의 실존주의는 1938년 소설『구토』, 1943년『존재와 무』, 그리고 1946년『실존주의는 휴머니즘이다』로 만개한다. 특히 그는 후설(Edmund Husserl, 1869-1938)의 현상학436)에서 '의식은 항상 무엇의 의식이며, 지향적(指向的)이며 대상을 향하고 있다'는 입장과 하이데거(Martin Heidegger, 1889~1976)의 '세계내 존재로서 의식적 존재', '부조리하게 실존으로 던져져 있음(被投)', '미래로 기투(企投)함', '무(無)' 등을 수용하여 자신의 실존주의를 위한 계기를 마련한다. 이제 우리는 그의 강연을 책으로 엮은『실존주의는 휴머니즘이다』를 중심으로 그의 실존주의를 살펴보려고 한다.

---

435) T. Z. 레빈, 위의 책, 368쪽.
436) 후설의 현상학은 주관적 관념론이며, 세계 그 자체가 인간의 경험 여부에 관계없이 객관적으로 존재한다고 생각하는 사상이다. 현상학이 강조하는 '의식의 지향성'이란 객관화되는 것은 의식의 지향에 대응하여 현재화되는 것이라는 뜻이다: http://terms.naver.com/item.nhn?dirId=2901&docId=1107

# 실존주의는 휴머니즘이다

▶ 사르트르는 『실존주의는 휴머니즘이다』의 목적이 실존주의에 대한 비난으로부터 실존주의를 지켜내는 것이라고 말문을 연다. 그는 실존주의가 인간을 절망으로 몰아넣어 정적주의(靜寂主義)437)와 명상으로 빠져들게 하는 부르주아 철학이라는 공산주의자들의 비난과 신의 계율을 무시하고 인간의 밝은 면을 고려하지 않는다는 가톨릭계의 비난에 대해서 실존주의를 지켜낼 목적으로 이 강연을 했다. 사르트르는 이러한 비난에는 공통적으로 실존주의가 인간적이지 못하다는 의미가 담겨 있기 때문에 자신은 실존주의가 휴머니즘이라는 점을 밝힘으로써 실존주의를 지켜내고자 했다. 그는 이러한 주장에 대해 정면으로 다음과 같이 반박한다.

"아이는 오냐오냐 할수록 버릇없는 아이가 되고, 엄하게 꾸짖을수록 예의바른 아이로 자라는 법"이라고 주장하는 격언이야말로 가장 우울한 것이다. 왜냐하면 이러한 격언은 기존의 권력에 맞서지 말고, 힘에 대항하지 말며, 자신의 환경을 넘어서는 어떤 계획도 도모해서는 안 된다는 점을 강조하고 있기 때문이다. 438)

---

437) 명상에 의해서 신과 합일하여 영혼의 완전한 평안을 얻을 수 있다고 주장하고 그 이외의 도덕이나 종교의 행위는 쓸모없다고 하는 신비주의: http://terms.naver.com/item.nhn?dirId=2901&docId=752

438) 장 폴 사르트르 지음, 박정태 옮김, 『실존주의는 휴머니즘이다』, 서울 : 이학사, 2009, 32-33쪽.

사르트르는 이러한 언명들은 모두 전통과 권위, 이미 결정되어 있는 가치 체계들을 그대로 받아들일 것을 강요하고 정당화하기 때문에 오히려 인간을 우울하게 만든다고 반박한다. 그리고 실존주의야 말로 인간의 가능성을 주장하는 낙관주의적 전망을 하고 있기 때문에 역설적으로 비난받는 것이라고 반박한다. 즉 사르트르에 의하면, 실존주의는 유신론적 무신론적 입장439)으로 나눌 수 있지만, 모든 실존주의는 공통적으로 '실존은 본질에 앞서며', '주체성'에서 출발하기 때문에 매우 인간적이라는 것이다.

실존은 본질에 앞선다. 인간은 인간 스스로가 구상하는 그 무엇이며, 또 인간 스스로가 원하는 그 무엇일 뿐이다. 440)

---

439) 위의 책, 29쪽: 그는 무신론적 실존주의에는 하이데거와 자신을 포함한 프랑스 실존주의자들, 그리고 유신론적 실존주의에는 야스퍼스와 가브리엘 마르셀이 있다고 주장한다; 야스퍼스는 우리로 하여금 절망에 직면케 하고 우리의 내면 가운데서 우리를 일깨우는 '한계상황'에 대해 이렇게 말한다. "한계 상황은 개관되지 않는다. 우리들의 현존재에 있어 우리는 그 현존재의 배후의 다른 어떤 것을 보지 못한다. 한계 상황은 우리가 부딪쳐서 난파하는 벽과 같은 것이다. 한계상황은 우리들 자신에 의해 변경되는 것이 아니고, 오히려 이 상황을 다른 것에 근거해 설명하거나 연연해함이 없어도 명료화시킬 수 있을 뿐이다." 그런 다음, "우리는 한계 상황을 극복하기 위해 계획과 계산에 의해 교묘하게 한계상황에 반응하는 것이 아니고, 우리의 내면에서의 가능적 실존의 생성이라는 완전히 다른 능동성에 의해서 반응한다. 우리는 한계상황 속으로 눈을 뜨고 들어감으로써 자기가 된다. 한계상황을 경험하는 것과 실존하는 것은 동일하다."고 주장한다. 즉 그에게 인간이란 존재 가능성으로서 실존이며, "인간으로 있음은 인간으로 됨"과 같은 의미를 지닌다. 이 때문에 야스퍼스는 "우리의 본질은 도상에 있음이다."라고 선언한다. 이 말은 "자기는 존재하지 않는다. 존재은 생성 가운데 존재한다."는 뜻이다.
440) 위의 책, 33쪽.

사르트르는 실존주의의 제1명제인 위의 진술을 구체적인 사례를 들어 설명한다. 종이를 자르는 칼은 이것을 만들기 위한 설계와 공정이 있은 다음, 비로소 칼이라는 사물이 만들어진다. 다시 말해 어떤 칼일지, 어떤 용도의 칼일지에 대한 설계도가 창조자(기술자)에 의해서 먼저 존재한 다음, 이 설계도와 절차에 따라 칼이라는 사물이 만들어진다는 것이다. 따라서 칼이라는 사물은 쓰이게 될 용도에 따라 '이미 결정된 방식과 절차를 밟아 만들어지는(창조되는) 것'이다. 이렇게 볼 때, 칼이라는 사물로서 칼에 관한 설계도, 즉 본질이 먼저 존재하고, 그 다음 칼이라는 사물이 존재하게 되는 것이다. 그러므로 본질이 사물에 선행하는 것이다. 마찬가지로 신이 세계를 창조했다면, 신은 자신의 정신 속에 마치 설계자와 제작자로서 생각을 지닌 채 인간을 만들었을 것이다. 칼을 만든 제작자처럼 신은 인간을 장인처럼 제작하였을 것이다. '본질이 실존을 규정한다'는 이러한 주장은 종교적 신학은 물론, 칸트가 이성적 존재로서 인간이 도덕 법칙을 의무로서 받아들이고 행동해야 한다고 주장했을 때에도 마찬가지이다.

그렇지만 인간은 창조된 사물이 아니라는 것이 사르트르의 무신론적 실존주의의 출발점이다. 사르트르의 주장은 이렇다.

무신론적 실존주의는 만약에 신이 없다면, 실존이 본질에 앞서게 되는, 즉 어떤 개념으로 정의될 수 있기 이전에 실존하는 한 존재를 반드시 전제해야 한다. 이 한 존재란 다름 아닌 바로 인간이다. 따라서 실존이 본질에 앞선다는 말은 인간이 먼저 세계 속에 존재하고 떠오르며, 그리고 그 이후에 인간은 정의된다는 뜻이다. 4 4 1 ) (따라서) 신은 무익하면서 값비싼 가정에 지나지 않기 때문에 우리는 이 가정을 제거해야 한다. 어떤 가치가 존중되고, 또 그 가치가 선험적(a priori)으로 존재하는 것처럼 생각해서는 안 된다. 4 4 2 )

이렇게 되면 인간은 절대적 원리나 본질에 따라 확정되고 결정된 어떤 것이 아니며, 즉 아무 것도 아니며, 따라서 인간의 본성이란 존재한다고 말할 수 없게 된다. 사실, 동양의 맹자나 성리학은 인간의 도덕적 본성을 말할 때 하늘을 전제로 삼았고, 그리스도교는 하느님을 전제로 삼고, 데카르트 또한 생득관념을 말할 때 신을 전제한 다음 논의를 전개했다. 이렇게 볼 때 절대자인 신이 존재하지 않는다고 가정하게 되면, 인간을 규정짓고 있는 고정적인 본질 또한 주장할 수 없게 된다. 사르트르는 이것을 두고 인간은 정확히 '자기 자신을 스스로 만들어가는 존재', 즉 가치 창조자이자 형성자 외에 다른 사물일 수 없다고 선언한다. 그리고 이것을 실존주의의 제1원칙인 '주체성'으로 삼은 것이다. "만약에 신이 없다면, 우리에게는 모든 것이 허용된다."4 4 3 )

---

441) 위의 책, 32쪽.
442) 위의 책, 42쪽.
443) 위의 책, 43쪽.

# 인간 :
## 자유로울 운명

▶ 이제 인간은 세계에 던져진 존재(被投)로서 스스로를 창조해나가는 존재(企投)이기 때문에 결단을 통해 미래를 향해 스스로 자신을 던지는 삶을 살아가야 한다. 또한 그렇기 때문에 자신의 삶에 대해 전적으로 책임이 있는 존재가 될 수 있다. 이처럼 실존주의는 스스로 자신의 삶에 대해 주인이 되게 하여, 스스로 책임성을 갖게 하는 것을 출발점으로 삼는다.

> 인간은 무엇보다 미래를 향해 스스로를 던지는 존재이며, 미래를 향해 자기 자신을 던지는(企投) 일을 의식하는 존재이다. 인간은 주체적으로 삶을 살아가는 기투적 존재이다. 인간은 스스로를 선택하는 존재이다.444)

사르트르의 실존주의에서 인간이란 '아직 그가 아닌 그 무엇으로서 있는 존재'445)이다. 즉 인간은 가능성 그 자체이며, 끊임없이 과거를 부정하면서 미래를 향해 있는 존재이다. 구체적 실존으로서 인간의 의식은 언제나 항상 '지금 현재 있는 것으로 있지 않으려' 한다. 인간은 자신의 선택을 통해서 자신에 관한 의미를 만들어가는 존재인 것이다.

---

444) 위의 책, 34-35쪽.
445) 페터 쿤츠만 외 지음, 홍기수 외 옮김, 『그림으로 읽는 철학사』, 서울 : 예경, 2000, 203쪽.

신이 없는 세계에서 인간은 자유이다. 왜냐하면 우리의 사고나 행동을 결정하고 정당화할 수 있는 어떤 절대적 가치나 질서를 발견할 수 없기 때문이다. 결정론이 성립할 수 없는 세계에서 인간은 자유다.

> 인간은 자유롭도록 선고받았다. 왜냐하면 그 자신이 세계 속에 던져진 이상, 인간은 자신이 하는 모든 것에 대해서 책임이 있기 때문이다. 인간은 자신을 인도할 어떤 방향이나 이정표도 갖고 있지 않으므로 매 순간 스스로를 발명하도록 선고받았다. '인간이 인간의 미래다.' 인간에게는 인간이 만들어가야 할 미래만이 있는 것이다. 그렇지만 인간은 홀로 남겨진 존재이다.446)

> 실존은 목적이 없고, 의미가 없고, 모양이 없고, 우연적이다. 사물들은 그 이름으로부터 멀리 떨어져 있다. 우리는 적나라한 실존과 마주할 때 구토의 느낌을 갖는다.447)

사르트르의 관점에서 볼 때, 전통적인 철학이나 종교적 입장이 주장하는 자연적 합리성이나 질서, 과학적 법칙, 우주적 질서라는 개념은 부정된다. 그에게 세계란 어떤 것도 가능한 단지 우연과 부조리일 뿐이다. 세계란 구조와 질서가 없는 세계이며, 인간이란 아무런 이유도 없이 던져져 있는 우연적 존재일 뿐이다. 이제 던져진 존재이며, 그렇기 때문에 자유롭도록 선고받은 인간에게는 모든 선택과 결단이 가능

---

446) 위의 책, 45쪽.
447) T. Z. 레빈 지음, 위의 책, 373쪽.

하며, 그에 따른 책임성이 수반된다. 448) 구체적인 실존으로서 인간의 근본 상황에 대해 우리가 어떤 선택을 해야 하는지를 사르트르는 자신을 찾아와 상담했던 학생의 사례를 가지고 이를 설명한다.

다음 가족을 생각해보자. 프랑스인이면서 독일에 협력하는 아버지, 독일의 침략 때문에 죽은 형, 형의 원수를 갚고자 하는 나(상담 학생), 그렇지만 나만을 바라보면서 외롭게 살아가시는 어머니. 그렇다면 이런 상황에서 이 학생이 어떤 선택과 결단을 내리는 것이 가장 이상적인지를 이끌어 줄 도덕 이론은 있는가? 사르트르는 '없다'고 말한다.

> 누가 그의 선택을 도와줄 수 있는가? 그리스도교인가? 아니다. 왜냐하면 그리스도교는 (이웃에 대한) 사랑과 타인을 위한 자신의 희생을 가르치기 때문이다. 칸트의 도덕인가? 아니다. 만약에 내가 어머니를 선택한다면, 어머니는 목적으로 대한 것이 되지만, 나머지 레지스탕스(저항) 운동을 하는 사람들을 수단으로 대우할 가능성이 있기 때문이다. 반대로 후자를 선택한다면, 어머니를 수단으로 대우할 가능성이 있다. 나는 이 학생에게 단 하나의 대답밖에 할 수 없다. 그것은 '자네는 자유롭네, 그러므로 선택하게. 즉 발명하게.449)

---

448) 사르트르의 입장에서 볼 때, 만약에 오직 자신이 스스로를 선택함으로써 자신을 형성할 수 있는 존재라면, 이러한 상황에 놓인 인간 실존에게 불안, 홀로 남겨짐, 그리고 이 때문에 일어나는 절망은 불가피한 것일 수 있다. 더욱이 결과에 대한 책임성은 이를 더욱 심화할 수도 있을 것이다.
449) 위의 책, 47-51쪽.

우리가 따라야 할 어떤 고정된 이정표가 없는 세계에서 우리는 무엇이든 할 수 있는 자유를 갖고 있다. 따라서 인간은 자신이 놓인 상황에서 끊임없이 자신을 앙가제(engagement)450)함으로써 자신을 만들어내야 한다. 그리고 이러한 선택을 통해서 창조된 자신의 모습 이외에 우리에게는 어떤 확정된 모습도 불가능하다. 사르트르는 어떤 사람을 두고 비겁하다고 할 때, 그의 비겁함이란 소심한 성격 때문이 아니라 스스로 자신의 선택과 행위를 통해 자신을 비겁하게 만들었기 때문이라고 말한다. 그렇기 때문에 그의 실존주의에서는 비겁함이나 무기력함, 자기기만은 일종의 죄악이다. 그것은 스스로 예술가이자 창조자로서의 자기 삶을 포기하고 상황에 굴종한 것에 지나지 않는다. 이 점에서 우리가 사르트르의 실존주의를 시작할 때 맨 앞에서 언급했던 실존주의에 대한 비난, 즉 실존주의는 정적주의라는 비난은 옳지 않다. 오히려 실존주의는 주체성과 책임성, 기투를 통한 참여를 강조하는 이론이다. 그러므로 위의 학생 또한 스스로 자신의 법칙과 자기 자신을 창조해가는 존재여야 한다.

> 예술과 도덕의 공통점은 창조와 발명의 성격이다. 우리에게 해
> 야 할 어떤 것이 선험적으로 결정된 것이란 없다. 인간은 스스
> 로를 만들어가는 존재이지, 이미 만들어진 어떤 존재(사물)가
> 아니기 때문이다. 인간은 자신의 도덕을 선택하면서 스스로를

---

450) 위의 책, 128쪽: 앙가주망(engagement)이란 자신이 처한 고유한 상황에 대면해서 스스로 전적인 책임 의식을 갖고 그 상황을 바꾸나 유지하기 위해 결심하는 태도이다. 우리는 이를 통해 자신만이 아니라 사회 인류 전체를 향해 책임 있는 앙가제를 한다.

만들어간다.451)

　마지막으로 '실존주의가 휴머니즘'이라는 말에서 '휴머니즘(humanism)'
이란 두 가지 의미를 지닌다. 하나는 오직 인간중심주의만을 의미하는
휴머니즘이고, 다른 하나는 주체성으로서 휴머니즘이다.

> 우선 인간을 목적으로 삼으며 최상의 가치로 삼는 이론으로서 휴
> 머니즘이다. 휴머니즘의 다른 의미는 자기 밖으로 자신을 기투함
> 으로써 실존하는 것이다. 인간은 이 '넘어섬'을 통해 인간적 주체
> 성을 확립하며, 자신을 초월한다. 바로 이것이 실존주의는 휴머
> 니즘이라는 말의 휴머니즘이다.452)

　이처럼 인간은 자신 이외에 어떤 다른 입법자나 창조자도 가정할 수
없으며, 홀로 남겨진 상태에서 스스로를 결단하는 존재이며, 또 인간
은 이러한 결단을 통해 현재 자신의 상황을 넘어설 수 있게 된다. 인간
의 이러한 성격을 가장 가치 있는 것으로 여기는 것이 실존주의이고,
바로 이런 성격 때문에 자신의 실존주의야말로 진정한 의미의 휴머니
즘이라는 것이 사르트르의 생각이었다. 이 점에서 인간은 스스로 자신
을 되찾고 회복해야 하며, 자신을 구원할 수 있는 것은 오직 자신뿐이

---

451) 위의 책, 74-75쪽.
452) 위의 책, 86쪽.

라는 것을 알아야 한다.453) 자유로울 운명을 지닌 인간454)이라는 사르트르의 명제와 이에 따른 그의 삶은 다음과 같이 요약할 수 있다.

> 그는 자유로운, 모든 것에 대해서 자유로운 사람이었다. 그는 자신이 원하는 것을 할 수 있었고, 아무도 그에게 충고할 권리를 갖지 못했다. 그는 자유롭고 혼자였으며, 이유가 없었고, 이유 없이 결정을 내릴 운명이었고, 어떤 것에 의지하지 않으면서 결정할 운명이었으며, 영원히 자유로울 운명이었다.455)

그렇지만 사르트르의 실존주의가 주장하는 이른바 '자유의 도덕'에 대한 비판 또한 강한 설득력을 지닌다. 이에 따르면 그의 극단적인 자유의 개념이 강조하는 인간이란 아무런 전제도 없이 절대적으로 자유로운 존재이다. 그렇지만 현실적 구체적 실존으로서 개인은 자신이 선택하지 않은 조건들에 의해서 구속되고 둘러싸인 존재이다. 다시 말해 그의 주장에는 우리가 특정 시기에, 특정 민족에서, 특정한 성을 지니고 태어난다는 사실이 전혀 고려되고 있지 않다는 것이다.456) 그는 인간에게 자유를 절대시함으로써 구체적인 개인이 무엇이든 선택할 수

---

453) 위의 책, 87쪽.

454) 변광배, 『존재와 무』, 서울 : 살림, 2009, 160-163쪽; 사르트르에게 인간이란 자신을 대상화할 수 있는 존재, 즉 즉자적 존재(사물)에 대비되는 대자적 존재이다. 대자적 존재로서 인간은 자신이 처한 상황에서 선택을 하고, 자신의 존재에 대해 책임성을 지닌다. 그리고 이런 상황은 끊임없이 계속된다. 이렇게 볼 때 삶이란 자신에 대한 끊임없는 기투의 과정이다.

455) T. Z. 레빈, 위의 책, 378쪽.

456) 한스 요아힘 슈퇴리히 지음, 박민수 옮김, 『세계철학사』, 서울 : 이룸, 2010, 907쪽.

있다고 주장하는 것처럼 보인다. 그렇지만 현실적인 인간이 자신을 둘러싸고 있는 구체적인 시간과 공간적 배경을 완전히 무시한 채 자신을 창조해나간다는 주장이 얼마나 설득력을 지닐지는 여전히 의문으로 남는다. 뿐만 아니라 모든 것이 자유의 형식으로 가능하다는 그의 주장은 사실상 도덕 자체를 인정하지 않는 것으로 비추어질 수도 있다. 왜냐하면 어떤 '좋은' 선택이란 없고, 단지 개인의 '선택'만 있기 때문이다.

# 16

# 존 롤스
## JOHN RAWLS

1921–2002

- 사회의 기본 구조를 결정하는 '정의'
- 원초적 상황과 무지의 베일
- 평등한 자유의 원칙, 최소 수혜자 및 기회 균등의 원칙
- 자유와 정의 우선성의 축차적 서열 : 공리주의 비판
- 순수 절차적 정의관, 자유주의적 평등주의

## | 핵심 주제 |

· 사회의 기본 구조를 결정하는 '정의'
· 원초적 상황과 무지의 베일
· 평등한 자유의 원칙, 최소 수혜자 및 기회 균등의 원칙
· 자유와 정의 우선성의 축차적 서열 : 공리주의 비판
· 순수 절차적 정의관, 자유주의적 평등주의

## | 핵심 용어 |

⇒ 『정의론』, 원초적 상황, 무지의 베일, 자유롭고 평등한 개인, 공정성
으로서 정의, 서로 무관심한 합리적 개인, 칸트, 우선성, 사회적 기
본 가치, 축차적 서열, 제1원칙, 질서정연한 사회, 절차적 정의, 제
2원칙, 차등의 원칙, 최소 수혜자의 이익 극대화, 최소 극대화, 자유
주의적 평등주의

### ‖ 존 롤스 ‖

-   원초적 상황이라는 관념은 여기서 합의된 모든 원칙을 정의로운 것이 되
    게 하는 공정한 절차를 확보하기 위한 것이다. 그 목적은 순수한 절차적
    정의를 이론적 기초로 삼으려는 것이다. 무지의 베일 개념은 칸트 윤리
    학에도 함의되어 있다.

-   각자는 평등한 기본적 자유에 대해 가장 광범위한 평등한 권리를 가지며
    (제1원칙), 사회 경제적 불평등은 최소 수혜자에게 최대의 이익이 되고,
    공정한 기회의 조건 아래 직책과 직위는 모두에게 개방되어 있을 때 한하
    여 정당하다(제2원칙).

# 사회의 기본 구조를 결정하는 '정의'

▶ 20세기 가장 위대한 도덕 · 정치 철학자인 롤스는 '정의(justice)'라는 한 가지 주제만을 연구하는데 학자로서의 삶을 바쳤기 때문에 '단일 주제의 철학자'라고 부른다. 그를 20세기 가장 탁월한 철학자의 지위에 오르게 한 대표적인 저서는 『정의론』(1971)이다. 그는 이 책의 서문에서 자신의 목적이 로크, 루소, 칸트가 제시한 사회계약이론의 전통을 보다 일반화하고, 현재 지배적인 정의관을 이루고 있는 공리주의 정의관을 비판함으로써 이를 대신할 수 있는 정의에 관한 이론 체계를 확립하는 것이라고 말한다.457) 즉 그는 이 책을 통해 계약론적 전통의 정의관을 더욱 정교하고 현실화함으로써 오늘날의 자유민주주의 사회에서 보편적으로 적용될 수 있는 정의와 도덕의 기초를 마련하고자 하였다.

이제 우리는 그의 『정의론』을 중심으로 정의(正義)에 관한 그의 기본 입장을 검토하려고 한다. 이를 위해 먼저 사회 속에서 정의가 어떤 역할을 하는지를 살피고, 그 다음 정의의 중심 주제인 사회의 기본 구조, 마지막으로 그의 정의론을 요약하고자 한다.

> 일정한 사상 체계를 갖춘 모든 이론의 제1덕목은 진리이다. 그렇기 때문에 모든 사회 제도의 제1덕목은 진리가 된다. 어떤 이론이 아무리 정교하고 간명하다고 할지라도, 그것이 진리가 아니라면 수정되거나 거부되어야 한다. 마찬가지로 아무리 효율적이고

---

457) J. 롤스 지음, 황경식 옮김, 『정의론』, 서울 : 이학사, 2004, 26쪽; 이 장의 내용은 주로 이 책에 의존하였다.

논리적 구조를 갖추고 있는 법과 제도일지라도, 그것이 공정하지
못하다면 그것은 개선되거나 폐기되어야 한다. 458)

정의론의 제1장인 '공정성으로서 정의'를 이루고 있는 이 첫 문장은
어떤 이론도 정의(즉 공정)롭지 못하다면, 즉 진리가 아니라면 바꾸거
나 버려야 한다는 의미로 해석할 수 있다. 그에 의하면 사회 전체의 이
익과 복지가 목적일지라도 인간에게는 정의의 기준에서 볼 때 침해받
아서는 안 될 불가침의 권리가 있다. 따라서 다수 또는 전체의 이익[선
(善)]에 도움이 된다 하더라도 개인 또는 소수의 자유를 억압하거나 박
탈해서는 안 된다. 시민으로서 갖고 있는 평등한 자유의 개념은 정의
의 원칙에서 볼 때 인간 생활의 가장 중요한 근본 가치이기 때문에 어
떤 정치적 거래나 사회적 이익의 계산을 통해서 좌우되는 성질이 것이
아니라는 것이 롤스의 주장이다.

일반적으로 사회란 각 개인이 각자의 이익을 추구하기 위해 결합한
결과이다. 이 점에서 사회는 일종의 상호 이익을 위한 협력적 조직체
(협동체제)인데, 개인은 사회 안에서 각자의 이익, 즉 선을 실현하기 위
해 공통의 행동 규칙을 만들고, 이를 함께 지켜간다. 그런데 사회는
이처럼 협력적 조직체로서 성격을 지니지만, 사회 속에서 각 개인은
다양한 이해관계의 충돌이라는 현상과 맞부딪치게 된다. 개인은 자신
의 선을 실현하기 위해 조직적으로 협력하기도 하지만, 더 많은 자신
의 몫을 추구하기 위해 사회와 충돌하기도 하는 것이다. 특히 사회적

---

458) 위의 책, 36쪽.

으로 산출된 재화의 분배를 놓고 각자가 더 많은 분배를 요구하게 되는 상황에서 이러한 충돌은 더욱 빈번하고 첨예하게 된다. 이 때문에 공정한 분배를 위해 적절한 몫에 대한 합의가 필요하게 되는데, 이것이 사회적 정의의 원칙459)이다. 개인은 사회 공동체 안에서 이에 따라 적절하게 자신의 기본적인 권리와 의무를 할당받게 된다.

이렇게 볼 때 한 사회 또는 구성원들이 갖고 있는 정의에 관한 개념은 구성원들에게 기본적인 권리와 의무를 구체적으로 제시해(할당해) 주고, 적절한 분배의 몫을 규정하며, 이를 통해 (사회의) 효율, 그리고 서로 상충하는 요구들의 조정 및 안정에 중요한 영향을 미치게 된다.460) 물론, 이와는 반대로 사회 구성원들이 저마다 서로 다른 정의관념에 따라 자신의 이해관계를 실현하고자 한다면, 공동체의 상호 융화와 조화는 불가능해질 것이다. 그리하여 구성원 상호간에 불신과 원한, 의심으로 시민적 유대를 약화시키게 될 것이다. 결론적으로 사회 구성원들이 공동으로 합의한 정의에 관한 관념이 사회의 기본 구조(basic structure of society)를 결정하는 원칙과 기준으로서 역할을 하게 된다.

사회 제도를 통해 구성원들에게 권리와 의무를 할당하고, 사회가 산출해낸 이익을 어떻게 나눌 것(배분)인지를 결정하는 방식을 문제 삼는 것이 곧 정의의 주제이다. 예를 들어 사상의 자유, 양심의 자유, 시장에서의 경쟁, 생산 수단의 사적 소유, 결혼 등은 사회 제도들이며, 이 모든 것들을 종합한 것이 사회의 기본 구조라고 할 수 있다. 그리고 이 사회 기본 구조는 개인으로 하여금 삶의 방향과 미래에 대한 기대 등

---

459) 위의 책, 37쪽.
460) 위의 책, 39쪽.

삶의 모든 영역에 걸쳐 중요한 영향을 미치게 된다. 이처럼 한 사회를 구성하는 기본 구조는 구성원 한 사람 한 사람의 근원적이고 심층적인 부분에 영향을 미치기 때문에 정의의 중심 주제가 된다.

## 원초적 상황과 무지의 베일

▶ 그런데 현실적인 사회에서 각 개인은 각각의 사회  경제적 조건에 의해 이미 나름의 지위를 갖고 있으며, 이것은 각 개인에게 출발에서부터 불평등의 형태로 나타난다. 즉 각 개인은 사회 제도와 구조가 미치는 영향 때문에 서로 다른 출발점과 불평등한 조건 아래 놓이게 되고, 또 각 개인은 자신의 능력과 상관없이 이미 존재하는 사회의 기본 구조 때문에 불가피하게 불평등한 상태에 있게 된다. 이와 같은 현실적 제약과 한계를 극복하고, 합의에 의한 정의의 관념을 도출하기 위해 우리는 하나의 사고 실험을 해볼 수 있다. 물론, 이 사고 실험은 현실적인 사회도 아니고, 역사적으로 실재한 사회도 아니며, 문화적인 원시 상태도 아닌 순수한 가상일뿐이다.

롤스는 자신의 정의에 관한 이론을 이와 같은 문제의식에서 시작한다. 이에 따라 그는 먼저 전통적인 사회계약론에서 도입했던 자연 상태(state of nature)와 같은 의미의 '원초적 상황(original position)'이라는 장치를 가지고 자신의 정의에 관한 논의를 전개한다. 왜냐하면 현실적으로 존재하고 있는 불평등한 사회 구조, 그리고 각 개인의 이해관계가 명확하게 인지되고 있는 사회 구조를 가지고서는 보편적으로 적용될 수 있는 정의의 원칙을 마련할 수 없기 때문이다. 이를 고려하여 롤스는 먼저, 최초의 합의 가능한 평등한 상황을 설정하고, 그 다음 이 상황으로부터 도출되는 정의의 원칙을 사회의 기본 구조에 채택할 것을 제안한다. 즉 일단 정의에 관한 일반 원칙이 확립되면, 이를 근거로 사회 구조를 지탱하는 기본법인 헌법과 나머지 하위의 법과 제도를 제정하는 것이다. 따라서 정의의 원칙은 이후 등장하게 되는 모든 하위 사회 구조와 제도적 틀을 규제하고 결정하게 된다. 이것이 '공정으로서 정의 (justice as fairness)'이고, 순수 절차로서 정의이다.

> 합리적인 인간들이 평등하고 자유로운 가정적(가상, hypothetical) 상황에서 행하게 될 선택이 정의의 원칙들을 결정해줄 것이다. 461)

> (순수한 가정으로서 원초적 상황 아래서) 각 개인은 자신의 사회적 지위나 계층상의 위치를 전혀 알지 못하며, 또 자기가 어떤 소질이나 능력 지능 체력 등을 출생과 함께 갖고 태어났는지에 대해서도 알지 못한다. 심지어 이 상황에서 각 개인은 자신의 가치관이 무엇인지, 자신의 고유한 심리적 성향이 어떠한지에 대해서 전혀 알지 못한다. 이처럼 정의의 원칙들은 자신에 대해 일종의 무지의 베일(veil of ignorance) 상태에서 놓여 있는 개인들의 선택에 의해서 마련된다. 462)

---

461) 위의 책, 46쪽.
462) 같은 쪽.

롤스의 가정처럼 우리가 자신에 대해 일체의 정보를 갖고 있지 않는 상태에 놓인다면, 각 개인은 자신에게만 특별히 유리한 조건을 고려하여 어떤 선택을 할 수 없게 된다. 따라서 이와 같은 가상의 조건 아래에서 모두가 합의한 원칙이 있다면, 그것은 공정한 합의이기 때문에 정의의 원리로서도 타당하다. 롤스가 이와 같은 설정을 한 배경에는 앞에서도 언급했듯이 자신의 현실적 이해관계에 대해 무지하게 함으로써 공정성을 확보하기 위해서이다. 이것은 자신이 원하거나 의도하지 않았던 조건, 즉 출생과 함께 우연히 갖게 된 조건(롤스에게 있어서 천부적 재능 분포의 우연성은 그 자체로서는 정의로운 것도 부정의한 것도 아닌 단지 자연적인 사실일 뿐이다.), 자신의 의지와 상관없이 처하게 된 사회적으로 우연한 조건이 자신이 내리게 될 결정에 어떤 영향을 미치지 못하도록 한 장치이다. 따라서 각자는 이 원초적 상황에서 똑같이 평등하며 자유롭다. 그리고 이 상황에서 각자는 도덕적 인격으로서 합리적 존재이다. 정의의 원칙(기준)은 이처럼 최초의 공정한 상황에서 공정한 절차에 따라 각자가 서로 합의한 결과여야 한다.

원초적 상황이라는 관념은 여기서 합의된 모든 원칙을 정의로운 것이 되게 하는 공정한 절차를 확보하기 위한 것이다. 그 목적은 순수한 절차적 정의를 이론적 기초로 삼으려는 것이다. 어떻게 해서든 우리는 사람들을 불화하게 만들고, 자신들의 사회 자연적 우연적 여건을 자신에게 유리하도록 유혹하는 우연성의 결과들을 무효화시켜야 한다. (한편) 무지의 베일 개념은 칸트 윤리학에도 함의되어 있다. (중략) 만일 원초적 상황에서 정의로운 합의가 생겨나게 되려면 그 당사자들은 공정한 처지에 있어야 되고, 도덕적 인격으로서 평등한 대우를 받아야 할 것이다. 세상의 임의성은 이러한 최초의 계약적 상황이라는 여건을 조성함으로써 수정되어야만 한다. 공공적 정의관이란 사회 협동체의 관계에 대한 공공적 기반이기 때문이다. 463)

롤스는 원초적 상황에서 각자가 자유롭고 평등한 하나의 도덕적 인격체라는 개념을 칸트로부터 가져온다. 왜냐하면 원초적 상황에서 공정한 합의가 가능하기 위해서는 각자가 공정한 처지에 있어야 하고, 또한 칸트의 도덕 이론처럼 각자는 하나의 도덕적 인격으로서 자유롭고 평등해야 하기 때문이다. 그리고 롤스에게 '순수 절차적 정의'란 올바른 결과에 대한 독립적인 기준은 없지만, 올바른 공정한 절차가 이기 때문에 그 절차만 제대로 따른다면 (마치 도박과 같이) 내용에 상관없이 그 결과 또한 마찬가지로 바르고 공정하다는 의미이다.

한편, 원초적 상황은 무지의 베일과 함께 다른 하나의 가상을 필요로 한다. 그것은 각자가 합리적이고 서로에 대해 무관심하다(mutually disinterested)는 것이다. 그렇다고 합리적 무관심의 의미를 우리가 일상적으로 사용하는 개념과 동일하게 이해해서는 안 된다. 롤스는 이를 다음과 같이 설명한다.

이기적이란 말은 재산, 특혜, 지배 권력에만 몰두하는 개인들로

---

463) 위의 책, 195-196쪽, 200-201쪽.

이해해서는 안 된다. 단지 그들이 다른 사람의 이해관계에는 관심이 없다는 뜻이다. 또 합리적이란 말도 경제 이론에서 가정하듯이 주어진 목적을 이루기 위해 가장 효과적인 수단을 채택한다는 좁은 의미로 해석해야 한다. 합리적 인간이라면 자기 자신의 기본 권리와 이해관계에 미칠 결과를 고려하지 않고, 전체 이득의 산술적인 총량을 극대화한다는 이유만으로 어떤 기본 구조를 받아들이지는 않을 것이다. 464)

　따라서 도덕적으로 평등하고 자유로운 인격을 지닌 각자는 다른 사람들이 자기보다 더 많은 이익(행복)을 요구하는 것에 대해 동의하지 않을 것이다. 합리적인 무관심을 지닌 각자는 자신의 선을 실현하는 일에만 관심을 가질 뿐 이타적 충동은 지니지 않기 때문이다. 또 합리적인 무관심을 지닌 개인은 사회 전체의 이익을 위해 자신의 이해관계를 희생하도록 요구하는 사회의 어떤 구조에 대해서도 동의하지 않을 것이다. 이 때문에 공리성의 원리(principle of utility)는 원초적 상황과 양립할 수 없다.

　　상호 무관심한 합리성(mutually disinterested rationality)의 개인은 서로에게 이익을 주려 하지도 않지만, 피해를 주려 하지도 않는다. 그들은 애정이나 증오에 흔들리지 않는다. 또 서로를 비교하여 더 가지려고 질투하지도 않는다. 즉 그의 정의감으로 인해 만일

---

464) 위의 책, 48쪽

그가 원초적 입장에서 채택될 정당성의 원칙에 따라 행동하게 된다면, 그의 욕구나 목적은 이기적이 아닌 것은 분명하다.[465]

## 평등한 자유의 원칙, 최소 수혜자 및 기회 균등의 원칙

▶ 롤스는 원초적 상황에 대한 검토를 토대로 이제 원초적 상황에 놓인 각자가 최종적으로 다음과 같은 두 개의 원칙에 합의할 것이라고 추론한다.

> 첫째 (각자에게) 기본적인 권리와 의무의 배당(할당)은 평등하게 해야 한다는 것이며, 둘째 사회 · 경제적 불평등, 예를 들면 재산과 불평등은 허용하지만, 그와 같은 불평등이 모든 사람, 특히 사회의 최소 수혜자에게 이익이 되게 하는 경우에 한해서만 정당한 것으로 해야 한다는 것이다.[466]

첫째 원칙(제1원칙)을 평등한 자유의 원칙이라 부르며, 둘째 원칙(제2원칙)을 차등의 원칙(the difference principle)이라고 부른다. 여기서 제2원칙은 사회 · 경제적 재화와 가치를 배분할 때 적용되는 것으로 '최소를 극대화(maximin)'[467]하려는 전략이라 할 수 있다. 이것은 원초적 상황

---

465) 위의 책, 204쪽, 209쪽
466) 위의 책, 49쪽.
467) 위의 책, 215쪽.

에서 각자는 여러 대안들이 가져올 것으로 예상되는 결과들 중에서 무엇보다 최선을 선택하는 것이 아니라 최악의 결과를 회피하려는 선택을 할 것이라는 가정에 기초하고 있다. 물론, 롤스의 생각처럼 왜 최악의 상황만을 고려할 것이라고 단정할 수 있는가에 대해서는 논란이 있다. 그렇더라도 아무튼 롤스는 합리적 개인이라면 자신이 어떤 사회에 속하게 될지 모르는 최초의 상황에서 당연히 자신이 가장 불리한 처지에 놓일지도 모를 가능성에 대비하여 최악을 회피할 것이라고 추론한다. 이것을 하나의 예시로써 제시한다면 다음과 같다.[468]

| 결정 | 상황 | | |
|---|---|---|---|
| | c1 | c2 | c3 |
| d1 | -7 | 8 | 12 |
| d2 | -8 | 7 | 14 |
| d3 | 5 | 6 | 8 |

▲ 최소 극대화의 규칙

위의 경우처럼 어떤 사람이 결정(d)을 내리려고 할 때, 그 결정에 따라 달성될 수도 있지만, 달성되지 않을 수도 있는 세 가지 상황(c)이 있다. 원초적 상황에서 한 개인이 만약에 d1을 결정한다면, 그는 최악의 상황, 즉 c1에 따라 손해가 -7이 발생할 수 있는 반면, 12의 이익을 성취할 수도 있다. 또 만약에 d2를 결정한다면, 그에게는 -8의 손해가 발생할 수도 있지만 최대 14의 이익 실현이 가능할 수도 있다. 그런데

---

468) 위의 책, 216쪽.

d3을 결정할 경우, 그는 최소 5의 이익을 취할 수 있지만, 최대 이익은 8에 그쳐 d1, d2에 비해 이익이 가장 적다.

비록 d3의 8이 d1, d2의 최대 이익(12, 14)에는 미치지 못하지만, d1, d2의 최소 이익(-7, -8)에 비하면 상대적으로 많은 이익의 실현(5)이 가능하다. 롤스는 원초적 상황에서 무관심한 합리적 개인이라는 가정에 따라 이 경우 개인은 d3을 선택하리라고 추론한다. 왜냐하면 모험적인 결정 때문에 최악의 상황(-7, -8)에 자신을 빠뜨리는 것은 합리적 개인이라는 가정에 어긋나기 때문이다. 이것이 그가 말하는 최소극대화의 원리이다. 쉽게 말해, 무지의 베일 상태에서 합리적 개인은 모험적인 최대 이익의 실현(위의 표 d2의 14)에 집착하기보다는 최악의 상황을 염두에 두고, 여기서 가장 최대의 이익을 실현 가능하게 하는 선택(d3의 5)을 하리라는 것이다.

마찬가지로 순수한 가상으로서 원초적 상황의 합리적인 개인이 협상에 참여할 때 최선의 결정은 '불행 중 다행(즉 최소의 것들 중에서 최선의 것을 극대화함)'의 것을 선택하는 것이다. 이것이 무지의 베일 상태에서 협상에 참여한 각자가 자신에게 닥칠 수도 있는 최악의 상황을 피할 수 있는 최선의 전략이기 때문이다. 결국 (원초적 상황에서) 각자는 자신이 가장 불리한 처지에 놓일지도 모른다는 가정에 기초하여 이들에게 우선적으로 이익이 되는 경우에 한해서만 차등(difference)을 수용하자는 원칙에 동의하게 될 것이다. 최소를 극대화함으로써 (자신에게 닥칠지도 모를) 최악을 피하는 것이다.

지금까지의 사고 실험을 기초로 롤스가 이끌어낸 정의의 두 가지 원칙은 다음과 같다.

제1원칙 : 각자는 모든 사람의 유사한 자유 체계와 양립할 수 있는 평등한 기본적 자유의 가장 광범위한 전체 체계에 대해 평등한 권리를 가져야 한다.

제2원칙 : 사회적 · 경제적 불평등은 다음 두 가지, 즉

(1) 그것이 정의로운 저축 원칙과 양립하면서 최소 수혜자에게 최대 이익이 되고,

(2) 공정한 기회 균등의 조건 아래 모든 사람들에게 개방된 직책과 직위가 결부되게끔 편성되어야 한다. 469)

롤스에 의하면, 정의에 관한 이 두 원칙은 우리가 어떤 사회 구조가 정의로운 것인가를 말하려고 할 때 우선적으로 적용해야 할 기준이 된다. 평등한 기본적 자유를 주장하는 제1원칙에는 정치적 자유(투표와 공직을 가질 자유), 언론과 결사의 자유, 양심의 자유와 사상의 자유, 심리적 억압과 신체적 폭행 금지를 포함하는 인신의 자유, 사적 소유의 자유와 체포 구금으로부터 자유가 포함되며, 이것은 모든 개인에게 평등하게 보장되어야 한다. 제2원칙은 재산과 소득(재화)의 분배가 모두에게 균등할 필요는 없지만, 모든 사람에게 이익이 되도록 이루어져야 하며, 동시에 권한을 가진 직위와 명령을 내릴 수 있는 직책은 누구에게나 접근 가능해야 한다는 것이다. 흔히, '차등의 원리'라고 부르는 제2원칙은 사회 경제적 불평등, 예를 들어 부와 권력에서의 불평등은 결과적으로 모든 사람들에게 이익이 되는 경우에 한해서만 정당하며, 특

---

469) 위의 책, 105쪽, 400-401쪽.

히 사회에서 가장 불리한 처지에 있는 사람들에게 이익이 되는 경우에 한해서만 정당하다.470) 즉 분배에서의 사회적 불평등은 그 사회에서 가장 불리한 사람의 처지를 보호하고 그들의 지위를 개선시키는 경우에 한해서만 정당하다는 것이다. 단순히 기회만을 공정하게 보장하는 것은 오히려 불평등을 정당화할 수 있기 때문이다.471)

## 자유와 정의 우선성의 축차적 서열 :
### 공리주의 비판

▶ 한편, 롤스의 정의론에서 우리가 주목해야 할 또 하나는 그가 이 두 원칙들 중에서 제1원칙이 제2원칙에 우선한다는 '우선성의 원리'를 적용하고 있다는 점이다. 이것은 사회 경제적 이익 때문에 제1원칙인 평등한 기본권이 침해되어서는 안 된다는 원칙이다. 즉 사회의 기본적 가치들(primary social goods, 권리 자유 기회 소득과 재산 자존감)이 사회 전체의 이익(효용)에 우선한다는 것이다.472) 다른 사람들의 이익과 번영을 위해서 소수가 피해를 보아도 된다는 생각은 편리할지는 모르지만 정의롭지는 않다는 것이 롤스의 생각이다. 이 때문에 롤스는 공리주의적 정의 개념에 대해 비판적이다.

---

470) 카렌 레바크 지음, 이유선 옮김, 『정의에 관한 6가지 철학적 논쟁』, 서울 : 간디서원, 2006, 81쪽
471) J. 롤스, 위의 책, 398쪽.
472) 위의 책, 106-107쪽.

제1 우선성 규칙(자유 우선성) :

정의의 원칙들은 축차적(차례를 따름) 서열로 이루어져야 하고, 따라서 기본적 자유는 자유를 위해서만 제한될 수 있다. 여기에는 두 가지 경우가 있는데,

(1) 덜 광범위한 자유는 모든 이가 공유하는 자유의 전 체계를 공유해야만 하고,

(2) 덜 평등한 자유는 보다 작은 자유를 가진 사람들에게 받아들여질 수 있어야 한다.


제2 우선성 규칙(효율성과 복지에 대한 정의의 우선성) :

정의의 제2원칙은 서열상으로 효율성의 원칙이나 이득의 총량의 극대화 원칙에 우선해야 하며, 공정한 기회는 차등의 원칙에 우선해야 한다. 여기에는 두 가지 경우가 있는데, 즉

(1) 기회의 불균등은 보다 적은 기회를 가진 사람들의 기회를 증대해야만 하고,

(2) 과도한 저축률은 결국 이러한 노고를 치르는 사람들의 부담을 경감시켜야만 한다.


　롤스가 볼 때, 공리주의는 각자가 자신의 이익과 손해에 대해 확실히 비교 및 계산하라는 믿음에 바탕을 두고 있다. 그런데 이를 확대하면, 사회 또한 그 사회의 원칙에 따라 각 개인이 비교 계산했던 것처럼 사회적 차원에서 비교 계산하리라는 것은 당연하다. 이렇게 되면 개인의 원칙이 자신의 복지와 욕망을 증대하려고 하듯이, 사회의 원칙은 전체

적인 사회 집단의 욕구를 실현하고자 할 것이다. 그리하여 정의란 사회 집단의 복지를 증대시키는 것이라는 합리적 타산의 원칙이 자리 잡게 된다. 473) 즉 공리주의적 정의관은 좋음(the good)과 옳음(the right)의 차이를 전혀 고려하지 않고, 오히려 서로 동일한 개념으로 이해하는 목적론에 기초하고 있다.

공리주의는 공리와 유용성의 원리에 기초해 최대한의 쾌락(행복) 산출을 곧 정의로 이해한다. 따라서 사회 전체의 쾌락(이익)을 극대화하는데 좋은(good) 것이 곧 옳음(the right, 정의)이다. 이 때문에 사회 전체에 대해 좋은 것(효용의 극대화)을 산출하도록 사회 기본 구조를 짜는 것이 정의의 원칙에도 부합한다. 그런데 이런 공리주의 정의관은 예를 들어 약속을 어기거나 남에게 피해를 끼침으로써 더 많은 '선(= 좋음)'을 성취할 수만 있다면, 언제든지 그렇게 할 수 있도록 정당화하는 문제를 안고 있다. 그렇지만 약속을 어김으로써 좋음(=선)을 얻는 것이 우리를 정말로 '약속은 지켜야 한다'는 의무로부터 자유롭게 해준다고 할 수는 없다. 공리주의는 마치 다른 사람이 이익을 보는 것으로 나의 손해와 희생이 보상받는다고 주장하는 것처럼 보인다. 공리주의의 이러한 주장에는 자의적인 편리함은 있을지 몰라도 그 자체로서는 정의롭지 못하다. 공리주의 정의론을 따르게 되면, 우리는 극단적으로 나이가 들어 질병을 앓고 있는 부모님을 고통에서 벗어나게 해주고, 또 그

---

473) 위의 책, 60쪽: 물론, 공리주의자들은 개인의 자유권과 사상의 자유에 대해 강력한 지지자들이고, 또 사회적 선이란 개인들이 누리는 이익을 통해 구성된다고 주장한다. 그렇지만 한 개인의 선택 원칙을 사회적 차원에 적용하는데 이르러 적어도 공리주의는 개인주의적이지 않다. 왜냐하면 정의가 사회적 이익의 계산에 따라 결정되기 때문이다. 우리의 정의론은 원초적 상황에서 자유롭고 평등한 개인들 사이의 합리적 선택이론이다: 위의 책, 67쪽.

의 자녀들에게는 더 많은 유산을 남겨줌으로써 모두를 행복하게 할 수 있다는 믿음에 따라 기꺼이 안락사를 집행하게 될 것이다. 이 때문에 행위 공리주의는 매 순간 우리의 (칸트적인) 도덕 직관으로서 정의를 유린할 가능성을 안고 있다.474)

선(좋음)의 극대화를 옳음의 기준으로 삼는 이러한 목적론적인 공리주의 정의관은 롤스의 정의에 관한 제1원칙, 즉 정의의 원칙은 자유롭고 평등한 개인들 사이(원초적 상황)에서 이루어지는 선택과 합의의 대상이라는 주장에 위배된다. 왜냐하면 공리주의적 정의관은 어떤 경우이든 최대의 만족만 산출한다면, 옳은(정당한) 분배가 된다고 주장하기 때문이다.475) 이와 관련해서는 롤스의 정의관이 기본적으로 칸트의 의무론적인 관점에서 출발하고 있다는 점을 떠올릴 필요가 있다.

> 공정성으로서 정의란 옳음의 개념이 좋음의 개념에 우선한다는 것이다. 또 정의가 우선한다는 말은 정의를 위반할 것을 요구하는 욕구는 아무런 가치를 갖지 못한다는 말이다. 따라서 좋음에 대한 옳음의 우선성은 공정으로서 정의에서 중심적인 특성을 이룬다.476)

만약에 어떤 사람이 다른 사람의 손실이나 손해로부터 즐거움을 얻는다면, 이는 도덕적 직관에 기초해서 볼 때 그 자체로서도 부당하지

---

474) 카렌 레바크, 위의 책, 52-53쪽.
475) J. 롤스, 위의 책, 63쪽.
476) J. 롤스, 위의 책, 69-70, 337, 400-401쪽.

만(옳지 못하지만), 원초적 입장에서 강조했던 상호 무관심한 합리적 개인이라는 가정에도 어긋난다. 따라서 어떤 사람이 이런 욕구를 지니고 있다면, 이는 정의의 기준을 어기고 있기 때문에 그 자체로서 무가치하다. 롤스는 공정한 최초의 상황에서 사람들이 선택하는 원칙에 따라 규제되는 사회, 즉 질서정연한 사회(well-ordered)를 정의로운 사회로 생각한다.

한편, 분배와 관련해 롤스는 우리가 갖고 있는 일반적인 상식, 즉 도덕적 자질이나 덕(德)에 따른 분배 개념을 비판한다. 롤스는 "소득이나 부(富), 생활 일반에 좋은 것[선(善)]은 도덕적 자질이나 응분(moral desert)에 따라 분배되어야 한다고 생각하는 경향이 있다. 정의란 덕에 상응하는 행복이라는 주장이다. 하지만 공정으로서 정의는 이를 부정한다. 왜냐하면 이러한 원칙은 원초적 입장에서 채택되지 않을 것이기 때문이다." 롤스는 덕에 따른 분배라는 이와 같은 주장은 '합법적 기대치'와 '도덕적 응분(자질)'을 구분하지 못하는 것이라고 비판한다. 즉 "정의로운 체제는 사람들이 당연히 받을 권리가 있는 것을 (공인된 규칙에 따라) 만족시켜주는 것인데, 즉 그것은 사회 체제에 기초한 그들의 합법적인 기대치를 만족시켜는 것"이기 때문에 도덕적 자질에 의한 분배처럼 개인이 갖고 있는 '본질적 가치'에 따라 결정되어서는 안 된다는 것이다. 다시 강조하지만, 롤스에게 옳음의 기준이 되는 것은 천부적 재능이 아니라 순수 절차적 정의이다. 따라서 도덕적 가치 개념은 분배 정의와 관련해 어떤 역할도 못한다. '합법적 권

리가 있다'는 것과 '받을 만한 자격이 있다'는 구분되어야 한다. 477)

## 순수 절차적 정의관, 자유주의적 평등주의

▶ 롤스의 정의론은 몇 가지 현실적인 의의를 지니고 있다. 우선, 그의 원초적 상황이라는 아이디어는 현실적으로 자유주의에 기초한 민주적 합의와 절차에 중요한 가치를 부여하고 있다. 만약에 당사자가 자신의 가치관 경향성을 모두 인지한 상태라면, 협상과 타협이 어렵게 되어 심한 경우 민주주의 자체를 위협할 수도 있을 것이다. 그렇지만 롤스는 원초적 상황과 이로부터 도출되는 절차적 정의관을 내세워 이 문제를 해결하고 있다. 즉 자신의 입장과 가치관을 배제함으로써 각자가 자유롭고 평등하다는 원초적 상황과 이로부터 시작하는 선택과 합의를 문제 해결의 원칙으로 삼고 있다는 것이다.

또 롤스의 정의론은 일차적으로 계약론적 전통에 서서 자유주의적 입장을 지지하는 제1원칙에 대한 우선성을 주장하고 있다. 이를 통해 그는 공리주의 정의관이 지닌 현실적인 문제점을 극복하고 있다. 마지막으로 최소 수혜자의 이익을 극대화하려는 차등의 원리는 사회적 약자에 대한 배려의 가치를 담아내고 있다.

그렇지만 그의 정의론이 갖고 있는 바로 이러한 점 때문에 그의 정의론은 자유지상주의자들과 공동체주의자들 양쪽으로부터 비판을 받고

---

477) 위의 책, 409-414쪽.

있다. 고전적 자유주의를 지지하는 노직(R. Nozic)은 롤스가 무지의 베일이라는 장치를 통해 일방적으로 '최소 수혜자'에게 이익이 돌아가도록 했다고 비판한다. 원초적 상황이란 가정이 중립적이지도 공정하지도 못하다는 것이다. 뿐만 아니라 그의 제2원칙은 국가의 개인적 삶에 대한 개입을 온정적 간섭주의로 정당화하고 있다는 것이다. 그렇지만 개인이 성취한 더 많은 수입이란 생산 과정에 기여한 결과로 주어지는 것이기 때문에 상대적인 격차에만 주목하여 최하층의 사람에게 더 많이 나누어주어야 한다(차등의 원칙)는 주장이야말로 공정하지 못하다는 것이 노직의 주장이다.[478]

반면, 샌델(M. Sandel)과 같은 공동체주의자들은 롤스가 기본적으로 '의무론적 자유주의'에 기초하여 '자유롭고 평등한 합리적 개인'을 주장함으로써 인간의 자율적 선택 능력을 과신할 뿐만 아니라 사회 문화적 배경 속에서 일정 부분 조건화되는 개인의 가치관과 선(善) 관념을 고려하지 않았다고 지적한다.

> 자유주의 정치이론은 나의 입장과 잘 들어맞지 않는다. 자유주의적 정치이론에 따르면, 정부는 시민들이 지지하는 도덕적이고 종교적인 견해들에 대해 중립적이어야 한다고 주장한다. 즉 사람들은 최선의 삶이 무엇이냐에 대해 불일치하기 때문에, 정부는 어떤 특정한 가치관도 법적으로 지지해서는 안 된다는 것이다. 그

---

478) 위의 책, 102쪽: 노직은 『무정부, 국가, 그리고 유토피아』(1973)에서 개인은 수단이 아니라 목적이라는 인식에 기초하여 최소 국가를 주장하고, 또 국가가 재화의 재분배에 간섭할 어떤 권리도 없다고 주장한다: 같은 책, 113, 120쪽.

대신 정부는 시민 각자가 자신의 가치와 목표를 선택할 수 있도록 그들을 자유롭고 독립적인 자아로 존중하는 권리체계를 제공해야 한다고 주장한다.479)

　그 결과 롤스의 "공정으로서 정의는 우리의 공동체를 진지하게 다루는데 실패했다"480)했다는 것이다. 또 무지의 베일이 걷힌 상태의 개인이 반드시 이기적이라고 주장할 근거는 없으며, 오히려 이타적인 개인을 얼마든지 가정할 수도 있다는 것이다.481) 샌델에 따르면, 자유주의자들이 생각하는 자유의 약점은 자신을 자유롭고 독립적인 자아로 여긴다는 점이다. 하지만 이를 통해서는 우리가 공통적으로 인식하고 칭찬하기까지 하는 다양한 도덕적　정치적 의무를 이해할 수 없다. 예를 들어 연대와 충직의 의무, 역사적 기억과 종교적 신념에 관한 의무처럼 우리의 정체성을 형성한 공동체와 전통이 요구하는 도덕을 설명하지 못하게 된다.482)

　매킨타이어가 인간을 독립되고 자율적 개인이라는 개념 대신 '서사적' 인간으로 묘사하는 것도 이 때문이다. "자아를 서사적 관점에서 본다는 것은 자신의 삶의 이야기가 언제나 자신의 정체성을 형성한 공동체의 이야기의 일부 속한다는 것"을 의미한다. 따라서 개인주의나 자유주의자들처럼 자신을 과거와 분리하려는 시도는 자신이 맺고

479) Michael J. Sandel, 김은희 역, "자연주의와 무연고적 자아"163쪽.
480) 위의 책, 92쪽.
481) 스테판 뮬홀 외 지음, 김해성 외 옮김, 『자유주의와 공동체주의』, 서울 : 한울, 2003, 86쪽.
482) 샌델 지음, 이창신 옮김, 『정의란 무엇인가』, 서울 : 김영사, 2010. 308쪽.

있는 현재적 관계('소속된 자아')를 변형시키려는 시도가 된다. 이 외에 롤스의 차등의 원리가 사회적 재화의 분배 문제는 그렇다고 치더라도 인종차별과 같은 '불이익'에 대해서는 적절한 설명을 하지 못한다는 비판도 있다. 483)

---

483) 카렌 레바크, 위의 책, 98쪽.

# 17

# 로버트 노직
## ROBERT NOZICK

1938-2002

- 자유지상주의, 최소 국가 :
  최선의 국가
- 야경 국가 : 국가의 작은 기능,
  소유 권리론, 비정형적 이론

## | 핵심 주제 |

· 자유지상주의, 최소 국가 : 최선의 국가
· 야경 국가 : 국가의 작은 기능, 소유 권리론, 비정형적 이론

## | 핵심 용어 |

⇒ 『아나키에서 유토피아로』, 자유지상주의, 로크, 자연 상태, 소유권, 자연권, 보호협회, 극소 국가, 최소 국가 : 최선의 국가, 야경국가 : 국가의 작은 기능, 소유에 관한 절대적 권리, 비정형적 이론, 자발적 교환, 취득에서의 정의의 원리, 이전에서의 정의의 원리, 소유물에서의 불의의 교정, 소유권리론, 자연적 자산의 개인 소유, 보이지 않는 손

## ‖ 로버트 노직 ‖

- 국가에 관한 나의 결론은 강압·절도·사기로부터의 보호, 계약의 집행이라는 작은 기능들로 한정된 최소 국가라는 의미에서 정당화 된다.

- 그들이 선택하는 바에 따라 각자로부터, 그들이 선택된 바에 따라 각자에게.

# 자유지상주의, 최소 국가 :
## 최선의 국가

▶ 사회 계약론의 재구성을 통해 '자유주의적 평등주의'를 추구했던 롤스와 달리 노직은 '자유지상주의적' 관점에서 '소유에 관한 개인의 절대적 권리'를 주장한다. 그의 이러한 주장은 모든 형태의 억압을 부정하고 자유를 강조하는 아나키즘(무정부주의)과 달리 국가의 필요성을 인정하는 '최소 국가' 개념으로 구체화된다.

노직이 주장하는 국가와 국가의 성립, 그리고 국가의 권력이 갖는 기본 성격은 다음 몇 가지 요소들을 기억해둠으로써 더욱 명확하게 파악할 수 있다. 무엇보다 노직에게 국가의 권력이란 자연 상태에서 개인들이 이미 소유하고 있는 기본 권리들에 근거한다는 점이다. 따라서 국가의 권력이란 이것들의 권리 보호를 위한 것이지 그 이상의 권력을 의미하는 것이 아니다. 다음으로 개인들이 자신의 권리를 부분적으로 국가 권력에 위임하는 것은 자신들의 필요에 의한 자발적인 것이며, 이 자발적 위임의 계기는 개인들이 갖고 있는 합리적 이기심에서 비롯된다. 한편, 개인들이 갖고 있는 자신의 권리를 국가 권력에 위임한다는 말 뜻 속에는 국가란 개인들이 갖고 있는 자유와 권리들을 보호하고, 이를 대신 행사하는 기구라는 뜻이기 때문에 여기에는 국가 권력의 범위가 이와 같은 역할로 제한된다는 의미가 담겨 있다. 이 점에서 노직의 '최소 국가' 개념은 근대 야경 국가 개념과 비슷하며, 이것이 그에게는 도덕적으로 정당화될 수 있는 최선의 국가 형식이다. 그러므로 노직의 국가 개념에 기초한다면, 롤스에게 나타났던 국가에 의한 재분배나 최소 수혜자의 원리 등은 처음부터 정당화될 수 없는 주장이다.

한편, 최소 국가 안에서 개인들은 다른 개인들의 동등한 권리를 침해하지 않는 범위 안에서 정치·경제·문화 등 일반 영역에서 자신의 자유를 최대한 보장받는다. 따라서 개인의 자유롭고 평등한 권리를 침해할 수 있는 평등주의자들의 '절대적 평등', 롤스의 '차등의 원리', 공리주의의 '최대 다수의 최대 행복' 같은 '정형적' 분배 이론들, 즉 개인의 자유로운 경제 활동을 제약하는 이와 같은 주장들은 설 자리를 잃게 된다. 개인의 의사에 반하는 국가 권력 또는 강제력이 행사되어서는 안 된다는 그의 주장의 바탕에는 근대 자유주의의 근본 원칙, 즉 개인의 자유와 권리는 다른 사람(개인)을 위해 결코 희생되거나 침해받아서는 안 된다는 신념이 자리잡고 있다.

이처럼 근대 자유주의의 신념에 기초해 국가의 성격과 권한을 설명하는 노직은 국가의 성립 과정을 설명할 때도 근대 자유주의 이념, 특히 사회 계약론자인 로크의 자연 상태와 자연권 개념으로부터 논의를 시작한다.[484] 로크처럼 노직은 자연 상태에서 개인들이 자연권으로서 생명, 건강, 신체, 그리고 자신의 노동력과 이것을 자연에 행사해 취득하는 재산에 대해 권리를 지니기 때문에(소유권), 이러한 권리는 다른 사람들의 침해와 간섭으로부터 자유로워야 한다고 주장한다. 그런데 자연 상태에서 개인들이 대체로 자연법의 가르침에 따라 살아가기는 하지만, 각 개인들이 자신의 자유와 권리의 한계에 대한 모호함 때문에 서로 충돌이 발생할 수 있다. 따라서 이를 미리 예방하거나 발생

---

484) 로버트 노직 지음, 남경희 옮김, 『아나키에서 유토피아로』, 서울 : 문학과 지성사, 2014. 131-53쪽.

한 갈등을 합리적으로 조정할 수 있는 장치의 필요성이 생긴다. 즉, 개인들은 자연권을 갖고는 있지만, 이 권리를 일관성 있게 합리적으로 행사할 능력은 결여하고 있다.

노직에 의하면, 이제 이에 따라 개인들은 서로 충돌하는 문제들을 해결하고, 자신의 이익과 권리를 보호하기 위해 우선 소규모 조직체('상호보호협회')를 구성하게 된다. 그리고 이것은 개인의 권리를 더 잘 보호하기 위해 전문화가 이뤄지는데, 이렇게 해서 전문적인 보호협회가 만들어지게 된다. 그 결과 곧 일정한 지역에서 가장 영향력 있는 보호협회가 지배적 지위를 얻게 된다. 이러한 일련의 진행 과정에서 우리가 주목해야 할 점은 이러한 보호협회들이 개인들이 자신의 권리를 보호받을 필요에 의해 자연스럽게 등장했다는 것이다. 또 이들 보호협회들이 갖는 권한은 개인들이 자신의 권리를 위임한 만큼이라는 점이다. 즉, 개인들은 자신들의 권리를 보호받는 대가로 보호협회에 대해 일정한 수수료를 지불하면서 자신의 권리를 이들에게 위임한다.

한편, 이 지배적인 보호협회의 힘이 일정한 지역에서 거의 독점적으로 이뤄질 경우, 이것은 실질적인 국가라고 할 수 있는데, 이것이 '극소 국가'로 발전한다. 예를 들어 B는 A가 자신에게 불의를 저질렀다고 믿고 있다고 가정해보자. 이에 따라 B는 일정한 절차를 밟아 A에게 죄가 있음을 밝히려고 할 것이다. 하지만 A 또한 자신을 보호하고 이에 저항할 정당한 권리가 있기 때문에 자신의 권리를 절차에 따라 밟고자 할 것이다. 결국 A, B는 각각 자신이 지닌 '절차적 권리'를 지배적 보호협회에 위임할 것이고, 협회는 이들의 권리를 위임받아 권리 보호를 위한 대행권을 행사하게 될 것이며, 또한 이들의 권리를 합법적으로 독점하게 될 것이다. 이런 독점이 가능하게 된다면, 이 지배적인 협회가 일정한 지역 내에서 '극소 국가'가 되는 것이다.[485]

하지만 이 극소 국가는 자신들에게 서비스를 받는 대가로 일정한 수수료를 지불하는 개인(고객)들에게만 그 서비스를 제공하기 때문에 아직 국가로서 갖춰야 할 조건들을 모두 갖춘 것은 아니다. 다시 말해 극소 국가가 지배하는 지역에서 이 국가에 가입하지 않은 '자립적 개인들'은 정의의 절차를 거쳐 자신들의 권리를 지켜내고 행사할 수 없게 되는 상황이 발생한다. 또 극소 국가의 고객들이 자신들에게 불의를 행사하더라도 이들을 처벌 및 배상을 청구할 수 없게 된다. 왜냐하면 극소 국가는 자신의 고객들에 대해서만 절차적 권리와 강력한 힘을 행사하기 때문이다. 극소 국가의 이러한 권리 행사는 자립적 개인들에 대한 정당한 권리 행사이지만, 결과적으로 자립적 개인들은 그만큼 불리한 상황에 이르게 된다. 이 때문에 극소 국가는 이에 대해 자립적 개인들에게 보상해야 할 도덕적 의무를 요청받게 된다. 그리고 이 보상의 방법을 통해 극소 국가는 지역 내의 모든 자립적 개인들에 대해서도 보호의 서비스를 제공하게 되는데, 이것이 '최소 국가'로의 이행이다. 이처럼 최소 국가는 상호보호협회, 지배적 보호협회, 극소 국가의 단계를 거쳐 모든 개인들의 권리 보호와 대행이라는 소극적인 기능만으로 그 권한이 제한되는 형태로 등장한다. 그리고 그것은 자연 상태에서 개인들이 지녔던 권리들을 침해하지 않는 방식으로 등장하는데, 이것은 마치 개인들의 합리적 이기심이 '보이지 않는 손'에 의해 인도하는 것과 같은

---

485) 남경희, 김홍우 「최소국가의 이념과 자유주의적 정의론」, 철학, 제22호.

이치이다. 이 점에서 노직에게 최소 국가는 도덕적으로 정당화될 수 있는 최선의 국가 형태라고 할 수 있다.


## 야경 국가 :
## 국가의 작은 기능, 소유 권리론, 비정형적 이론


▶ '극소 국가'로부터 '최소 국가'로의 이행에서 드러나듯이 노직의 주장은 '무정부주의(아나키즘)'가 아니다. 노직은 『아나키에서 유토피아로』를 "개인들은 권리들을 갖고 있으며, 어떤 사람이나 집단도 이 권리들에 대해 해서는 안 되는 것들이 있다.(만약에 그것을 하게 되면 개인들에 대한 권리 침해가 된다.)"는 말로 시작한다. 하지만 이에 기초해 노직을 '무정부주의자'로 이해해서는 안 된다. 왜냐 하면 그의 결론은 '최소 국가'이기 때문이다. 노직은 "국가에 대한 나의 결론은 다음과 같다. 첫째, 강압·절도·사기로부터의 보호, 계약의 집행 등 작은(협소한) 기능들로 제한된 '최소 국가(minimal state)'는 정당화된다. 둘째, 그 이상의 기능으로 확장된 포괄적 국가는 특정한 것을 하도록 강요받지 않을 개인의 권리를 침해한다. 셋째, 최소 국가는 옳을 뿐만 아니라 우리의 영감을 고취할 것이다. 그리고 이 결론이 함축하고 있는 주목할 점 두 가지는 일부 시민들로 하여금 다른 사람들을 돕게 할 목적으로, 또는 국가가 시민들 자신의 선과 보호를 위해 특정 행위를 하지 못하도록 강제하

는 수단을 사용해서는 안 된다는 것이다."486)

노직의 이러한 선언을 통해 우리는 그의 국가에 관한 신념이 근대 자유방임주의 시대의 야경 국가 개념에 기초하고 있음을 쉽게 확인할 수 있을 뿐만 아니라 극단적인 형태의 자유주의(즉, 자유지상주의)를 주장하고 있음을 알 수 있다. 일반적으로 자유지상주의자들은 사유 재산에 대한 절대적 권리, 그리고 자율적 선택에 대한 절대적 믿음을 견지하고 있다. 따라서 국가는 어떤 경우일지라도 개인의 자유와 재산권(소유권)을 침해해서는 안 된다고 일관되게 주장한다. 자유지상주의자로서 노직 또한 개인의 자유와 재산에 관한 권리를 절대시하며, 이것을 보호하기 위한 장치로서 국가의 기능과 필요성을 인정한다. 따라서 국가에 의한 재분배487) 정책이나 강제적인 조세 정책은 그것이 사회 전체의 복지를 위한 명분일지라도, 그것은 개인의 자유와 권리, 그리고 소유에 관한 절대적 권리에 대한 심각한 침해라는 인식을 하고 있다. 노직의 이런 믿음은 그의 국가에 대한 첫 번째 결론, 즉 국가의 기능은 "강압 · 절도 · 사기로부터의 보호와 계약의 집행"에 제한된다는 표현에서 명확하게 드러나 있다.

소유에 관한 노직의 주장은 '소유에 관한 절대적 권리' 개념에 기초한다. 노직은 "중앙이 관장하는 분배, 즉 모든 자산을 관리하는 어떤 한 사람이나 이 자산이 어떻게 분배될 것인지를 결정하는 집단도 존재하

---

486) 로버트 노직, 위의 책, 11쪽.

487) 노직은 '분배적 정의'에 대해, "분배란 단어에 대해 대부분의 사람들은 어떤 기구 또는 기관이 물건들을 나눠준다는 생각, 그리고 나눌 때 어떤 기준이나 원칙에 의존하고 있다는 생각을 떠올린다."라고 주장하면서 '소유 권리론'에 기초해 이를 비판한다. 위의 책, 191쪽.

지 않는다. 한 개인이 가진 것은 그가 다른 사람과 교환을 하거나 아니면 선물을 통해 다른 사람으로부터 얻는 것이다. 이처럼 자유의 세계에서 새로운 소유는 자발적 교환과 행위를 통해 발생한다."488) 이러한 논리에 기초해 노직은 '소유물에서의 정의', 즉 자신의 '소유 권리론'을 세 가지 형식으로 제시한다.489) 첫째, '소유에 관한 최초의 취득(the original acquisition of holdings)', 즉 이것은 소유되지 않은 것들에 대한 사유화로 이것은 어떻게 해서 누군가의 소유물이 되는지에 대한 과정에 관한 것이다. 이것을 노직은 '취득(取得)에서의 정의의 원리'라고 규정한다. 둘째, 한 사람에게서 다른 사람에게로 소유물이 이전하는 경우이다. 이것은 한 사람에게서 다른 사람에게로 소유물이 옮겨가는 과정과 방식에 관한 것과 관련되는 것인데, 노직은 이것을 '이전(移轉)에서의 정의의 원리'라고 규정한다. 이를 기초로 노직은 소유물에서의 정의란 다음의 명제에 의해 모두 해명되리라고 주장한다.490) 즉 분배 정의의 완결된 형태는 "어떤 분배가 있을 때 그 분배 아래에서 모든 사람들이 자신들이 소유하고 있는 것에 대해 소유에 관한 권리를 갖는다."는 것에 기초하고 있다.

(1) 취득에서의 정의의 원리에 따라 소유물을 취득한 자는 그 소유물에 대해 소유 권리가 있다.

(2) 이전에서의 정의의 원리에 따라 한 소유물을, 이 소유물에 대

---

488) 위의 책, 192쪽.
489) 같은 쪽.
490) 위의 책, 193쪽.

한 소유 권리가 있는 자로부터 취득한 자는 그 소유물에 대해
권리가 있다.

(3) 어느 누구도 (1)과 (2)의 (반복적) 적용에 의하지 않고서는 그 소
유물에 대해 권리를 지니지 못한다.

이에 따르면 취득에서의 정의를 포함해 어떤 분배 상태가 있을 때,
즉 A분배 상태로부터 B분배 상태로 이행하는 합법적인 수단은 이전에
서의 정의의 원리에 의해 규정된다는 것이다. 다시 말해, 최초의 합법
적인 분배의 이행은 '취득에서의 정의의 원리'를 통해 규정되고, 이 정
의로운 상태에서 정의로운 단계를 거쳐 발생하는 것은 무엇이든 그 자
체로서 정의롭다는 의미이다.

하지만 모든 현실 상황이 소유물에서의 정의에 관한 두 원리(취득
과 이전에서의 정의의 원리)를 따르지는 않는다. 예를 들어 다른 사람들
의 물건을 훔치거나 거짓으로 속여 빼앗거나[사취(詐取)], 어떤 사람들
을 노예화하거나, 누군가의 생산물을 수탈하거나 교환에서의 자유로
운 경쟁이 방해받기도 한다. 이런 모든 경우들은 한 상태에서 다른 상
태로의 정의로운 이행을 깨뜨리고 있다. 이와 같이 소유에서의 정의
를 부정하는 불의(不義)의 상황은 세 번째 정의의 원리로 우리를 이끌
게 되는데, 이것이 '소유물에서의 불의의 교정(the rectification of injustice in
holdings)'491)의 원리이다. 하지만 노직은 불의의 상태를 시정하기 위해
무엇을 해야 할지, 불의의 희생자가 당사자가 아니라 후손이라면 어떻

---

491) 위의 책, 194쪽

게 해야 할지, 불의의 역사를 해결하기 위해 어느 정도 소급해야 할지 등에 대해서 스스로 잘 알지 못한다고 솔직하게 말한다. 단지, 소유 또는 소유물에서의 정의 이론에 의하면, 한 사람의 소유물이 '취득과 이전에서의 정의의 원리', '불의의 교정의 원리'에 의해 소유물에 대한 권리를 부여받았다면, 그것은 정의롭다(just)는 것이다. 또 각자의 소유물이 정의롭다면, 이것들의 전체 집합(즉 분배)도 정의롭다[492]는 것이 노직의 기본 입장이다.

이처럼 노직은 '정의란 무엇인가?'에 대해 말할 때 '분배 정의'라는 용어보다 '소유물에서의 정의'라는 용어를 사용하려 한다. 왜냐하면 중요한 것은 '소유의 정당성' 문제이지 개인들에게 그들 몫의 재화를 할당하거나 중앙의 기관이 관장하는 문제가 아니기 때문이다. 이 점에서 공리주의는 노직의 비판의 대상이 된다. 왜냐하면 공리주의는 '사회 전체 행복의 극대화'에만 관심을 기울일 뿐 소유물의 취득과 이전의 과정이 정의로웠는지에 대해서는 관심을 기울이지 않기 때문이다. 즉 결과적 상태에만 관심을 집중하기 때문이다.

노직에 의하면, 정의에 관한 역사적 접근법은 과거의 행위와 상황에 관심을 두기 때문에 분배와 소유의 정당성을 역사적 과정에 대한 추적을 통해 판단하려고 한다. 이러한 역사적 접근은 다시 '정형화된 (patterned)' 이론과 '비정형화된' 이론으로 구분된다.[493] 정의에 관한 정형화된 이론은 '노동 시간, 필요, 업적 등을 기준으로 분배'하는 것이

---

492) 위의 책, 196쪽.
493) 위의 책, 198-204쪽: 김한원, 정진영 엮음, 『자유주의: 시장과 정치』, 서울 : 부키, 2006. 177쪽.

분배적 정의라는 입장이다. 노직은 대부분의 분배에 관한 정의 이론들이 이렇게 정형화된 형태라고 지적한다. 반면, 정의에 관한 비정형화된 이론은 분배의 기준보다는 재산을 소유하게 되는 과정과 방식에 관심을 기울이는데, 이것이 노직이 자신의 정의 이론, 즉 '비정형화된 역사적' 접근이라고 말한다. 그리고 이러한 접근에 따라 그는 위에서 살핀 것처럼 소유물에 관한 정의의 세 원칙을 주장한다. 노직이 이렇게 비정형화된 역사적 접근을 하는 이유는 정형화된 접근이 개인의 배타적 소유권을 침해할 수 있으며, 최소 국가를 넘어선 개입주의를 정당화할 수 있기 때문이다. 즉 노직의 '소유 권리론'의 핵심이 "내는 것은 각자가 원하는 대로, 받는 것은 다른 사람이 정하는 대로"494), 달리 표현하면, "그들이 선택하는 바에 따라 각자로부터, 그들이 선택된 바에 따라 각자에게"이기 때문이다.

노직은 '정형적' 주장들이 "누가 소유물을 받아야 할 것인가를 결정하는 문제 또는 기준에 초점을 맞추기" 때문에 전적으로 "주는 행위를 완전히 무시한다."고 비판한다. 즉 그들의 이론이 '받는 사람 중심의 정의 이론'이기 때문에 한 사람이 가질 수 있는 또는 한 사람이 누군가에게 무엇을 줄 권리를 완전히 무시한다는 것이다.495) 이런 이유 때문에 정형적 이론은 '재분배'를 필연적인 것으로 만들어버린다는 것이 노직이 비판이다. 하지만 노직의 관점에서 이것은 심각한 개인의 권리에 대한 침해인데, 이는 "근로 소득에 과세하는 것이 강제 노동을 부과하는 것과 같다."는 그의 입장에서 명확하게 드러난다.

---

494) 위의 책, 179쪽.
495) 위의 책, 213쪽.

근로 소득에 대한 과세에 대해 일부 사람들은 이것이 명확히 진리에 부합한다고 주장한다. 하지만 n시간분의 소득을 (세금으로) 부과하는 것은 그 노동자로부터 n시간을 빼앗는 것과 같다. 이는 마치 그 사람으로 하여금 다른 사람을 위해 n시간 일하게 하는 것과 같다. 마찬가지로 일부 사람들에게 이것은 황당한 주장이다.[496]

노직의 이런 주장은 '자연적 자산들'에 대한 그의 입장과도 일관성을 유지하고 있다. 그는 '~에 대한 소유 권리'를 다음과 같은 논증 구조로 제시한다.

(1) 각 개인은 자신의 자연적 자산을 소유할 권리를 갖는다.

(2) 각 개인은 어떤 것을 소유할 권리가 있는 경우, (특정의 명시된 과정을 거쳐) 이로부터 비롯되어 나오는 그 어떤 것에 대해서도 소유할 권리를 갖는다.

(3) 각 개인의 소유물들은 그들의 자연적 자산으로부터 비롯되어 나온다.

그러므로

(4) 각 개인은 자신의 소유물들에 대해 소유할 권리를 갖는다.

---

496) 위의 책, 214쪽.

(5) 각 개인은 어떤 것에 대한 소유 권리를 갖는 경우, 그들은 이를 가져야만(소유해야만) 한다. (그리고 이것은 소유물에 대해 있을 수 있는 평등성의 어떤 전제보다 우선한다.)497)

이런 논리에 따라 노직은 롤스의 주장, 즉 원초적 상황과 무지의 베일에 기초해 자연적·사회적 우연성에 의한 개인의 재능이 사회적 자산(일종의 공유자산, collective asset)으로 간주되어야 하며, 불평등은 최소 수혜자의 이익에 우선하도록 조정될 때 정당화될 수 있다는 주장498)을 거부한다. 왜냐하면 노직에게 개인의 자연적 자산들은 그것이 자의적이든 아니든 상관없이 개인이 가져야 할 소유 권리에 해당하며, 각 개인은 이로부터 비롯되어 나오는 것들에 대해서도 소유할 권리를 갖기 때문이다.

노직이 '소유물에서의 정의', '소유 권리론'을 주장한다고 해서 그가 부유한 사람들에 대해 가난이나 빈곤 문제에 대해 무관심할 것을 요구한다고 받아들여서는 안 된다. 노직이 인위적이고 강제적인 재분배를 인정한다는 말의 뜻은 도덕적 의무를 법적으로 강제해서는 안 된다는 의미이기 때문이다. 즉 '도덕적으로 옳은 것'과 '법적으로 정당하게 강요될 수 있는 것'을 구분해야 한다는 것이다. 그에게 자선, 인간애, 원조 등은 개인적 차원의 약속 준수처럼 법적 강제의 대상이 아니라 개인

---

497) 위의 책, 282쪽.
498) 롤스는 자유지상주의자 노직을 비판하면서 노직이 사회적 기본구조가 개인의 인생 전망과 능력의 발휘에 미치는 심대한 영향력을 파악하지 못함으로써 개인의 능력을 고정적인 자연적 산물로 본다고 비판한다.

의 판단 영역에 속하는 도덕적 의무들이다. 499) 부유한 사람이 가난한 사람에게 자선을 하지 않는다면 이것은 도덕적으로 비난받을 일이기는 하지만, 그것이 누구의 권리를 침해하는 것은 아니다. 하지만 국가가 복지와 재분배를 위해 정책을 강제한다면, 이것은 각자의 소유에 관한 기본 권리를 침해하는 것이다.

그런데 주의할 점은 노직의 자유지상주의적 입장이 오직 자본주의만이 유일한 대안이라는 의미로 이해되어서는 안 된다는 것이다. 그의 자유지상주의는 각자(또는 집단)의 삶의 방식이나 신념이 존중되어야 한다는 것이고, 개인이나 집단의 자유로운 선택이 무엇보다 중요하다는 뜻이다. 따라서 당사자의 동의 없이 어떤 삶의 방식과 신념을 강제해서는 안 된다는 의미이다. 그의 이런 믿음을 가장 잘 담아낼 수 있는 개념이 '최소 국가'이다. 즉 최소 국가에서 각자(또는 집단들)는 자신들이 갖고 있는 다양한 도덕적 · 종교적 · 사회적 열망에서 따라 다양한 삶을 살아가면서 함께 공존할 수 있다. 그들은 자신들이 형성한 공동체 안에서 자신들의 이상적(유토피아적) 열망을 실현할 수 있다. 각자는 외부의 간섭 없이 자신들의 공동체를 형성할 수 있고, 자신들이 원하는 삶의 방식에 따라 상호 불간섭의 원칙을 준수하면서 자유롭게 공존할 수 있다.

하지만 노직의 생각처럼 이것이 실현될 수 있을지는 의문이다. 왜냐하면 비록 그가 직접적으로 자유 시장 경제를 옹호하지는 않았지만, 그의 최소 국가의 구체적인 모습이 개인 소유권의 절대성에 기초한 자

---

499) 김한원, 위의 책, 181쪽.

유 시장 체제이기 때문이다. 500) 즉 그의 표현처럼, '보이지 않는 손'의 인도를 받아 결국은 자본주의적 시장이라는 획일적인 모습으로 나아가 리라는 것이 한층 현실적인 전망이기 때문이다.

500) 위의 책, 184-185쪽.

# 참고 문헌 *

· 동양윤리편
· 서양윤리편

| 참고문헌 |

## 1. 동양윤리편

· 공자의 문도들 역음, 『논어』, 서울 : 책세상, 2004.
· 김교빈, 이현구 지음, 『동양철학 에세이』, 서울 : 동녘, 1993.
· 김영호 외 지음, 『논어의 종합적 고찰』, 서울 : 심산, 2003.
· 김충렬, 『노장철학강의』, 서울 : 예문서원, 1999.
· 김현준, 『불교의 근본 교리』, 서울 : 효림, 2010.
· 대한불교조계종교육원, 『부처님의 생애』, 서울 : 조계종출판사, 2010.
· 동학학회 편저, 『동학과 전통사상』, 서울 : 모시는 사람들, 2004.
· 신동준, 『제자백가, 사상을 논하다(2)』, 서울 : 한길사, 2007.
· 오강남, 『세계종교둘러보기』, 서울 : 현암사, 2003.
· 유교문화연구소, 『논어』, 서울 : 성균관대출판부, 2008.
· 이철헌, 『대승불교의 가르침』, 서울 : 문중, 2008.
· 장자, 이강수 외 옮김, 『장자』, 서울 : 길, 2005.
· 정규훈, 『한국의 신종교』, 서울 : 서광사, 2001.
· 주희 엮음, 김미영 옮김, 『대학, 중용』, 서울 : 홍익출판사, 2005.
· 최영진 외 지음, 『한국철학사』, 서울 : 새문사, 2009.
· 최진석, 『도덕경』, 서울 : 소나무, 2002.
· 카이즈카 시게키 지음, 박연호 옮김, 『공자, 생애와 사상』, 서울 :

서광사, 1991.

· 풍우란 지음, 박성규 옮김, 『중국철학사(상)』, 서울 : 가치, 2002.

· 한국철학사연구회 엮음, 『한국철학사상사』, 서울 : 심산, 2005.

· 한자경, 『한국철학의 맥』, 서울 : 이화여대출판부, 2008.

· 허버트 핑가레트 지음, 송영배 옮김, 『공자의 철학』, 서울 : 서광사, 1993.

· F. W. 모트 지음, 김용헌 옮김, 『중국의 철학적 기초』, 서울 : 서광사, 1994.

## 2. 서양윤리편

· 강성률, 『2500년간의 고독과 자유』, 서울 : 푸른솔, 1996.

· 강영계, 『철학이야기』, 서울 : 가서원, 1996.

· 강정인 엮음, 『서양 근대 정치사상사』, 서울 : 책세상, 2007.

· 남경태, 『철학』, 서울 : 들녘, 2007.

· 박찬국, 『현대철학의 거장들』, 서울 : 철학과 현실사, 2005.

· 변광배, 『존재와 무』, 서울 : 살림, 2009.

· 서병창, 『토마스 아퀴나스의 윤리학』, 서울 : 누멘, 2016.

· 이근식, 『애덤 스미스의 고전적 자유주의』, 서울 : 기파랑, 2006.

· 이유선, 『실용주의』, 서울: 살림, 2009.


· 로버트 애링턴 지음, 김성호 옮김, 『서양윤리학사』, 서울 : 서광

사, 2003.

· 루이스 포이만 외 지음, 반찬구 외 옮김, 『윤리학: 옳고 그름의 발견』, 서울 : 울력, 2010.

· 리하르트 다비트 프레히트 지음, 백종유 옮김, 『나는 누구인가』, 서울 : 21세기북스, 2010.

· 베이컨 지음, 김종갑 옮김, 『새로운 아틀란티스』, 서울: 에코리브르, 2002.

· 브라이언 매기 지음, 수선철학회 옮김, 『위대한 철학자들』, 서울 : 동녘, 2004.

· 새뮤얼 이녹 스텀프, 『소크라테스에서 포스트모더니즘까지』, 서울 : 열린책들, 2005.

· 스테판 뮬홀 외 지음, 김해성 외 옮김, 『자유주의와 공동체주의』, 서울 : 한울, 2003.

· 아먼드 A. 마우러 지음, 조흥만 옮김, 『중세철학』, 서울 : 서광사, 2007.

· 알렉스 캘리니코스 지음, 정성진 외 옮김, 『마르크스의 사상』, 서울 : 북막스, 2002.

· 애덤 스미스 지음, 박세일 외 옮김, 『도덕 감정론』, 서울 : 비봉출판사, 2009.

· 애덤 스미스 지음, 최호진 외 옮김, 『국부론(하)』, 서울 : 범우사, 2002.

· 앤서니 케니 지음, 김성호 옮김, 『중세철학』, 서울: 서광사, 2010.

· 앤서니 케니 편, 김영건 외 옮김, 『서양철학사』, 서울 : 이제이북

스, 2004.

· 에른스트 블로흐 지음, 박설호 옮김, 『서양 중세 · 르네상스 철학 강의』, 서울: 열린책들, 2008.

· 에티엔느 질송 지음, 김기찬 옮김, 『중세철학사』, 서울 : 현대지성 사, 2007.

· 스피노자 지음, 강영계 옮김, 『에티카』, 서울 : 서광사, 1990.

· 오트프리트 회페 엮음, 이진우 외 옮김, 『철학의 거장들』, 서울: 한길사, 2001.

· 우도 틸 지음, 이남석 옮김, 『로크』, 서울 : 한길사, 1998.

· 윌리엄 사아키안 지음, 권순홍 역, 『서양철학사』, 서울 : 문예출판 사, 1998.

· 윌리엄 사아키안 지음, 권순홍 역, 『서양철학사』, 서울: 문예출판 사, 1998.

· 듀이 지음, 이유선 옮김, 『철학의 재구성』, 서울 : 아카넷, 2014.

· 임마누엘 칸트 지음, 이원봉 옮김, 『도덕형이상학을 위한 기초 놓 기』, 서울 : 책세상, 2002.

· 장 폴 사르트르 지음, 박정태 옮김, 『실존주의는 휴머니즘이다』, 서울 : 이학사, 2009.

· 제임스, 콜린스 지음, 이성환 외 옮김, 『합리론』, 서울 : 백의, 1999.

· 카렌 레바크 지음, 이유선 옮김, 『정의에 관한 6가지 철학적 논 쟁』, 서울 : 간디서원, 2006.

· 칼 마르크스, 프리드리히 엥겔스 지음, 박재희 옮김, 『공산당 선

언』, 서울 : 청년사, 1989.

·쿠르트 프리틀라인 지음, 강영계 옮김, 『서양철학사』, 서울 : 서광사, 1985.

·페터 쿤츠만 외 지음, 홍기수 외 옮김, 『그림으로 읽는 철학사』, 서울 : 예경, 2000.

·폴 스트레턴 지음, 김낙년 외 옮김, 『세계를 움직인 경제학자들의 삶과 사상』, 서울 : 몸과 마음, 2001.

·칼 마르크스, 김문현 옮김, 『경제학·철학 초고, 자본론』, 서울 : 동서 문화사, 2014.

·프랜시스 베이컨 지음, 진석용 옮김, 『신기관』, 서울: 한길사, 2001.

·프리도 릭켄 지음, 김용해 옮김, 『일반윤리학』, 서울 : 서광사, 2006.

·한스 요하임 슈퇴리히 지음, 박민수 옮김, 『세계철학사』, 서울 : 이룸, 2010.

·Bryan Magee, *The Great Philosophers*, Oxford University Press, 1987.

·Bryan Magee, *The Story of Philosophy*, New York: DK Publishing, 2001.

·F. 코플스톤 지음, 이재영 옮김, 『영국 경험론』, 서울 : 서광사, 1991.

·I. Kant, *Lectures on Ethics*, Indianapolis : Hackett Publishing Company, 1963.

· J. 롤스 지음, 황경식 옮김,『정의론』, 서울 : 이학사, 2004.

· M. 화이트 지음, 신일철 옮김,『20세기의 철학자들』, 서울: 서광
사, 1987.

· R. L. Arriington, *Western Ethics*, Blackwell Publisher Inc. 2004.

· T. Z. 레빈 지음, 김기찬 옮김,『방송강의 철학사』, 서울 : 현대지
성사, 1997.

· W. S. 사아키안 지음, 황경식 옮김,『윤리학의 이론과 역사』, 서
울 : 박영사, 2005.

· W. S. 사하키안 지음, 송휘칠 외 옮김,『윤리학의 이론과 역사』,
서울 : 박영사, 2005.